JN007020

巡礼の科学

聖なる旅が綾なす経験価値

南地伸昭
Nobuaki Nanchi

SCIENCE OF PILGRIMAGE

A STUDY ON THE EXPERIENCE VALUE OF MODERN JAPANESE PILGRIMAGE TOURISM

弘文堂

［　西国霊場第1番札所　那智山青岸渡寺　］

［　熊野那智大社　］

［　青岸渡寺から那智の滝を臨む　］

［　熊野速玉大社　］

［　熊野古道（中辺路）　］

［　青岸渡寺の熊野修験那智山行者堂　］

[ 熊野古道から大斎原を臨む ]

[ 熊野本宮大社 ]

［　西国霊場第17番札所　六波羅蜜寺の福寿弁財天　］

［　六波羅蜜寺の空也上人像　］

［　西国霊場第27番札所　書写山圓教寺　］

[ 四国霊場第23番札所 薬王寺 ]

[ 薬王寺へ向かう遍路道 ]

[ ウミガメの大浜海岸から薬王寺を臨む ]

[　弘法大師御誕生の地　第75番札所 善通寺　]　　　[　立教開宗の地 東寺の五重塔　]

[　御入定の地 高野山金剛峯寺の壇上伽藍　]

[　弘法大師の御廟　]

[ 秩父札所三十四観音霊場第13番札所 ]
慈眼寺

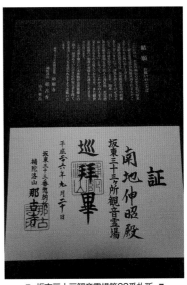

[ 板東三十三観音霊場第33番札所 ]
那古寺の結願証

[ 近畿三十六不動尊霊場第1番札所 ]
四天王寺亀井不動尊

[ 関東三十六不動霊場第26番札所 ]
西新井大師

［　パラス・デ・レイに向かうサンティアゴ巡礼路から臨む雲海　］

［　メリデに向かう巡礼者　］

［　ボエンテの守護聖人ラ・サレットの聖母　］

［　サンティアゴ・デ・コンポステラ大聖堂　］

＊写真はすべて筆者撮影（熊野速玉大社の写真のみ先方提供画像を掲載）

# はじめに

　今日、世界各国からツーリストを集めている現代のサンティアゴ・デ・コンポステラ巡礼において、巡礼者の半数以上は特段に信仰をもたない非キリスト教徒である（岡本, 2012, pp.41-63）。彼らにとって聖ヤコブへの信仰はもはや重要ではなく、「巡礼の道中で出会う他の巡礼者や巡礼者を道中でサポートするオスピタレロなどとの人間的交流や繋がり」の方がより重要になっているのである（前掲書, pp.220-235）。一方、日本においても、代表的な巡礼である四国八十八ヶ所巡礼や西国三十三所巡礼が、ツーリストの誰もが参加できる巡礼ツアーとして提供されており、現代の巡礼者は自身の信仰の有無にかかわらず気軽に巡礼を経験している。

　このように、今日では、伝統的に神仏への祈りを基本とする宗教的行為であった巡礼が、旅行会社をはじめとするツーリズム産業によってツーリズム商品[1]としてプロデュースされるようになり、伝統的な宗教の枠組みを超えて経験消費される経済財（Collins-Kreiner, 2020）の側面を併せもつようになった。

　経済システムは、これまで農業経済から産業経済、サービス経済、そして経験経済へと進化してきた。これに伴い、提供物としての経済価値も、コモディティから製品、サービス、さらには経験へと進展し、主体の経験を動機とする経済が拡大してきた。消費が自己アイデンティティの確立手段の一つとして用いられるようになった現代社会においては、主体である消費者が消費行動の過程で何を見聞きし感じたかといった経験の内容そのものが重要な価値を有するようになったのである（Pine & Gilmore, 1999）。

---

1：英語の tour が轆轤（ろくろ）を意味するラテン語の tornus を語源として、各地を旅行して回る巡回旅行を表す用語であること（Oxford Learner's Dictionaries [a]）、また、英語の tourism の原義が「遊びや娯楽」の要素と密接に結びついたものであり、「喜びを求めて場所を訪れる人々をもてなし娯楽を提供するビジネス」と定義されること（Oxford Learner's Dictionaries [b]）に鑑み、本研究のテーマに沿って「ツーリズム」の用語を用いることとする。

現代の巡礼者は、自らの多様な欲求を充足するために「訪れるに値するもの」として表象された場所や、そこに存在する様々な事柄を目指して聖地に赴いており、彼らが巡礼路の自然の景観等を楽しみ、聖地の神聖な雰囲気に身を委ね心癒される経験は、思い出として記憶に残る経験価値を内包しているものと考えられる。それゆえ、彼らが巡礼ツーリズム[2]を通じて楽しみ、学び、自分探しをする過程は経験消費の典型であるといえよう。

　一方、旅行会社をはじめとするツーリズム産業は、消費者自身の経験が重要な価値を有する経験経済システムへと移行する中で、ツーリストの経験を思い出に残る出来事に変えるために様々な演出を行っている。ツーリズムの演出者である旅行会社や交通機関、宿泊施設などの多様な経験ステージャーは、巡礼路で経験価値を生み出し得る様々な資源を組み合わせることにより、経済財としての巡礼ツーリズムを商品化している。元来、祈りを中心とする宗教的行為であった巡礼は、ツーリズムと融合しながら巡礼ツーリズムとして商品化され、市場経済システムに包含されることとなった。それゆえ、現代の巡礼者は、自身の信仰の有無にかかわらず誰もがそれぞれの関心や興味、目的に応じて気軽にそれらの商品を自由に売買し、経験消費することが可能になった。

　さらに、多様な価値観が日常的に生み出される世俗社会において (Reader, 2012；山中, 2017)、伝統的な宗教組織は公的な地位や権威を失いつつある。宗教が公的な領域から排除されて個人の私的な問題となる「私事化」が進む中 (Luckmann, 1967, 1983；岡本, 2012, pp.121-145)、現代の巡礼者は制度的な信仰よりもむしろ個人的な問題に関心を寄せている。彼らは伝統的な教義や教団の規範にとらわれることなく、それぞれの好みや興味、関心に応じて自身にとって価値のある宗教的情報を主体的に取捨選択し、組み合わせ、消費しており、巡礼ツーリズムの中にも「訪れるに値するもの」を見出している。それゆえ、主体としての消費者の経験そのものが価値を生み出すようになった今日の経験経済システムにおいては、現

---

2：門田 (2013, p.46) は単なる宗教的現象としての「巡礼」でも、「ツーリズム」でもない、伝統的な宗教的領域にある「巡礼」と産業社会の産物である「ツーリズム」が結びついた交叉語法的な側面に焦点を当てて議論するため、「巡礼ツーリズム」という言葉を用いている。

代の巡礼者が巡礼ツーリズムでの経験に見出す価値、すなわち経験価値が重要性を増しているものと考えられる。

そこで本書では、以上の問題意識から巡礼とツーリズムが融合した新たな観光形態の一つである巡礼ツーリズムを主な研究対象として、経済価値の進化形としての「経験価値」の観点から考察してゆくこととする。ここで本書が扱う「巡礼」とは、聖なるものを求めて日常から脱出して宗教の聖地に赴く宗教的行為のことをいう。神仏への祈りを基本とする「巡礼」は、世界の多くの宗教において重要な宗教儀礼と見なされて、それぞれの地域や文化圏を超えて多くの巡礼者が世界各地の聖地を訪れている。

一方、近年、聖なるものへの接近といった宗教上の重要な意味を有する「巡礼」から転じて、アニメやドラマ、映画などの舞台となった場所を聖地と呼んで熱心なファンが訪れる行為が「聖地巡礼」と呼ばれるようになっている。したがって、本書の研究テーマを「巡礼」と呼んで、アニメや映画などのファンが作品に縁のある土地などを訪れる行為としての「聖地巡礼」と区別することとする。

本書の主なテーマである巡礼とツーリズムの関係については、1970年以降、ツーリズムを巡礼と同一視する「巡礼‐ツーリズム論」として議論され（MacCannell, 1973；Graburn, 1989, pp.21-36）、近年では消費やスピリチュアリティ等の視点から研究されている。しかしながら、それらの議論は巡礼者の経験を定性的に分析する傾向が強く、ツーリストが巡礼ツアーを消費しながら、どのような内面的かつ私的な経験価値を見出しているのかについて、その実相を明らかにするような分析を十分に行ってきたとはいいがたい。それゆえ、彼らが巡礼ツーリズムに見出している多様な経験価値の具体的な源泉やその実相については未だ明らかになっていない。

本書では、巡礼ツーリズムが有する多彩な魅力や特徴を、経済システムの進化に伴い消費者行動の研究分野で発展してきた「経験価値モデル」の理論的枠組みが提示した経験価値の価値次元の観点から捉え直す。これによって、聖地に赴く現代の巡礼者が「訪れるに値するもの」として巡礼ツーリズムに見出している経験価値の具体的な構成要素を探索し、その内実を明らかにする。

最初に、巡礼に関する先行研究のサーベイを行う（第1章）。古来、巡礼者は、宗教的な信仰はもとより娯楽や芸術、学び、健康などの様々な目的をもって巡礼に赴いた（Nash, 1989）。たとえ巡礼が宗教的な目的を第一にしていたとしても、一般的にそれは記念物や博物館、美観地等へのツーリズムを兼ねており（Urry, 1990；Fuller, 1992）、この点で巡礼がツーリズムの原型としての特徴を有していることを確認する（橋本, 1999, p.57）。そして、ツーリズムに関する先行研究のサーベイを行い、近代ツーリズムの本質がオーセンティックな経験を探求する側面を有する点で（Graburn, 1989, pp.21-36）、ただ単に形のみならず動機においても巡礼と似ており（MacCannell, 1973）、両者の間には類似性が存在していることを浮き彫りにする（第2章）。そのうえで、伝統的に宗教的行為であった巡礼がツーリズムと融合しながら市場経済システムに包含されてきた背景について考察する（第3章）。

　次に、ツーリズム産業によって経済財として商品化された現代の巡礼ツーリズムの多彩な魅力について提示する（第4章）。そして、巡礼およびツーリズムに関する先行研究と現代の巡礼ツーリズムが有する魅力についての考察を通じて得られた知見を礎としながら、「経験価値モデル」の理論的枠組みを用いることによって、巡礼ツーリズムを捉え直し、それが有する多様な経験価値を明らかにする。具体的には、経済システムの進化に伴い消費者行動の研究分野で発展してきた「経験価値モデル」に関する先行研究のレビューを行い（Holbrook & Hirschman, 1982；Holbrook, 1994, 1999, 2006；Pine & Gilmore, 1999, pp.52-78；Mathwick, Malhotra & Rigdon, 2001, 2002；Oh, Fiore & Jeoung, 2007；Sánchez-Fernández et al., 2009；Hosany & Witham, 2010）、経験価値の観点から巡礼ツーリズムの特徴を捉え直すことにより、それが有する経験価値の構成概念、すなわち価値次元を提示する（第5章）。

　さらに、内面的かつ私的な経験価値を定量的に補足し、可視化するための手順を提示する（第6章）。そのうえで、日本を代表する霊場である西国三十三所および四国八十八ヶ所を巡拝するバスツアーを具体的事例として

取り上げ[3]、それらが有する経験価値の測定尺度モデルを開発する。これにより、現代の巡礼者が巡礼ツーリズムに見出している経験価値の実態を浮き彫りにする（**第7章〜第10章**）（Anderson & Gerbing, 1982；Anderson et al., 1987；Gerbing & Anderson, 1988；Hattie, 1985；Steenkamp et al., 1991；Peter, 1981；阿部, 1987；Bentler & Bonett, 1980；Medsker et al., 1994；星野他, 2005；Bagozzi & Yi, 1988；Fornell & Larcker, 1981；上田・斎藤, 1999；Malhotra, 2004；Nunnally, 1978；Bagozzi & Yi, 1988）。

　最後に、本研究における考察を通じて発見された事実および理論的知見、実践的知見を提示することによって、巡礼ツーリズムの経験価値の実相を明らかにするとともに、残された今後の研究課題と展望について述べる（**第11章**）。

　本書が、「聖なるもの」との交流を求めて聖地に赴く現代の巡礼者のみならず、日常生活を離れての自分探しや健康増進、景勝地やパワースポットの観光、温泉やグルメなどにも関心をもつ多くの人々に読まれ、それぞれの読者のアイデンティティの構築に資するものとなることを願ってやまない。

---

3：四国巡礼の事例では、霊場を巡拝する巡礼者全体のおよそ6割をバス遍路が占め、次いで自家用車やレンタカーによる遍路が3割程度、歩き遍路が1割未満となっている（愛媛県生涯学習センター編, 2003）。本研究の主な目的が、主体としての消費者の経験の内容が重要な価値を有するようになった経験経済システム下における現代の巡礼者の経験価値の実相を明らかにすることであり、日本を代表する西国および四国霊場の巡礼者の大勢をバス遍路者が占めていることから、本研究では各霊場を巡拝するバスツアーを取り上げて、現代の巡礼者によって経験消費される経済財としての巡礼ツーリズムの観点から分析を行うこととする。

contents

# 第III部 ◉
# 日本の代表的巡礼ツーリズムの
# 経験価値を定量的に捕捉する

# 第IV部 ◉
# 総括と展望

# 巡礼の旅の経験が生み出す
# 多彩な価値の源泉を求めて

# 1 ── 研究の視座

## 1.1 巡礼とツーリズムの類似性

　古来、聖地へ赴く巡礼者は、神仏への祈りを基本とする宗教的行為を主な目的としながらも、それぞれの目的や関心に応じて娯楽や芸術、健康などの様々な目的をもって巡礼の旅に出た。この点で巡礼とツーリズムとの間に明確な区分はなく（Burns, 1999）、巡礼はツーリズムの起源の一つであると考えることができる（橋本, 1999, p.57）。

　一方、ツーリズムを「聖なる旅」と称したグレイバーン（Graburn, N. H.H.）も、「近代ツーリズムの本質は単なる一時的な遊興ではなく、真正性の探求といった非日常的で神聖なものにある」と指摘している（Graburn, 1989, pp.24-31）。この点について、マキャーネル（MacCannell, D.）は、「旅は本来宗教的な巡礼だったのであり、旅も宗教的行為である巡礼も、どちらもがオーセンティックな経験を探求するものである点で、ただ単に形が似ているのみならず、動機においても似ている」と論じている（マキャーネル, 2001, p.97）。したがって、巡礼と近代ツーリズムは、ともに内面のオーセンティックな経験の探求を基底としており、この点で両者の間には類似性が存在しているといえよう。

## 1.2 信仰なき現代の巡礼者の旅の目的

　このように互いに親和性を有する巡礼とツーリズムは、近年、様々な場所で融合しつつあることが指摘されている。例えば、キリスト教の聖地であるサンティアゴ・デ・コンポステラをはじめ、西国三十三所や四国八十八ヶ所などの日本の代表的な霊場を訪れる現代の巡礼者の多くは、必ずしも信仰を実践しているとはいえない人々である。

　前近代社会においては、伝統的および制度的な宗教組織である教会や寺社などの宗教的空間を中心として、文化的および倫理的にもコミュニティを共有する帰属意識が存在していた。これに対して、現代の世俗社会[1]に

---

1：リーダー（Reader, I.）は、日本の現代社会において、都市化および教育レベルの向上に伴い、信仰およびその実践が顕著に弱体化していることを明らかにし、日本では宗教の活力がみられることから、近代

おいては、多様な価値観が日常的に生み出されるようになったため、もはや支配的な価値観や文化は存在し得ず、特定の宗教や組織が公的な地位や権威を失いつつある（岡本, 2015）。こうした社会においては、宗教は社会全体を方向づける規範とは成り得ず、公的な領域から排除されて個人の私的な問題となる、宗教の「私事化」と呼ばれる過程が進むこととなる（Luckmann, 1967, 1983；岡本, 2012, pp.121-145）。

　また、従来、伝統的な宗教組織がその役割を担っていた“信仰”や“修行”などの「宗教的なるもの」がそれらから解放されて、日常の生活空間における慣習的習俗からの脱埋め込みが進展している（門田, 2010）。それゆえ、伝統的な宗教組織が管理する共同体的な信仰よりも、むしろ個人的な問題に関心を寄せている（リーダー, 2005）現代の巡礼者は、宗教組織の教義とは無関係にそれぞれの関心や目的に応じて宗教の特定要素を切り取り、意味ある形にカスタマイズすることによって、私的な信仰を形成している（山中, 2009；門田, 2010）。すなわち、信仰なき現代の巡礼者は、伝統的な教義や規範にとらわれることなく、インターネットやSNS、テレビ、雑誌といった様々なメディアを通じて宗教的情報を獲得し、それらの中から自身の好みや興味、目的に応じて必要な資源パーツを切り出し、組み合わせることによって、それぞれにとっての意味ある形にアレンジしているのである。

　一方、ツーリズム産業も、既存の伝統的宗教の枠組みから解き放たれた様々な宗教資源の中から、「神聖なものや美しいものにふれることで獲得される感動や癒し、精神的充足感」などといったツーリズムと親和性のある資源パーツを切り取り、組み合わせることにより、巡礼を経済財としてのツーリズム商品に組み替えている。そして、彼らはそれらに対して新たな文脈で聖性を付与することによって、製品やサービスそのものではなく、ツーリストの心の中に思い出として残る感覚的にあざやかな経験を提

化や科学技術の発展に伴い宗教的権威が社会のあらゆる場面で消滅しているとする Secularisation Theory は当てはまらないとする宗教社会学者の議論に対して批判的に論じている（Reader, 2012）。また、山中弘は、「伝統的宗教制度の弱体化や、ライフスタイルの変化、情報通信技術の進展、マーケティングの積極的な活用といった消費文化の進展に伴うマーケット的状況の出現は、アメリカのみならず日本やヨーロッパ諸国、インドネシアなどのイスラム圏においても共通してみられる」と論じている（山中, 2017, p.274）。

供している。

　主体としての消費者が経験する内容そのものが価値を有する経験経済システムへの移行に伴い、マスツーリズムを中心とする既存の規格化されたパッケージ型ツーリズム商品の経済価値のコモディティ化が進展している。そして、このような状況下で、ツーリストがツーリズムに求める「訪れるに値するもの」も、従来の性能や信頼性、価格などの機能的価値から、ツーリスト自身の経験そのものが有する価値へと次第にその比重を移している。ツーリズム産業はこのような消費者ニーズの変化を踏まえ、古来、巡礼において営まれていた「祈り」や「修行」、「救済」、「癒し」などといった宗教的習俗を制度的枠組みから解き放ち、誰もが信仰の有無にかかわらず巡礼を気軽に経験できるよう、経済財としてのツーリズム商品に組み替えているのである（山中, 2009；門田, 2013, p.29；Sternberg, 1997）。

　世俗社会における信仰のない人々にとって、巡礼路で見聞する光景や、そこで繰り広げられる人々の営みの中にも重要な価値や意味が存在するものと考えられる（山中, 2009, 2020；門田, 2010）。ツーリストは巡礼路を取り巻く自然の景観をはじめ、教会や寺社建築、聖遺物や仏像などが有する審美性や、礼拝・勤行時の厳かな雰囲気にふれて感動する。また、彼らは聖地を目指す他の巡礼者と出会い、交流し、そして別れるといった、志をともにする巡礼者同士の水平的な関係を通じて「共同体意識」が芽生える経験をすることとなる。

　教会などの宗教組織の権威に基づく帰属意識が希薄化した現代社会において、普遍的な価値観によって持続的な共同体を構築すること、および維持することが難しくなってきている。それゆえ、人々が共通の価値観の共有を通じて繋がり得ることの可能性を見出すことが、集団への帰属感の重要な源泉と成り得る。巡礼路という場所を軸として出会い、交流する人々が帰属意識や共同体意識を取り戻すプロセスの中に、現代の巡礼者はそれぞれにとっての「訪れるに値するもの」としての価値を見出しているものと考えられる。巡礼路における巡礼者の私的な交流体験や精神的な気づき、新しい身体的感覚の目覚め、あるいは現代の日常生活においては、既に希薄化してしまった帰属意識や連帯感の回復などといった多様な経験

が、彼らにとっての重要な価値を有するものとなるのである。信仰者にとっては、教会や寺社という制度的宗教組織の権威によって認められた「聖なるもの」や、それらが安置された場所が巡礼の目的となる一方で、信仰のない人々にとっては、巡礼ツーリズムのプロセスでの経験そのものが重要な価値を有することとなり、それ自体が巡礼の目的となるのである。

## 1.3 内面志向の巡礼ツーリズム

現代の巡礼者は、巡礼路で様々なものを見聞し、非日常の神聖なものや美しいものにふれて感動し、巡礼仲間と出会い、交流し、助け合う。彼らがこのような経験を通じて獲得する価値は、商品に内在する記号を消費し、他者と比較することによる差異への注目や、どのような集団に帰属したいかといった社会関係に軸足を置く記号的価値[2]とは異なり、彼ら自身の内面にベクトルが向かうといった特徴がある。

第1章で詳述するように、古来、巡礼は、神仏に対する祈りといった宗教的な目的を第一としながらも、新しいものの見聞や娯楽、芸術などといった多様な目的をもって行われた（Duchet, 1949；Urry, 1990, pp.7-8；Tomasi, 2002；Fuller, 1992）。一方で、近代ツーリズムは本質的に個人的意味の探求といった宗教的次元を有しており、旅も宗教的行為である巡礼と同様、主観的な経験としての真正性を探求する側面を有している（マキャーネル, 2001；Graburn, 1989, pp.21-36）。このように互いに内面志向の側面を有する両者が融合することで、現代の巡礼は伝統的な宗教の枠組みを超えて経験消費される経済財としてのツーリズムの側面をも併せ持つようになった。それゆえ、巡礼ツーリズムは、感情的、知的、精神的なレベルで働きかけて顧客を魅了し、サービスを思い出に残る出来事に変える経験価値を多分に内包しているものと考えられる。

巡礼路には、自然の景観や寺社建築、仏像、鐘の音、巡拝時の厳かな雰囲気などの審美性をはじめとし、他の巡礼者と一緒に勤行を行う際の身体

---

2：ボードリヤール（Baudrillard, J.）は、記号的価値について「消費は単に貨幣交換によって財を入手する行為ではなく、財に付随したイメージやシンボルを入手することによって社会集団への帰属や社会的ステータスの向上などの副次的効果を獲得することである」と論じている（ボードリヤール, 1979）。

的感覚や、先達や巡礼仲間、あるいは巡礼路の地域住民との交流など、巡礼者が価値を見出し得る多様な資源が存在する。そうした資源は、多彩な経験を企画・演出する旅行会社などの様々な経験ステージャーによって巡礼ツーリズムとして商品化され、「訪れるに値するもの」を探求する現代の巡礼者によって経験消費されているのである。すなわち、現代の巡礼者が、美しい自然の景観や鐘の音、礼拝・勤行時の厳かな雰囲気に感動するとともに、古の聖人の足跡を辿ることで見聞を広め、巡礼仲間と語らい、人間的交流を通じて心癒されるといった多彩な経験は、まさに感情的、知的、精神的なレベルで働きかけて彼らを魅了し、豊かな思い出として記憶に残る経験価値を内包しているものと考えられる。

## 1.4 現代の巡礼者を魅了する経験価値とは

　従来の宗教学や社会学を中心とする巡礼やツーリズムに関する研究は、それらがともに内面のオーセンティックな経験を探求するものであることから、巡礼とツーリズムの間には類似性が存在していることを指摘してきた。しかしながら、消費者の経験する内容が価値を生み出す今日の経験経済システム下で経験価値が重要性を増しているにもかかわらず、経済財としての巡礼ツーリズムが内包している多様な経験価値の具体的な構成要素を明らかにしてこなかった[3]。

　それゆえ、本書では巡礼ツーリズムが有する多様な魅力を中心として、その特徴を「経験価値モデル」が提示した経験価値の価値次元の観点から捉え直すことによって、現代の巡礼者が巡礼ツーリズムに見出している経験価値の実態を明らかにすることを試みる。

　最初に、宗教学および社会学を中心とする巡礼およびツーリズムに関する先行研究が指摘してきたそれぞれの特徴を、これまで消費者行動の研究分野で発展してきた「経験価値モデル」（Holbrook, 1994, 2006；Pine & Gilmore, 1999；Mathwick et al., 2001, 2002）の理論的枠組みを用いて捉え

---

3：ツーリストの経験価値を実証分析したものとして、B&Bでの宿泊経験を対象としたOh et al., 2007やクルージング旅行での経験を対象としたHosany & Witham, 2010がわずかにあるのみで、これらの研究も特定の地域や観測期間に限られたものとなっている。

直すことにより、巡礼ツーリズムが有する経験価値の構成概念、すなわち価値次元を提示する。具体的には、ツーリストが視聴覚的な美しさや好ましい雰囲気に見出す「審美的価値」、遊興を通じて楽しむことに見出す「娯楽的価値」、俗なる日常から脱出して神仏との交流が可能な聖なる時空へ移行することに見出す「脱日常的価値」、学んで知的好奇心を満たすことに見出す「教育的価値」、人間的交流を通じて連帯感や一体感などの共同性を獲得することに見出す「社会的価値」、正義感や美徳に基づく利他的行為に見出す「利他的価値」、ツーリズム産業による顧客本位の取り組みを評価することに見出す「優れたサービス」、自身が投資した時間や金銭に見合う果実を獲得することに見出す「コストパフォーマンス」といった経験価値の価値次元を、巡礼ツーリズムが内包していることを明らかにする。

　次に、日本を代表する巡礼である西国三十三所巡礼および四国八十八ヶ所の各霊場を巡礼するバスツアーを取り上げて事例分析を行い、現代の日本の巡礼ツーリズムが有する経験価値の実態を明らかにする。具体的には、各霊場を巡礼するバスツアーを対象とする事例分析においては、「経験価値モデル」が提示した経験価値の価値次元の観点から巡礼ツーリズムの特徴を捉え直し、巡礼ツーリズムが有する経験価値の構成概念、すなわち価値次元を仮説的に提示する。

　そのうえで、それぞれの巡礼バスツアーの参加者に対する質問紙調査の実施を通じて、仮説的に提示した巡礼ツーリズムの経験価値に関する構成概念を検証するとともに、経験価値を定量的に捕捉するための測定尺度の開発を行い、巡礼ツーリズムが内包している多様な経験価値の実態を浮き彫りにする。

　とりわけ、事例研究においては、当該ツアーが有する経験価値を明らかにするのみならず、巡礼ツアー参加者の信仰実践の有無および「あの世」や「神や仏」の存在の信心が、彼らが獲得する経験価値の状況に対して何らかの影響を与えているのではないかといった問題意識に基づき、分散分析を通じてその実態を明らかにする。本研究は、ツアー参加者の信仰実践などの宗教的行為の側面が、彼らが巡礼ツーリズムに見出す経験価値に対

していかなる影響を与えているのかといった問題についての知見を得ることをねらいとしている。

　なお、今日の交通手段が発達した社会においても、歩き遍路といった伝統的な巡礼スタイルを踏襲する巡礼者や、旅行会社が提供する巡礼ツアーには参加せず、マイカーやバイク、自転車による巡礼を行う者もいる。したがって、本書では、ツーリズム産業によって提供される巡礼ツアーを、徒歩やマイカーなどを用いて自身で行う巡礼と区別して、「市場経済システム下で自由に売買される経済財に商品化された巡礼ツーリズム」として定義したうえで、そのような経済財としての巡礼ツーリズムを主な研究対象として論考を進めてゆくこととする。

# 2 ___ 本書の構成と概要

　本書は各章の内容に基づき、Ⅳ部構成としている。

　はじめにでは、本書の問題意識と目的について述べた。

　序章「巡礼の旅の経験が生み出す多彩な価値の源泉を求めて」では、本書の研究の視座を提示したうえで、全体構成と概要について説明する。

　第Ⅰ部「巡礼とツーリズムの親和性から巡礼ツーリズムの誕生へ」では、巡礼およびツーリズムに関する先行研究のサーベイを行い、そのうえで互いに親和性を有する巡礼とツーリズムが融合し、巡礼ツーリズムが誕生した背景について考察する。

　第1章「巡礼の聖と俗」では、巡礼に関する先行研究のサーベイを通じてその特徴を浮き彫りにする。古来、聖地に赴く巡礼者は宗教的な信仰はもとより、娯楽、芸術、健康の回復や増進などの様々な目的をもって巡礼に出かけており、巡礼がツーリズムの原型としての特徴を有していることを確認する。

　第2章「ツーリズムの俗と聖」では、ツーリズムに関する先行研究のサーベイを行い、近代ツーリズムの本質が「真正性の探求」にある点で、巡礼との間に類似性が存在することを確認する。第1章と第2章で明らかにされる巡礼およびツーリズムのそれぞれの特徴は、以降の章において、巡

礼とツーリズムの融合によって誕生する巡礼ツーリズムの経験価値の内実を明らかにするための礎となるものである。

　第3章「巡礼とツーリズムの融合」では、伝統的に「祈り」や「修行」などを中心とする宗教的行為であった巡礼が、次第にツーリズムと融合しながら市場経済システムに包含されて、経済財として商品化されるようになった背景について考察する。

　第Ⅱ部「巡礼ツーリズムの多彩な魅力を経験価値の観点から捉え直す」では、経済システムの進化に伴い、今日、重要性を高めている経験価値の観点から巡礼ツーリズムの魅力を捉え直し、巡礼ツーリズムが有する経験価値の構成概念、すなわち経験価値を生み出す源泉である価値次元を仮説的に提示する。

　第4章「日本の代表的な巡礼ツーリズムが有する多彩な魅力」では、ツーリストの誰もが巡礼を気軽に経験できるよう、旅行会社によって商品化された巡礼ツアーが有する多彩な魅力について考察する。当該章では、日本を代表する二大巡礼ツアーである西国三十三所および四国八十八ヶ所の巡礼バスツアーを具体的事例として取り上げて、民間旅行会社が提供している巡礼ツアーに共通してみられる特徴について考察し、巡礼ツーリズムの多彩な魅力を浮き彫りにする。

　第5章「巡礼ツーリズムの経験価値」では、巡礼とツーリズムが融合した新たなツーリズムの一形態である巡礼ツーリズムの特徴を、経済システムの進化に伴い消費者行動の研究分野で発展してきた「経験価値モデル」の価値次元の観点から捉え直し、現代の巡礼者が巡礼ツーリズムに見出している経験価値の構成概念を提示する。なお、当該章で仮説的に提示される巡礼ツーリズムが有する経験価値の構成概念は、以降の章における巡礼ツーリズムのモデル実証のための礎となるものである。

　第6章「巡礼ツーリズムの経験価値の可視化に向けて」では、巡礼ツーリズムが有する経験価値を定量的に捉えるための具体的方法を提示する。巡礼ツーリズムの経験価値は、内面的かつ私的な経験によって獲得されるものであることから直接的に観測することが困難である。このような物理的に測定することが難しい経験価値をいかに定量的に捕捉し可視化するか

といった観点から、具体的な方法を概説する。

第Ⅲ部「日本の代表的巡礼ツーリズムの経験価値を定量的に捕捉する」では、西国三十三所および四国八十八ヶ所を巡拝するバスツアーの各参加者に対して質問紙調査を行い、得られたデータを基に巡礼ツーリズムが有する経験価値の定量的捕捉を試みる。これにより、現代の巡礼者が巡礼ツーリズムでの経験を通じて見出している経験価値の実態を浮き彫りにする。

第7章「西国三十三所巡礼ツーリズムの経験価値の構成概念」では、西国巡礼ツーリズムの特徴を「経験価値モデル」が提示した経験価値の価値次元の観点から捉え直すことにより、巡礼とツーリズムが融合した新たなツーリズム形態である西国巡礼ツーリズムが有する経験価値の多様な価値次元、すなわち構成概念を仮説的に提示する。

第8章「西国三十三所巡礼ツーリズムの経験価値のモデル実証」では、西国三十三所を巡礼するバスツアーを具体的事例として取り上げて質問紙調査を用いたモデル実証を行い、ツアー参加者が巡礼ツアーに見出している経験価値の実態を明らかにする。前章で仮説的に提示した、西国巡礼ツーリズムが有する経験価値の構成概念を基に作成した質問紙を用いて、巡礼バスツアーの参加者への質問紙調査を行い、彼らが巡礼ツアーに見出している経験価値を捕捉するための測定尺度モデルの開発を行う。さらに、実証研究を通じて当該モデルの有用性を提示することにより、西国巡礼ツーリズムが有する経験価値の価値次元を明らかにする。

第9章「四国八十八ヶ所巡礼ツーリズムの経験価値の構成概念」では、「経験価値モデル」に関する理論的枠組みを用いて四国巡礼ツーリズムの特徴を捉え直し、それが有する経験価値の構成概念、すなわち価値次元を仮説的に提示する。

第10章「四国八十八ヶ所巡礼ツーリズムの経験価値のモデル実証」では、西国巡礼と並ぶ、もう一つの日本を代表する巡礼である四国巡礼のバスツアーを取り上げて、西国巡礼バスツアーの事例研究と同様の手順を踏みながらモデル実証を行う。前章で仮説的に提示した、四国巡礼ツーリズムが有する経験価値の構成概念を基に作成した質問紙を用いて、巡礼バスツアーの参加者への質問紙調査を行い、彼らが巡礼ツアーに見出している

経験価値を捕捉するための測定尺度モデルの開発を行う。さらに、実証研究を通じて当該モデルの有用性を提示することによって、四国巡礼ツーリズムが有する経験価値の価値次元を明らかにする。

　とりわけ、当該章では、数珠や御朱印などの物質的なアイテムおよび霊場の空間が醸し出す雰囲気、巡拝用の白衣や菅笠などを身に着ける行為に、現代の巡礼者が「神聖性の価値」を見出していることを明らかにする。加えて、ツアー参加者の「日頃の信仰の実践の有無」および「あの世」や「神や仏」の存在の信心、あるいは神社やお寺などの参詣といった普段行っている身近な宗教行動が、巡礼ツーリズムでの彼らの経験価値の獲得に対して影響を与えていることを浮き彫りにする。

　第Ⅳ部「総括と展望」では、最後の第11章「日本の代表的巡礼ツーリズムの経験価値の実相」において、本書の研究を通じて発見した事実を整理のうえ、分析ならびに考察の結果得られた理論的知見および実践的知見を提示する。さらに、本研究の限界に伴い今後に残された課題と研究の新たな可能性についても述べる。

# 巡礼とツーリズムの親和性から
# 巡礼ツーリズムの誕生へ

第 1 章

# 巡礼の聖と俗

# 1 ── 人はなぜ巡礼に赴くのか

　キリスト教の最大教派カトリックの三大巡礼地であるローマおよびサンティアゴ・デ・コンポステラ、エルサレムをはじめ[1]、イスラム教のメッカやヒンドゥー教の聖地ヴァーラーナシーのガンジス川など[2]、多数の巡礼者が訪れる聖地が世界各地に存在している。これらの聖地への巡礼が、それぞれの宗教の信仰者にとっての重要な宗教儀礼と見なされる一方で、信仰をもたない人々も聖なるものに接近しようと、それらの聖地へ巡礼に赴いている。

【写真1-1】サンティアゴ・デ・コンポステラ大聖堂

【写真1-2】ヴァーラーナシーのガンジス川

　例えば、今日のサンティアゴ・デ・コンポステラ巡礼は、キリスト教といった特定の宗教の信仰者に限られたものではなく、すべての人々に開かれていることから、信仰のみならず自分探しや自己啓発、人間的交流、スポーツ、景勝地の観光などといった多種多様な興味や関心、目的を抱きつつ、多数の巡礼者が世界各地からその地を訪れている。

　また、日本の代表的な巡礼地である西国三十三所や四国八十八ヶ所の各

1：例えば、キリスト教の巡礼を取り上げた場合、カトリックの聖地には、聖ペトロが眠るとされるローマのサンピエトロ大聖堂および聖ヤコブの墓が発見されたとされるサンティアゴ・デ・コンポステラ（Mariño Ferro, 2011）、エルサレムの三大巡礼地の他、正教会のアヤ・ソフィア大聖堂やアトス山、聖カタリナ修道院などがある。その他、フランスのピレネー山中のルルドもまた、その聖水が訪れた者を癒やすとして、多くの巡礼者を集めている（寺戸, 2006）。
2：ヴァーラーナシーは7つの聖なる巡礼地（サプタ・プリ）の一つに挙げられる。他の6つの聖地は、ヴィシュヌの十種の化身（最も一般的な十種の化身は、①魚〔マツヤ〕、②亀〔クールマ〕、③猪〔ヴァラーハ〕、④人獅子〔ヌリシンハ、ナラシンハ〕、⑤朱儒〔ヴァーマナ〕、⑥パラシュラーマ、⑦ラーマ、⑧クリシュナ、⑨ゴータマ・ブッダ、⑩カルキである）に関する神話で知られるラーマ王子の故郷とされるアヨーディヤーやクリシュナの生誕地マトゥラー（上村, 2003）の他、ハリドワール、カンチープラム、ウッジャイン、ドワールカーである。

霊場においては、ツーリストが自身の信仰の有無にかかわらず旅行会社が提供する巡礼バスツアーに参加することで、気軽に巡礼を行っている。すなわち、日本においても、特定の宗教組織に属さない現代の巡礼者が先達の指導を仰ぎつつ、勤行を行うとともに、巡礼路の自然の景観や仏像などを鑑賞し、巡礼仲間との語らいや郷土料理、土産物の買い物、温泉なども楽しんでいる（**表1-1**）。

| 表1-1　日本の主な巡礼地 | |
|---|---|
| **巡礼地** | **宗教的背景** |
| 西国三十三所観音霊場<br>坂東三十三観音霊場　}百観音霊場<br>秩父札所三十四観音霊場 | 観音信仰 |
| 四国八十八ヶ所霊場 | 大師信仰 |
| 近畿三十六不動尊霊場<br>関東三十六不動霊場 | 不動明王信仰 |
| 伊勢神宮（お伊勢講） | 伊勢信仰 |
| 富士山（富士講） | 富士山信仰 |
| 熊野三山<br>（熊野速玉大社、熊野那智大社、熊野本宮大社） | 熊野三山信仰 |

出典▶筆者作成
備考：巡礼ツアーとして旅行会社が提供している主な巡礼地。この他、神仏和合の精神に基づく「神仏霊場巡拝の道」（神仏霊場会）などがある。

　このような「信仰なき巡礼者」は、何を求めて聖地に赴き、そこでどのような経験をしているのだろうか。彼らは巡礼路で何を見聞きし、どのような価値を見出しているのだろうか。

　本書のテーマである巡礼ツーリズムは、伝統的に信仰を中心とする宗教的行為であったとされる「巡礼」と、生活圏から離れた場所で楽しむ余暇や娯楽を基本とする「ツーリズム」が融合したものである。巡礼に関する先行研究において、十分な余暇の時間を有していた古代ギリシャのアテネ市民は、「祝祭や聖域への巡礼のみならず、楽しみや学び、芸術、健康回復など、各自の様々な関心事に応じて」旅行をしていたことが指摘されている（Nash, 1989）。すなわち、巡礼は、古来、神仏への祈りや修行などの宗教的な目的を第一としつつも、それのみならず、学びや記念物、博物

館、美観地等へのツーリズムを兼ねていたのである（Fuller, 1992）。一方、近代ツーリズムの本質は、単なる疑似イベントや一時的な消費行為としての遊興ではなく、ツーリストによる「真正性の探求」といった非日常的で神聖なものにあると論じられている（マキャーネル, 2001）。これらの双方の先行研究によると、巡礼と近代ツーリズムはともに内面のオーセンティックな経験を探求するといった点で類似性を有しており（前掲書, p.97）、密接不可分のものであると考えられる。

　そこで本章では、巡礼に関する先行研究のサーベイを通じてその特徴を明らかにすることによって、巡礼ツーリズムが有する経験価値を浮き彫りにするための準備的な考察を行う。古来、聖地に赴く巡礼者が、聖なるものへの接近といった宗教的行為はもとより、娯楽や芸術、健康の回復や増進などの様々な目的をもって巡礼の旅に出かけたことを確認し、巡礼がツーリズムの原型としての特徴を有していることを明らかにする。

　本章の考察を通じて明らかにされる巡礼の特徴は、伝統的に宗教的行為であった巡礼と近代ツーリズムとが融合して生まれた新たなツーリズム形態の一つである「巡礼ツーリズム」が有する、その経験価値の内実を明らかにするための礎となるものである。

# 2 ── 聖なるものとの出会いを求めて

　中世のキリスト教社会においては、聖人の遺体や聖遺物などの"聖なる"超越的存在と物理的に接触していたとされる「物」によって、その場所に聖性が付与され、それが信仰世界の中心を形成していた。前近代社会においては、伝統的な宗教組織である教会が公的な地位や権威を有しており、社会全体を方向づける規範として機能していた。それゆえ、教会を中心とする宗教的空間には、文化的および倫理的にもコミュニティを共有する帰属意識が存在しており、教会という権威が認めた事実によって真正性が獲得され、信仰を有する人々を魅了していた（岡本, 2012, pp.41-63）。

　一方、日本の巡礼に目を転じた場合、日本最古の巡礼とされる西国三十三所巡礼の草創期である平安時代においては、行者が神仏への祈りや

修行を目的として巡礼を行っていた（速水, 1970, pp.300-301；信多, 1993）。その後、15世紀に入ると霊場近隣地域の人々のみならず、関東や東北などの遠方の地域からも、貴族や武士に加えて一般民衆までもが、信仰や祈願、あるいは自らの救済を求めて西国霊場を目指した（速水, 1970, pp.311-317；北川, 2020）。また、西国巡礼と並んで日本を代表する巡礼である四国八十八ヶ所巡礼においては、寺院の荒廃や劣悪な交通事情のため、中世期に庶民が巡礼することはなく、四国霊場は修験者による信仰や修行の場であった（佐藤, 2004, pp.104-109）。

【写真1-3】四国霊場第11番札所 藤井寺から第12番札所 焼山寺へ上がるへんろ道と一本杉庵

　信仰について、モーガン（Morgan, D.）が「定理や教理への言説的承認であるのみならず、力や出来事、場所を神聖なものにする人間活動である」と指摘したように（Morgan, 2009, p.73）、まさに巡礼は、祈りを通じて神仏との交流が可能となる聖地へと旅する、「聖なるもの」を探求する人間活動であると捉えることができよう。

　デュルケーム（Durkheim, É.）は「聖なるもの」を、人間の集団が生み出す心的エネルギーを基盤とする力が物質に宿った「象徴」として捉え

た[3]。象徴に刻印された「聖なるもの」は、祭祀や供儀などの儀礼の「聖」なる期間に引き起こされる社会的エネルギーの「沸騰状態」の中での、個々の意識的主体による「脱我的」経験である（デュルケーム, 2014）。「聖」なる期間にエネルギーが爆発し、その強大なエネルギーによって「自らの外に運び去られて日常の仕事や関心事から解放」される。そして、自らを抜け出した「脱我的」意識が集合表象の次元に到達し、そこでは言語コミュニケーションを超えた、生きられた経験を共有することとなる（前掲書）。そのような経験は記憶ではなく、「牽引力」として保存され、それに触れる者がそこへと再び連れ戻されるがゆえに「聖」とされるのである（前掲書）。

　エリアーデ（Eliade, M.）は、このような「聖なるもの」を求めて巡礼に赴くといった本質を有する人間について考察し、人間を「聖化された宇宙の中に生活し世界的神聖性にあやかっている宗教的人間（homo religiosus: ホモ・レリギオースス）」として理解した。すなわち、彼は、「人間は、宇宙の中に見出した神聖性を自己の中にも再発見し、宇宙の生命と自身の生命とが相同であることを、体得された経験としてもっている」ことを指摘した（エリアーデ, 2014, pp.154-157）。このように「ただ単に人間であるのみならず、同時に宇宙的でもあるという超人間的な構造をもつ宗教的人間」は、世界に向かって開かれていることから、「世界を知ることによって自分自身を知る能力」を与えられており、それを知ることこそが「ある宗教的なもの」なのである（前掲書, p.157）。そして、日常生活が変化し至る所に徴表が発見される宗教的人間の体験においては、生命の道を象徴する「道」や、世界の中心への遍歴である巡礼の象徴としての「歩み」は宗教的価値を有することとなり、「人間は神々との交流が可能な"中心"に身を置くことを望んで巡礼に赴く」ようになる（前掲書, p.173）。

3：チデスター (Chidester, D.) とリネンタール (Linenthal, E.T.) は「聖なるもの」の定義を、いかなる状況や関係性にも左右されることなく、確固として存在する実体として捉える実体的定義と、内在的に聖性を有しているものは存在しないとする状況的定義に区分して、状況的定義はデュルケームにまで遡ることができると論じている (Chidester & Linenthal, 1995)。さらに、状況的定義について、山中弘は「聖なるものや聖なる場所は、儀礼、記憶、統制などを通じた聖化という作業の結果として生じる副産物であり、その営みに大きく依存している」と論じている (山中, 2016, p.153)。

エリアーデは、「人間は、非日常的な聖なる時間・空間において精神的かつ身体的に決定的な出来事を体験することによって、それまでにはもち得なかった力や知恵を獲得し、再び日常の俗なる時間・空間に帰還するときには全く新しい人間としてかつてとは異なる存在論的かつ社会論的な地位に到達する」として、人間が象徴的な意味で「古い人間としては死に、新しい人間として再生するという体験」をイニシエーションと呼んだ（前掲書, pp.174-177）。

　新しい人間への再生であるイニシエーションの典型例を、聖なるもの[4]との出会いを求めて安定した俗なる時空から出て、苦難に満ちた旅へと向かう「巡礼」の中に見出したターナー（Turner, V.）は、「通常の生活において社会的・空間的な構造の中にいる人間が、ある状態から別の状態へと移行するためには必ず重大な通過儀礼を伴う」と指摘した（Turner, 1969, 1973）。

　ターナーはイニシエーションについて、ファン・ヘネップ（van Gennep, A.）による通過儀礼に関する「分離」、「周縁」、「再統合」の三段階説（van Gennep, 1909）を踏襲しながら解説した。それによると、最初の段階として、人間は日常生活においては社会的・空間的な構造の中に存在するが、当該構造から一旦分離されることで通常の社会的な絆や身分などの世俗的な区分意識が消え去り、次に、各自は自分自身が時間と場所から出たどっちつかずの境界状態の中に置かれていると感じるようになる。そして最後に、イニシエーションを経る者の間に強固な結束力を有する平等な個人で構成される仲間集団としてのコムニタスが形成され、このコムニタスにおいて、聖なるものとの出会いという宗教的体験が実現することにより、新しい人間への再生を果たすのである（Turner, 1969）。

　ターナーが巡礼の中に見出した、日常的で俗なる時空から聖なる時空へと移行する人間の主観的な経験としてのイニシエーションこそ、まさに旅の原初的な姿であった。それゆえ、神々との交流を求めて俗なる日常から脱出して、非日常の聖なる時空へと移行する主観的な経験の中に、巡礼者

---

4：「聖なるもの」の経験について、オットー（Otto, R.）はその本質を「ヌミノーゼ」と呼んで、「心に漠然と感得される非合理的な宗教感情」であると論じている（オットー, 2010）。

は「訪れるに値するもの」としての価値を見出しているものと考えられる。

# 3 ── 巡礼の旅の楽しみを求めて

　古代ギリシャにおいて、デルフォイのアポロン神殿やオリュンポス十二神の最高神に捧げられたゼウス神殿など、重要な神託所であった神殿への巡礼が行われていた。このような巡礼においては、余暇の時間を有するアテネ市民が、信仰を基本としつつも、それぞれの関心に応じて娯楽や学びなどの旅に出かけていたことが指摘されている（Nash, 1989）。また、ローマ帝政時代の人々は、美の女神ジュピターなどのローマ神話の神々の神殿への巡礼をはじめとし、芸術や美食、健康の回復や増進などを目的に旅をした。

　その後、13世紀に入って慈善巡礼宿のネットワークが産業として成長する一方で、免罪旅行案内書が大量に発行されたことに伴い、巡礼は大流行したが、既にこのような巡礼には「宗教的な信仰心と見聞、娯楽が混じり合っていた」ことが指摘されている（アーリ, 1995, pp.7-8）。

　以上の先行研究の知見を踏まえると、巡礼とツーリズムとの間には明確な区分はなく（Burns, 1999）、巡礼はツーリズムの起源の一つであると考えることができる（橋本, 1999, p.57）。たとえ巡礼が祈りや修行といった宗教的な目的を第一にしていたとしても、一般的にそれは記念物や博物館、美観地等への学びや行楽としてのツーリズムを兼ねていたのである（Fuller, 1992）。

　教会にも行ったことのない多くの非キリスト教徒が聖地を目指している現代のサンティアゴ巡礼においては、それらの信仰のない人々にとって、巡礼路のゴールに安置された聖遺物は絶対的な目標とは成り得ず、宗教が生み出したフィクションに過ぎない。それゆえ、サンティアゴ巡礼に赴く特段に信仰をもたない現代のツーリストにとっては、聖ヤコブへの信仰はもはや重要ではなく、「巡礼の道中で出会う他の巡礼者や巡礼者を道中でサポートするオスピタレロなどとの人間的交流や繋がり」の方がより重要になっている（岡本, 2012, pp.220-235）。

多様な価値観が日常的に生み出され、支配的な価値観や文化が存在し難い現代の世俗社会においては、制度的・伝統的な既存の宗教や組織がその公的な地位や権威を失いつつある。その結果、同じコミュニティに所属する感覚が希薄化し、共同体意識や仲間意識といった共同性が崩れていく傾向にある。こうした社会においては、もはや宗教は社会全体を方向づける規範とはなり得ず、公的な領域から排除されて個人の私的な問題となる、いわゆる宗教の「私事化」と呼ばれる過程が進むこととなる。

　したがって、特段に信仰をもたないツーリストが聖ヤコブへの信仰よりも巡礼路で出会う他の巡礼者やオスピタレロなどとの人間的交流や繋がりの方を重要視する事例は、まさに現代社会において希薄化した仲間意識などの共同性を回復する営みであるといえよう。

　ターナーが非日常の聖なるものとの出会いを可能にする仲間集団としてのコムニタスの重要性を指摘したように、ツーリストは、巡礼路で出会う様々な人々との交流を通じて価値観を共有し共同体意識を取り戻すプロセスの中に「訪れるに値するもの」を見出しているものと考えられる。

　他方、日本においても、その草創期には信仰や修行を目的とした行者による巡礼であった西国巡礼も（速水, 1970, pp.300-301；信多, 1993）、政治経済的に安定した江戸時代に至ると、治安の確立や交通の整備が進むにつれて、農民や商人なども巡礼の旅に出かけるようになった（速水, 1970, pp.328-329）。彼らの巡礼においては、神仏への祈りや祈願を基本としつつも、上方文化の中心地である近畿地方に点在する各札所に安置された仏像や伽藍、霊場の名刹の鑑賞なども行われた。このような巡礼においては、神仏に対する信仰に加えて、道中での祭りや芝居などの見物、郷土料理や酒などの飲食、温泉への入湯、地域の名産品の買い物なども行われ、次第に行楽的要素も兼ねるようになった[5]（佐藤, 2004, pp.180-181）。封建制度の下、依然として庶民の旅が制限されていた時代において、自身が生まれ育った村から出て、はるか遠方の霊場まで徒歩での長旅をすることは、

---

5：佐藤（2006）は、西国巡礼の道中日記の内容を検討し、江戸中期以降において、巡礼者は寺社の参詣のみならず、芝居や夜見世、祭礼、内裏の見物、郷土料理や銘酒の飲食、温泉入湯、地域の名産品などの土産物の買い物などを楽しんでいたことを明らかにしている。

巡礼者にとってまさに日常からの解放であるとともに、見知らぬ異国の見聞といった側面を有していたものと考えられる。

　また、元来、修験者の祈りや修行の場であった四国巡礼も（佐藤, 2004, pp.104-109）、西国巡礼と同様、江戸時代に入ると政治経済の安定や交通の発達、遍路道の整備や案内書の発行などを背景として、遠隔地巡礼が活発化し、弘法大師信仰の一般民衆への普及と相まって、巡礼の旅に出かける者が増加した（星野, 2001）。このような巡礼者は城下町や夜店、芝居の見物に加えて、名所旧跡や寺社の参詣、各地の土産物の購入などを行っており、当時の巡礼が信仰を基本としつつも行楽を兼ねたものとなっていたことが窺われる。例えば、宗像郡内最大の酒屋として栄えた佐治家[6]が残した「遍路日記」の内容を分析した胡（2020）は、当時の四国遍路が物見遊山的な要素が強かったことを指摘している（**表1-2**）。

**表1-2　巡礼の俗なる側面**

| 巡礼 | 内容 | 先行研究 |
|---|---|---|
| 古代ギリシャの巡礼 | 祝祭や聖域への巡礼のみならず楽しみや学び、芸術、健康回復などの多様な目的をもって巡礼の旅をした。 | Nash, 1989 |
| 古来の巡礼 | 神仏への祈りを基本とする宗教的な目的を第一としつつも、それのみならず学びや記念物、博物館、美観地等へのツーリズムを兼ねていた。 | Fuller, 1992 |
| 13世紀の免罪旅行案内書による巡礼 | 宗教的な信仰心と見聞、娯楽が混じり合っていた。 | Burns, 1999 |
| 現代のサンティアゴ・デ・コンポステラ巡礼 | 巡礼者の半数以上は特段に信仰をもたない非キリスト教徒である。<br>巡礼の道中で出会う他の巡礼者や巡礼者を道中でサポートするオスピタレロなどとの人間的交流や繋がりを重要視している。 | 岡本, 2012 |
| 江戸時代の西国巡礼 | 仏像や伽藍、霊場の名刹の鑑賞、祭りや芝居などの見物、郷土料理や酒などの飲食、地域の名産品の買い物などを楽しんでいた。 | 佐藤, 2004, 2006 |
| 江戸時代の四国巡礼 | 城下町や夜店、芝居の見物や、名所旧跡寺社の参詣、各地の土産物の買い物などを楽しんでいた。 | 胡, 2020 |

出典 ▶ 上記各先行研究に基づき筆者作成

6：佐治家は黒田長政に仕えた後に津屋崎村（福岡県福津市）に土着して以降、酒屋の他、漁業や精米業等も営んだ（胡, 2020）。

今日、日本を代表する西国三十三所や四国八十八ヶ所の巡礼は、ともに
ツーリストの誰もが参加できるパッケージツアー商品として旅行会社によ
って提供されており、ツアー参加者は自身の信仰の有無にかかわらず気軽
に巡礼を経験できるようになっている。それらの霊場の各札所は山紫水明
の地に立地していることから、紅葉や滝、原生林、大海原などの自然が多
くみられ、ツーリストは巡礼路で四季の移り変わりを肌で感じることがで
きる。また、霊場は日本最古の寺院群から構成されており、それらは日本
中でも他に類をみない貴重な仏像や経典などの文化財を多数所有してい
る。さらに、近畿および四国一円を巡礼しながら各地の郷土料理や地域の
名産品の購入なども楽しむことができ、豊かな観光資源に恵まれていると
いえよう。

　経済成長による所得や余暇の拡大に加えてモータリゼーション化などが
契機となり、今日では旅行会社各社が西国および四国巡礼をはじめ、様々
な巡礼をツアー商品として提供するようになった。それらの巡礼ツアー
は、バスや鉄道による移動によってツーリストの肉体的負担を軽減しつ
つ、景勝地の観光やグルメ、土産物などの買い物に加えて、先達による勤
行の指導や仏教教義、由緒などの解説といった学びの機会を提供するな
ど、現代の巡礼者が多彩な経験ができるメニューを提供している。

　したがって、ツーリストは、巡礼路を取り巻く自然や仏像、寺院の鐘の
音などといった審美的なものを見聞し、霊場の厳かな佇まい、勤行時の神
聖な雰囲気などの聖なるものや真正なものに触れるとともに、巡礼仲間と
語り合い、交流するなど、それぞれにとっての多様な価値を見出している
ものと考えられる。彼らが神仏への祈りといった宗教的な目的のみなら
ず、巡礼ツーリズムを通じて楽しみ、学び、感動しつつ自分探しをする過
程は、経験消費の典型であるといえよう。

第$2$章

# ツーリズムの俗と聖

# 1 ── 人はなぜ旅に出かけるのか

　人はなぜ旅をするのだろうか。狩猟採集社会においては、人々は食べる
ため、生きるために旅に出かけたが、それらの中には、アボリジニの聖地
を訪問した人達がいたことが指摘されている（Duchet, 1949）。ナッシュ
（Nash, D.）はこのような移動の側面に注目し、オーストラリアのアボリジ
ニの聖地への訪問などにみられる「狩猟採集社会での絶え間ない移動の側
面はツーリズムの原型である」として、巡礼とツーリズムとの類似性につ
いて指摘している（Nash, 1989）。

　また、祝祭や聖域への巡礼を行っていた古代アテネの市民は、余暇の時
間があったことから、そのような宗教的な目的のみならず、楽しみや学
び、スポーツ、芸術、健康の回復や増進などの多様な目的をもって旅に出
かけていた（前掲書）。さらに、農業社会であった当時のフランスの君主
は、領地内の城を巡る旅に出向くことで経済基盤を確保・維持しつつ、領
民等から知られる存在となっていた（前掲書）。そして13世紀には、宗教組
織が営む巡礼宿のネットワーク化や免罪旅行案内書の大量発行に伴い巡礼
が盛んになり、15世紀になると、ヴェネチアからパレスチナまで組織化さ
れた旅行が行われるようになった（Feifer, 1985；アーリ, 1995）。その後、
17世紀以降においては、貴族やその子弟が先進的文化等の学びの一環とし
てグランドツアー[1]に赴いた。このツアーの当初の目的は「自然観察や画
廊、博物館、文化的作品の記録であった」が、次第に「風景観光や美、崇
高さなどのより個人的で感動的な体験」を求めるものに変化した（アーリ,
1995, p. 8）。

　しかしながら、これらの旅はいずれも特権階級の人々によって営まれた
ものであり、一般大衆が職場から解放されて、そうした裕福な貴族たちと
は異なる目的で旅をするようになったのは、19世紀に入ってからである
（前掲書, p. 9）。すなわち、産業革命に伴い、所得の向上とともに余暇の時

---

1：グランドツアーとは、元来、エリザベス女王の時代にイギリス貴族の子弟の教育を目的として、当時
の文化的先進国であったフランスやイタリアなどの主要都市の上流社会や文化を実地で経験するため
に始められた旅行のことをいう。その後、18世紀に至ると、それは次第に娯楽の洗練された形に変化し
た（ブレンドン, 1995, p.27）。

間が生まれた人々は、職場での労働という日常から脱出して、労働とは別の動機をもって非日常の場所を訪れるようになったのである。この点で、現代社会の人々が旅に出かける動機は多様であるものの、所得と余暇の時間の拡大が近代ツーリズムを支える重要な基盤となっているものと考えられる。

　かつて、アーリ（Urry, J.）は、"人はなぜ旅をするのか"といった旅に関する素朴な疑問について、旅人が非日常的な風景に投げかける「まなざし」の観点から考察し、「『観光（ツーリズム）』と表現される社会的慣行には少なくとも共通の特徴がある」ことを指摘した。すなわち、彼は、観光が、①規則化された労働という対照物を前提にした余暇活動であるとともに、②楽しみへの期待をもって、③日常の生活空間から出て非日常の世界へと移動し、新たな場所に滞在することであると指摘したのである（前掲書, pp.4-6）。

　そこで本章では、本書の研究対象である巡礼ツーリズムがポストモダン社会の新たな観光形態の一つであることに鑑み、近代ツーリズムに焦点を当てながら先行研究のサーベイを行う。これにより、近代ツーリズムの本質が余暇や娯楽のみならず、真正性の探求といった側面を有する点で、ただ単に形のみならず動機においても巡礼と似ており（マキャーネル, 2001, p.97）、両者の間には類似性が存在していることを明らかにする。

## 2 ── 余暇・娯楽を求めて

　前節で述べた通り、旅は、元来、特権階級の人々のものであったが（アーリ, 1995, p.7）、産業革命に伴う経済的および時間的ゆとりの拡大に加えて、鉄道や汽船などの近代的交通機関の登場も相まって、多くの人々が余暇や娯楽としてのツーリズムを楽しむようになった。とりわけ、19世紀以降において、欧州や北米地域を中心に広まったこのような現象のことをマスツーリズムという。かつてアーリは、「ツーリストである、ということは近代的な経験の特徴の一つである」と指摘したが（前掲書, p.7）、このような認識は時間管理の導入や機械化などによる労働の近代化に伴い、次

第に余暇が制度化され、ツーリズムの大衆化が進展する状況の中で示されたものであった（西川, 2019）。

　一般的に、マスツーリズムの始まりは、1841年7月5日にクック（Cook, T.）が鉄道を用いて催行したパッケージツアーであるとされている（ブレンドン, 1995）。既に、17世紀以降において、イギリスの特権階級であった貴族や紳士階級の子弟が、当時の文化的先進国であるフランスやイタリアを訪問し、学問や礼儀作法、社交生活などを学ぶグランドツアーという旅が行われていた[2]。これを先駆けとして、様々な近代的なツーリズムの形態が生み出され、19世紀の産業革命による交通手段の発達[3]や、一般大衆の所得の向上、労働環境の改善などにより、ツーリズムの大衆化が急速に進展することとなった[4]。

　イギリスの福音主義者で禁酒運動家でもあったクックは、産業革命によって出現した鉄道列車をチャーターし、禁酒運動大会への多数の参加者を開催地へ輸送するとともに、現地での食事等の一切を手配した[5]。1851年に世界最初の万国博覧会となるロンドン万国博覧会が開催されると、彼は、乗合馬車や夜行列車と宿泊を組み合わせた安価なパッケージツアーを販売して成功を収め、イギリスにおける観光の大衆化を促した。その後もクックは、1855年の第1回パリ万博および1869年のアメリカ合衆国最初の大陸横断鉄道やスエズ運河の開通を機に、新たに海外旅行の分野を開拓するな

2：ブーアスティン（Boorstin, D.J.）は、17～18世紀においては教養のある多くのヨーロッパ人が他国へ旅行したが、そのような「旅行をすることは世界人となることであり、世界人にならないかぎり、自分の国でも教養ある人としてみなされなかった」と論じている（ブーアスティン, 1964, p.94）。また、スミス（Smith, A.）も『国富論』の中で、彼の時代の富裕層の習わしとして、その子弟が学校を卒業すると、ただちに大学へは行かずに外国旅行に出かけていたことを述べている（スミス, 2001, p.37）。
3：ブーアスティンは、道路舗装や鉄道が普及するまでの時代においては、「旅行者は道の無い場所を歩かなければならず、強盗や人殺し、病気などの危険にさらされており、旅行経験は進んで困難に打ち向かう冒険であった」と論じている（ブーアスティン, 1964, p.95）。
4：ブレンドン（Brendon, P.）は、ビクトリア朝以前の旅行を困難にしていた原因は「時間と経費」であったことを指摘した。そのうえで、彼は、「鉄道の開設に伴い1マイル当たりの交通費が3ペンスから1ペニーへと急落した」ことによって「旅行に対する需要の拡大」が明確に現れるようになった一方、大衆の移動が上流階層の既得権益を脅かすものであるとの見方も生まれたと論じている（ブレンドン, 1995, p.34）。
5：飲酒の治療のためには、説教よりも酒の代わりとなる楽しみを与える方が有効であるとの考えをもっていたクックは、1841年7月以降の数年間、健全な娯楽としての鉄道による禁酒小旅行を慈善行為としてアレンジしていた。彼が営利目的でツアーを企画し、利用予定の鉄道会社から手数料を初めて徴収したのは1845年夏のリバプール向けのツアーであった（ブレンドン, 1995, pp.59-68）。

ど、娯楽としてのツーリズムの大衆化をリードした[6]。

具体的には、彼は旅行業を専業とする旅行代理店「トマス・クック・グループ」を率いて、旅行者の移動手段である鉄道[7]や宿泊施設の予約業務の執行をはじめ、不特定多数の旅行客を対象とした規格化された旅行商品の販売を行った[8]。この点に、近代ツーリズムの創始者としての彼の慧眼を窺い知ることができよう。

以上のように、一般大衆の娯楽としてのツーリズム産業が、産業革命によって世界で初めて工業大国となったイギリスで産声を上げた背景として、①経済発展による所得の拡大や、②労働時間の短縮に伴う余暇の時間の拡大、③鉄道の利用によるツーリズムの大衆化があげられる。

ツーリズムは、元来、時間的および資産的背景を有する特権階級の富裕層のみが享受できたものであったが、産業革命以降の大衆化および第2次世界大戦後の経済発展を背景に、米国をはじめ欧州や日本の一般大衆にまで幅広く拡大した。とりわけ20世紀の後半以降においては、所得の向上や余暇の拡大等に伴い庶民が幅広く観光に出かけるようになったことから、旅行者が地球的規模で爆発的に増加することとなった。

日本においても、戦後の高度経済成長に伴う可処分所得の大幅な増加[9]を背景に、ツーリズムの大衆化が急速に進展することとなった。例えば、1964（昭和39）年に日本初の高速道路である「名神高速道路」が開業したのをはじめとして、道路網の整備や自動車の普及などのモータリゼーショ

6：観光をめぐる地球的規模の変化を「観光革命」と呼んで、観光の歴史を大衆化や質的変化の観点から四次にわたる革命の時期に区分した石森（1996）は、スエズ運河やアメリカ大陸横断鉄道などのインフラ整備を背景として、1860年代のヨーロッパを中心に国内旅行の大衆化や富裕層による海外旅行が活発化したことに伴い、最初の観光革命が起きたと論じている。

7：クックは、鉄道の直接的な魅力は、その社会改革力でも大きな経済的恩恵でもなく、「純粋な新鮮さや感覚的な高揚、空間と時間の征服の純粋な喜び」にあることを指摘した（ブレンドン, 1995, p.36）。

8：ブーアスティンは、クックが「礼儀正しいもの知りのガイドやホテルのクーポン、部屋の予約制度、病気や盗難から身を守るための手段と心得などのあらゆる種類の便利な設備を急速に発達させた」ことを指摘して、「ガイド付き旅行を企業化した本当の先駆者は言うまでもなく、トマス・クックである」と論じている（ブーアスティン, 1964, p.98-99）。

9：日本経済は昭和40年代に入り急成長を遂げ、1975（昭和50）年のGDPは1970（昭和45）年比およそ2倍に、また1980（昭和55）年にはおよそ3倍、1985（昭和60）年にはおよそ4倍へと急拡大した（内閣府「暦年統計 GDP統計」）。これに伴い、勤労者世帯の実収入は、1970（昭和45）年に1ヶ月当たりおよそ11万円だったものが、1985（昭和60）年には約45万円と、およそ4倍へとパラレルに急拡大した（総務省「日本の長期統計系列 家計収支『1世帯あたり1か月間の実収入及び実支出（勤労者世帯）』」）。

ン化に加え、同年の東京オリンピック開催に伴う海外旅行の自由化や東海道新幹線の開業、1970（昭和45）年の大阪万博の開催やジャンボジェット機の就航などは、日本のマスツーリズム化現象を進展させる契機になったものと考えられる。

　すなわち、①高度経済成長に伴う所得の拡大や、②余暇の時間の拡大、③万博などの大型イベントの開催、④それに合わせた雑誌やテレビ等による観光地情報の発信と普及、⑤パッケージツアーの企画・販売、⑥自動車や新幹線、飛行機などによる輸送力の向上、⑦ホテルや旅館の開業による宿泊受入数の拡充などが、日本における観光の大衆化を促進させたといえよう（表2-1）。

**表2-1　輸送人員の推移（単位:千人）**

| 年 | 自動車 | 鉄道 | 旅客船 | 航空 | 計 |
|---|---|---|---|---|---|
| 1955（昭和30） | 4,261,000 | 9,780,980 | 73,920 | 361 | 14,116,261 |
| 1960（昭和35） | 7,900,743 | 12,290,380 | 98,887 | 1,260 | 20,291,270 |
| 1965（昭和40） | 14,863,470 | 15,798,168 | 126,007 | 5,194 | 30,792,839 |
| 1970（昭和45） | 24,032,433 | 16,384,034 | 173,744 | 15,460 | 40,605,671 |
| 1975（昭和50） | 28,411,450 | 17,587,925 | 169,864 | 25,467 | 46,194,706 |
| 1980（昭和55） | 33,515,233 | 18,004,962 | 159,751 | 40,427 | 51,720,373 |
| 1985（昭和60） | 34,678,904 | 19,084,820 | 153,477 | 43,777 | 53,960,978 |
| 1990（平成2） | 55,767,427 | 21,938,609 | 162,600 | 65,252 | 77,933,888 |
| 1995（平成7） | 61,271,653 | 22,630,439 | 148,828 | 78,101 | 84,129,021 |
| 2000（平成12） | 62,841,306 | 21,646,751 | 110,128 | 92,873 | 84,691,058 |
| 2005（平成17） | 65,946,689 | 21,963,024 | 103,175 | 94,490 | 88,107,378 |
| 2009（平成21） | 66,599,647<br>(6,424,629) | 22,724,444 | 92,173 | 83,872 | 89,500,136<br>(29,325,118) |
| 2014（平成26） | 6,057,426 | 23,599,851 | 85,859 | 95,197 | 29,838,333 |
| 2018（平成30） | 6,036,558 | 25,269,494 | 87,625 | 103,903 | 31,497,580 |

出典 ▶ 国土交通省「交通関連統計資料集」
備考：2010（平成22）年度より「自動車輸送統計年報」の調査方法および集計方法が変更され、自動車のうち自家用自動車と軽自動車の調査が除外されて、営業用自動車のみ公表されることとなった。これに伴い、2009（平成21）年度以前の数値と連続しないこととなったため、2009（平成21）年度の数値を（　）内に示している。

　また、日本を代表する巡礼地である西国三十三所や四国八十八ヶ所の霊場を訪れる巡礼者も昭和40年代以降大幅に増加するなど、日本におけるマ

スツーリズム化現象は、信仰を基本とする伝統宗教に関心を有する人々のみならず、それらに関心やかかわりをもたない一般庶民の巡礼マーケットへの流入を促し、巡礼者の増加要因になったものと考えられる（**第4章**で詳述）。

他方で、このようなマスツーリズム化現象は、例えば、有限の資源の過剰消費をはじめ、自然環境や地域の伝統文化の破壊、観光地を訪れる人々（ゲスト）と観光客を受け入れる側の人々（ホスト）との間の経済格差や生活習慣の相違の顕在化、地域社会の穏やかな日常生活を脅かすオーバーツーリズムなどの問題を誘発することとなった。成長・拡大志向の経済システムは、人々の生活を経済的には豊かにする一方で、自然環境の破壊や資源の過剰消費などの問題を誘発する要因にもなり、自然環境や地域の伝統文化などを守りつつ地域社会や観光の振興に繋がる持続可能な「観光のあり方」を模索する契機となった[10]。

このような問題意識を基に、パッケージツアーのように、一度に大勢の観光客が団体旅行という形で観光地を訪れる従来型の「オールドツーリズム」に対して、エコツーリズムやグリーンツーリズムといった、自然環境にやさしく、地域の資源を損なわない形での自然と地域社会の共生を目指した「ニューツーリズム」が生まれることとなった[11]。

# 3 ── 真正性を求めて

## 3.1「聖なる旅」としての近代ツーリズム

現代の世俗社会においては、人々の価値観の多様化と相まって、様々な

---

10:開発型の経済システムに伴う弊害が意識される中、国際連合（国連）は、1972（昭和47）年にストックホルムで「人間環境会議」を開催し、人間環境宣言の採択や国連環境計画（UNEP）の新設を行い、「宇宙船地球号：かけがえのない地球」といったスローガンを打ち出した。その後、1980（昭和55）年には、国際自然保護連合（IUCN）などの3つの団体が合同で「世界環境保全戦略」を取りまとめ、その中で「持続可能な開発」という概念が提唱され、さらに、1982（昭和57）年には、「第3回世界国立公園保護地域会議」において、「エコツーリズム」の概念が初めて提唱された。1985（昭和60）年に世界観光機関などによって採択された「観光と環境に関する共同宣言」において、環境の保護と改善は、調和のとれた観光開発の基本条件であることが示された。

11:日本では、1989（昭和64）年に「小笠原ホエールウォッチング協会」が、日本初のエコツーリズムの推進団体として設立されるなど、持続可能な観光形態の一つとして、エコツーリズムの取り組みがスタートした。

情報媒体を通じて多様な価値観が日常的に生み出されることから、支配的な価値観が構造的に存在し難い状況となっている。それゆえ、特定の制度的・伝統的な宗教組織が公的な地位や権威を失いつつあり（岡本, 2015）、人々の間の連帯意識や仲間意識などが崩れていく傾向にある（岡本, 2015, pp.15-16）。

　第1章でも述べたように（p.23）、帰属意識が希薄な現代の巡礼者は、従来、伝統的な宗教組織の支配下で人々を魅了していた「聖なるもの」に代わり得る、それぞれにとっての「訪れるに値するもの」を求めて聖地に赴いているものと考えられる。

　マキャーネル（MacCannell, D.）は、このようなオーセンティックな経験の探求に巡礼とツーリズムの類似性を見出した。すなわち、彼は、ブーアスティン（Boorstin, D.）が提示した「ツーリズムは疑似イベントであり、ツーリストは真正性を獲得することはできない」という議論[12]を批判しつつ、近代ツーリズムの本質は単なる疑似イベントや一時的な消費行為としての遊興ではなく、ツーリストによるオーセンティックな経験の探求といった非日常的で神聖なものにあると論じた（マキャーネル, 2001, pp.102-103）。そして、ツーリズムは「社会の儀礼的側面を形成しており、現代社会において宗教的な社会機能を担っている」ことを指摘した（前掲書, p.93；MacCannell, 1976）。

　さらに、ツーリズムを「聖なる旅」と称したグレイバーン（Graburn, N.H.H.）もまた、「近代ツーリズムの本質は単なる一時的な遊興ではなく、真正性の探求といった非日常的なものにある」（Graburn, 1989, pp.25-26）と指摘している。すなわち、ツーリスティックな旅は、「存在の非日常的な領域に位置していることから、その目的は日常の仕事の世界への関心よりも道徳的により高度な次元に位置しており、象徴的に聖なるもの」（前掲書, p.28）なのである（表2-2）。

---

12：ブーアスティンは、複製技術革命が始まる19世紀半ば以降において、外国旅行の性格が変化したことを指摘している。すなわち、彼は、それまでの「能動的で、人々、冒険、経験を一生懸命探し求める旅行者」が没落する一方、「受け身的で、面白いことが起こるのを待っているだけの観光客」が台頭するようになり、外国旅行は経験や仕事といった一つの活動ではなくなり、「さまざまな旅行の魅力が詰め合わされた一包み」の商品（パッケージツアー）になってしまったと批判的に論じている（ブーアスティン, 1964, pp.96-98）。

**表2-2 ツーリズムの聖なる側面**

| 特徴 | 内容 | 先行研究 |
|---|---|---|
| 真正性の探求 | 近代ツーリズムの本質は、単なる疑似イベントや一時的な消費行為としての遊興ではなく、ツーリストによるオーセンティックな経験の探求といった非日常的で神聖なものにある。 | Eliade, 1957<br>Turner, 1969<br>MacCannell, 1973 |
| | 近代ツーリズムの本質は、単なる一時的な遊興ではなく、真正性の探求といった非日常的なものにある。 | Graburn, 1989 |
| 観光経験の「気晴らし、経験、体験、実存モード」 | 旅の目的の一つは、ツーリスト自身の精神的な核となる自己の"中心"から離れて他の異質なものと出会うことにあり、観光経験はレクリエーション・モードおよび気晴らしモードから実存モードへと深まるに従い、より一層宗教性を強めて、巡礼者が宗教的回心に至る巡礼と同等のものになり得る。 | Cohen, 1979 |
| 人間的交流や繋がり | 現代のサンティアゴ巡礼者にとっては、聖ヤコブへの信仰よりも巡礼の道中で出会う他の巡礼者や、巡礼者を道中でサポートするオスピタレロなどどの人間的交流や繋がりの方が重要になっている。 | 岡本, 2012 |

出典◉上記各先行研究に基づき筆者作成

## 3.2 "違い"を求めるツーリストの観光経験

　ここで、ある場所やそこに存在する様々な事柄が「訪れるに値するもの」として表象され、その表象に基づき自らの多様な欲求を充足するためにそこへと旅する消費行動をツーリズムとして定義すると、「信仰なき巡礼者」の行為はツーリズムの側面を有しているといえる（山中, 2009）。今日、様々な関心や目的を有する「信仰なき巡礼者」が、ツーリズム産業によってプロデュースされる巡礼ツアーを経験消費すべく聖地へ赴いている。すなわち、信仰や修行などといった伝統的な宗教的行為としての巡礼や宗教的習俗に縁がなかった人々が、巡礼ツーリズムの新たな「顧客」として生まれ変わっているのである（門田, 2013, pp.99-100）。

　ツーリズム産業は経験価値の構成要素となる巡礼路の様々な資源を取捨選択し、組み合わせることによって、巡礼のプロセスそのものをパターン化するようになった。そして、そのようなパターン化に基づき、巡礼を経

済財としてのツーリズムに商品化することによって、ツーリストの誰もが俗なる日常生活の空間から脱出して、それぞれにとっての価値ある経験が可能な聖なる旅に赴く機会が提供されるようになったのである。

ツーリストは巡礼路の様々な局面で、日常生活の中では目にすることのない、聖なるものや新しいもの、美しいものを見聞し、巡礼仲間とふれ合い、人間的交流を重ねる。このような信仰を深め、癒され、楽しみ、学び、感動するといった私的かつ内面的な経験の中に、現代の巡礼者はそれぞれにとっての「訪れるに値するもの」を見出しているのである。

巡礼とツーリズムが融合することによって、経済財として市場経済システムに包含されるようになった現代の巡礼は、ツーリストにとって非日常的な聖なる時空を生み出し得るものとなった。それゆえ、たとえツーリズムの空間が旅行会社をはじめとする様々な経験ステージャーによって意図的に作られ、演出されたものであっても、それは「ツーリズムの舞台裏」や「強度ある体験」を提供する場となり、現代の巡礼者という名のツーリストは、真正な体験をし得るようになったものと考えられる。

このような非日常の経験が有する価値の重要性を指摘したコーエン（Cohen, E.）は、「ツーリストは、既存の作られた慣習的な観光サービスにおいては体験することが不可能である "違い" を求めて多様な観光経験を望んでいる」と論じた。すなわち、ツーリストにとっての旅の目的の一つは、「ツーリスト自身の精神的な "中心" から離れて、他の異質なものと出会うこと」（Cohen, 1972）なのである。

彼はツーリストの「自己の "中心" との距離」および「宗教性の強さ」に基づき、ツーリストの精神的な核となる自己の "中心" に対するスタンスを分類することによって、ツーリストの「観光経験の5つのモード」を提示した（Cohen, 1979）（表2-3）。

これによると、レクリエーション・モードのツーリストが求めるものは娯楽の楽しさであり、宗教的な意図や意味は世俗化されている。彼らは、その場を愉快に過ごすために作り事を受け入れて、自己を欺くことで、社会やその価値観といった自己の "中心" から移動しようとする。しかしながら、社会やその価値観が生み出すプレッシャーを和らげて回復に向か

**表2-3　ツーリストの観光経験の5つのモード**

| モード | ツーリストの自己の"中心"に対するスタンス | 自己の"中心"<br>との距離 | 宗教性の<br>強さ |
|---|---|---|---|
| レクリエーション・<br>モード | その場を愉快に過ごすために作り事を受け入れ、自己を欺くことで、社会やその価値観といった自己の"中心"から移動しようとする。しかしながら、結局は、自己の"中心"に対する支持を強める。ツーリストは、旅を他の「娯楽」と同じように享受し、楽しむことで活力を得る。 | | |
| 気晴らしモード | 退屈で無意味な日常から逃れて、バケーションでのんびりする単なる気晴らしによって、社会や文化の"中心"から疎外されている状態を耐え得るものにする。しかしながら、それに代わる"中心"を求めることをしないため、「再生」もない。 | 近い | 弱い |
| 経験モード | 自己の"中心"を喪失し、そのままではオーセンティックな生に到ることができない人々が、他者の生のオーセンティシティを自分の生のことのように経験することで意味を取り戻そうとする。しかしながら、それらを「他者たちのもの」であるとずっと思っており、自己の生を転換したり回心したりしない。 | | |
| 体験モード | オーセンティックな生にかかわろうとして試行錯誤を繰り返しながら自分自身が共鳴できる生の形を発見しようとする。しかしながら、いつも迷い続けて何かに完全にコミットすることができない。 | | |
| 実存モード | 「選び取った」精神的中心、すなわち自己の社会や文化とは違った他者の"中心"に完全にコミットする。巡礼者が巡礼を通じて新たな精神的活力を得て「再生」される宗教的回心に近い状態である。 | 遠い | 強い |

出典 ▶ Cohen, 1979に基づき筆者作成

わせてくれるパワーによって、彼らは社会やその価値観につなぎとめられ、結局のところ、自己の"中心"から離れることはない（コーエン, 1998, pp.43-44）。

　一方、気晴らしモードの観光経験においては、レクリエーション・モードが"中心"を志向する人々にとって何らかの意味を有するのとは異な

り、ツーリストは意味を探そうとはせず、疎外された状態を単に耐え得るものにするだけである（前掲書, pp.44-45）。

　これに対して、経験モードのツーリストは、本質的に宗教的行為であるオーセンティシティの探求を行う。しかしながら、彼らが他者のオーセンティックな生を自ら営むことはなく、ただ一幅の絵として鑑賞するだけである（前掲書, pp.45-47）。

　他方、体験モードのツーリストは、他者のオーセンティックな生の形を発見し、それにかかわろうとする点で、オーセンティシティの探求に対して、より主体的であるといえよう（前掲書, pp.47-48）。

　さらに、究極的な実存モードにおいては、ツーリストの観光経験は「選び取った」精神的中心、すなわち自己の社会や文化とは異なる他者の"中心"へのコミットを通じて代替的なリアリティーを追求する宗教色の濃いものになる（前掲書, pp.48-49）。

　このように、コーエンによる観光経験のモード分類は、レクリエーション・モードおよび気晴らしモードから実存モードへと深まるに従い、ツーリストの観光経験はより一層宗教性を強めて、巡礼者が宗教的回心に至る巡礼と同等のものになり得るといった、ツーリズムが有する聖なる側面を示している（表2-2）。

　現代のツーリズムにおいては、ツーリストが巡礼路で多様な価値を経験消費できるよう、ツーリズム産業が価値を生み出し得る様々な資源を組み合わせながら巡礼ツーリズムとして商品化している。それゆえ、ツーリスト自身が生まれて以来生活を営んできた社会の価値観とは異なる別の"中心"を自由に選択することが可能になった。今日のツーリストが巡礼ツーリズムを通じて経験し得る"中心"は多極化しており、あらゆる場所が真正性をもち得るようになったといえよう（岡本, 2012, p.136）。

　巡礼ツーリズムは、元来、宗教的行為としての聖なる旅であった巡礼と、楽しみや学び、真正性の探求などの多彩な目的を有するツーリズムが融合したものである。それゆえ、現代の巡礼者は、自らが巡礼ツーリズムを経験消費する、その深度に応じて、コーエンが提示した「観光経験の5つのモード」のいずれのモードをも経験し得るようになったのである。

# 第 3 章

# 巡礼とツーリズムの融合

# 1 __ 巡礼とツーリズムの親和性

　第1章および第2章では、巡礼およびツーリズムに関する先行研究を批判的に継承しながら考察し、伝統的に宗教的行為であった巡礼とツーリズムが親和性を有していることを明らかにした。古来、聖地へ赴く巡礼者は、神仏への祈りや修行などの宗教的行為を第一の目的としつつも、娯楽や観光、見聞、学び、健康の回復や増進などといったそれぞれの多様な興味や関心に基づき旅に出かけた。一方、近代ツーリズムも余暇や娯楽を基本としつつも、ツーリストが自身にとってのオーセンティックな経験を探求する側面を有している。それゆえ、宗教的行為である巡礼と近代ツーリズムは、ただ単にその形態が似ているだけではなく動機においても似ており、それらの間には類似性が存在することから、互いに親和性を有していることが明らかになった。

　従来、教会などの伝統的な宗教組織が支配していた"信仰"や"修行"などといった「宗教的なるもの」がそれらから解放され、日常の生活空間における慣習的習俗からの脱埋め込みが成されるようになった（門田, 2010）。制度的な信仰よりも個人的な問題に関心を寄せている現代の巡礼者は（リーダー, 2005）、宗教組織の教義とは無関係にそれぞれの関心や目的に応じて宗教の特定要素を切り取り、自身にとって意味のある形に組み合わせることによって、私的な信仰を形成している。

　一方、ツーリズム産業も制度的宗教の管理から解放された多様な宗教資源の中から、「神聖なものや美しいものにふれることで獲得される癒しや精神的充足感」などといったツーリズムと親和性のある資源パーツを切り取り、ツーリストの誰もが巡礼を気軽に経験できるよう、経済財としてのツーリズム商品に組み替えている。

　巡礼およびツーリズムに関する先行研究にみられるように、伝統的に宗教的行為である巡礼も、近代ツーリズムも、人間の主観的な経験である「真正性の探求」という側面を有しており（MacCannell, 1973；Graburn, 1989, pp.21-36）、内面のオーセンティックな経験を探求する価値を内包している。それゆえ、ツーリストが巡礼路で様々なものを見聞し、神聖なも

のや美しいものにふれるといった経験によって獲得する価値は、ツーリスト自身の内面にベクトルが向かうという特徴がある。現代の巡礼者が巡礼ツーリズムを通じて見出す価値は、商品に内在する記号を消費し、他者と比較することによって生じる差異への注目、あるいは、どのような集団に帰属しているかといった社会関係に軸足を置く記号的価値とは異なり、感動や癒しなどの心理的充足感を志向する経験価値の側面が強いものと考えられる。

# 2 ── 宗教の私事化と宗教資源の脱埋込化

　近年、様々な場所で伝統的に宗教的行為であった巡礼と余暇や娯楽としてのツーリズムが融合しつつある。例えば、世界各国から多数のツーリストを集めているサンティアゴ・デ・コンポステラ巡礼においては、巡礼者の半数以上が特段に信仰をもたず教会にも行ったことのない非キリスト教徒である（岡本, 2012, pp.41-63）。彼らは、スピリチュアルな動機や自己探求、巡礼仲間との交流などの多様な目的をもって聖地を目指しており、その背景には以下のような状況が想定される。

　多様な価値観が日常的に生み出される世俗社会においては、制度的宗教は権威を失いつつあり、信仰のない現代のサンティアゴ巡礼者にとっては、かつて教会の権威によって真正性が付与されていた聖遺物はもはや絶対的な目標とは成り得ない。さらに、地域社会の規範や価値観を形成していた風習や文化、伝統、宗教などが失われた現代の世俗社会（Reader, 2012；山中, 2017）においては、人々の同じコミュニティに所属するといった感覚は希薄化し、宗教組織の権威を基に醸成されていた連帯意識や仲間意識が失われている（岡本, 2015, pp.15-16）。

　このような社会においては、宗教は社会全体を方向づける規範とはなり得ず、公的な領域から排除されて個人の私的な問題となる、宗教の「私事化」と呼ばれる過程が進むこととなる（Luckmann, 1967, 1983；岡本, 2012, pp.121-145）。現代の巡礼者は、制度的な信仰や教義よりもむしろ個人的な問題に関心を寄せており（リーダー, 2005）、それらの関心事との親和性を

有する宗教資源を切り取り、自身にとって意味のある形にカスタマイズしている。

　都市化や工業化、消費主義などに象徴される近代社会が到来すると、従来の閉鎖的な地域社会が解体され、それまで人々が慣れ親しんできた社会に埋め込まれていた社会制度や文化、伝統、宗教、習俗、価値観などといった、自らの外部に存在していた「アイデンティティを構築するための参照枠」（Giddens, 1991；山中, 2020）が相対化されるようになった。それゆえ、自身が所属する社会において共有されていた参照枠を失った人々は、それに代わるものを自身の内部に探し求めるようになったのである。

　また、このようなプロセスと同時に、伝統的な宗教組織の権威が弱まったことにより、"信仰"などの「宗教的なるもの」が宗教の支配から解放されて、そのような宗教的要素の断片が浮遊（Beckford, 2001）および拡散しながら個人の内面や社会の諸領域に浸透することとなった。すなわち、それらの要素の組み合わせとしての多様な集合体が陳列棚に並べられた商品のように、自身の内部に参照枠を求める個人によって、それぞれの目的や必要性に応じて利用されるようになったのである。

　現代の巡礼者は、伝統的な教義や教団の規範にとらわれることなく、インターネットやSNS、テレビ、雑誌などの多様なメディアを通じて主体的に宗教的情報を獲得し、それぞれの好みや興味、関心に応じて価値のある要素を取捨選択するとともに、切り出し、組み合わせることによって、自身にとって意味のある形にカスタマイズしている（山中, 2009；門田, 2013, p.79）。

　また、そのような彼らは自らの多様な欲求を充足するために、「訪れるに値するもの」として表象された場所や、そこに存在する様々な事柄を目指して聖地に赴いていることから、現代の巡礼は消費行動としてのツーリズムの性格が強いものと考えられる（山中, 2009）。伝統的に神々への祈りを基本とする宗教的行為であった巡礼は、旅行会社によって巡礼ツアーとして商品化されることで、宗教の枠組みを超えて経験消費される経済財（Collins-Kreiner, 2020）としてのツーリズムの側面をも併せ持つようにな

ったのである[1]。

　したがって、このような宗教の私事化および宗教資源の脱埋め込み化は、現代の巡礼者がそれぞれの関心や価値観に基づき巡礼ツーリズムを経験消費するうえでの重要な背景になっているものと考えられる。

# ③ ── 社会の個人化と個人のスピリチュアル化

　20世紀後半の後期近代に移行すると、富の蓄積に伴う環境破壊や貧富の格差の拡大などといった様々な問題が顕在化し、「知的主体としての人間による客観的、科学的な知の発展が人間の自由と福祉を拡大させるといった社会的合意の基底に存在する信念がゆらぐ」（島薗, 2004, pp.432-433）こととなった。このような状況下で、経済社会の構成原理は「生産から消費へシフトし、個々人は欲望に応じて選択することを脅迫的に促される」（田邊・島薗, 2002；島薗, 2004, p.432）ようになった。

　消費社会が到来し、情報通信技術の革新と相まってグローバル化が進展すると、人々の価値観が多様化する現代社会において、伝統的な社会や組織が有する規範がその拘束力を維持することはもはや不可能となり、連帯意識や一体感といった共同性が希薄化することとなった。「多様な信念と情報がうごめく世界でアイデンティティが拡散する傾向」（島薗, 2004, p.445）が強まり、個人は「自らの人生を自由に組み立てることでアイデンティティを常に組み替えながら生きていく」（前掲書, p.432；山中, 2020）ことを求められるようになったのである。地域社会に埋め込まれ、共有されていた伝統や文化、宗教などといった「アイデンティティを構築するための参照枠」（Giddens, 1991；山中, 2020）を失った人々は、自らのアイデンティティの構築のためにゴールのみえない主観に基づく探索活動を繰り返すようになった。

　このように、社会全般に個人化がみられるようになった要因の一つとし

1：製品やサービスそのものではなく、それをベースに顧客の心の中に作られる「感覚的にあざやかな経験」を提供する旅行会社は、経験価値を活かした経営を行う経験ステージャーの最たるものである（Sternberg, 1997）。なお、経験価値および経験ステージャーについては、第5章で詳述する。

て、後期近代において消費社会へ移行したこと、とりわけそのような消費社会の中で人々が見出す価値の源泉が、従来の商品やサービスから"経験"へと移行したことが考えられる。経験は、個人の自己アイデンティティを中心的に構成し、人生そのものを形成する（van Boven & Gilovich, 2003；Gilovich et al., 2015）ため、主体としての消費者が消費行動の過程で何を見聞きし感じたかといった経験の内容そのものが重要な価値を有するようになったのである（Pine & Gilmore, 1999）。今日、人々は物やサービスの購入によって自身の富や収入、地位を顕示するよりも、むしろユニークな経験をすることで自身の個性やオリジナリティを獲得し、それを拠り所としながら自己のアイデンティティを構築し、表現している（Bronner & de Hoog, 2018）。

　常にアイデンティティを模索しつつ再構築し続けなければならなくなった個人は、「自らが依って立つ基盤を探し求めて、アイデンティティの確立手段としての消費を繰り返す」（Miller, 2003）ようになった。このように、経済社会の原動力となる価値を生み出す源泉が、主体としての消費者個人が経験する内容へと移行したことにより、社会の個人化が促されるようになったものと考えられる。

　しかしながら、自分が何者であるのかについての決定を主観的な判断に基づき行わなければならなくなった人々は（山中, 2016, p.157, 2020）、明確な選択基準を外部にもたないことから、常に不安や焦燥を感じながらゴールのみえない「内的準拠性に基づく絶えざる再帰的なアイデンティティの再編作業」（山中, 2020）を繰り返すようになった。

　このような近代社会における個人化の進展は、制度的な宗教組織が有する権威や支配力の低下といった世俗化をもたらす一方で、それにかかわりをもたない個人がそれぞれの興味や関心、あるいは私的な世界観に基づき「宗教的なるもの」や「聖なるもの」を見出す動きを生み出した。すなわち、ルックマン（Luckmann, T.）が「見えない宗教」（Luckmann, 1967）と呼んだ個人的な世界観に基づく新しい宗教性の台頭の動きである。例えば、島薗進は、米国の1960年代以降の「ニューエイジ」（Melton, 1990；York, 1995；Heelas, 1996）や、日本などにおける1970年代以降の「精神世

界」などの事例を通じてみられるようになった新たな宗教性の台頭の動き
を総称して、「新霊性運動・文化」（島薗, 1996；Shimazono, 1999）と呼ん
でいる。

　これらの運動・文化の賛同者は、特定の宗教組織への所属や規範への忠
誠を否定しつつ、「個々人の意識の進化の集積が人類の進化をもたらすと
考えて個人としてのスピリチュアリティ（霊性）の形成を説くといった傾
向があることから個人主義的である」（島薗, 2000, p.545）とともに、「共同
行動が乏しいという点で、『運動』というよりは消費主義的な『文化』の
新しい形態」（前掲書, p.545）という側面を有している。

　このような個人的な関心や興味、私的な世界観に基づき営まれる新たな
霊性運動や霊性文化を創造する動きは、かつての威光を失った宗教に新た
な活力を与えている。例えば、医療や介護、セラピー、教育、生命倫理な
どといった近代の科学的合理主義では解決できない問題領域に関連した公
共空間において、新たな宗教性は一定の役割を果たすようになっている
（前掲書, p.541）。

　新たな宗教性の台頭は、社会の全般的な個人化との平仄をとりながら宗
教やスピリチュアリティ（霊性）の公共空間への浸透を伴っており（島薗,
2004, p.446；島薗, 2007）、「伝統宗教から新宗教、そして自己変容や癒しと
ともに痛みなどにも共鳴する新しいスピリチュアリティへといった、より
個人参加的な宗教への流れ」（島薗, 2012）を生んでいる。

# 4 ___ ツーリズム産業による巡礼ツーリズムの商品化

　今日の拡大する消費文化の影響や情報通信技術の発展により、現代宗教
そのものが質的に大きな変化を遂げている。経済システムの進化に伴い、
主体の経験を動機とする経済が拡大し、商品の便益的価値でも記号的価値
でもない、消費者自身が経験する内容に価値を見出す消費社会が到来して
いる（Pine & Gilmore, 1999）。すなわち、消費が従来の顕示的および記号
的消費などに加えて、自己アイデンティティの確立手段の一つとしても用
いられるようになったのである。これに伴い、ツーリストがツーリズムに

求める「訪れるに値するもの」としての価値も、従来の性能や信頼性、価格といった機能的価値から、ツーリスト自身が経験する内容そのものが有する経験価値へと次第にその比重を移しつつある。

　島薗は、現代社会における「消費主義的な『文化』の新しい形態」をスピリチュアリティと呼んで、その影響の大きさについて指摘したが（島薗, 1996, 2000, p.545, 2012）、消費が生み出す価値の源泉が、従来の商品やサービスから消費者が経験する内容そのものに移行したことが、現代宗教の質的変容に大きな影響を与えているものと考えられる。なぜなら、常にアイデンティティを模索しつつ再構築し続けなければならない個人は、その確立手段としての消費の私的かつ内面的な経験の中に、「自らが依って立つ基盤を探し求めるようになった」（Miller, 2003）からである。

　多様な価値観が日常的に生み出され、消費者が経験する内容自体が価値を生み出す、個人が主役となる現代の世俗社会（Reader, 2012；山中, 2017, p.274）においては、支配的な価値観や文化が存在し得ず、特定の宗教が社会的な規範としてその権威を維持することは困難になった。従来、伝統的な宗教によって独占的に支配されていた「聖なるもの」の領域に属する「祈り」や「修行」、「救済」、「癒し」などといった多様な宗教資源がそれらの管理下から解放され、個人の内面や社会の諸領域に拡散しながら浸透している。これらの「聖なるもの」に関連した宗教資源は、「それらの意味や機能を規定していたその他のシンボル、信念、実践との相互作用から切り離されて、それ自体が価値のある対象として提示され」（Miller, 2003）、多様な興味や関心を有する個人によって経験消費されるようになったのである。

　また、今日のインターネットやSNSなどをはじめとする情報通信技術の進展も、様々な資源のグローバルな移動や拡散を促しており、それぞれの個人のアイデンティティの構築にとって必要となる多様な情報の収集とその消費を容易にしているものと考えられる。すなわち、それらの技術進歩やグローバルな情報の発信と普及、共有は、自身のアイデンティティの構築に資する資源を常に探索しながら、取捨選択し、消費し、廃棄している個人にとっての、それらの入手可能性（Accessibility）や利用可能性

（Availability）、組み換え可能性（Combinability）、さらには使い捨て可能性（Disposability）を飛躍的に拡大させている。それゆえ、「自らが依って立つ基盤を探し求めて消費を繰り返すようになった」（前掲書）消費者的自己は、自己のアイデンティティの構築に向けて、情報通信技術を利用しながら自らの進むべき道の軌道修正を繰り返しているのである。

　そして、自分が何者であるのかについての決定を自らの主観的な判断に基づき行わなければならなくなった「セラピー的自己」（前掲書）は、常に不安定な心理状態を抱えていることから、心のゆらぎや空白を克服する助けと成り得る、癒しや健康、自分探し、自己の成長などといった言葉に惹かれて「内なる聖性の開発」に専念することとなる（山中, 2020）。

　一方、ツーリズム産業はこのような個人に対して、審美性を有する巡礼路の自然の景観や寺社建築、仏像をはじめ、巡拝時の神聖な雰囲気、巡礼仲間との楽しい語らいなどといった様々な資源を組み合わせることによって、経済財としての巡礼ツーリズムを商品化し、提供している。すなわち、彼らは、納経帳や御軸（納経軸）などの物質的なアイテムのみならず、霊場の佇まいや巡拝時の厳かな雰囲気といった宗教的情緒や感情なども消費者の好みに合うように組み合わせることにより、市場経済システム下のスピリチュアル・マーケットに供給しているのである。

　この点で、ツーリズム産業が経済財としてプロデュースする巡礼ツーリズムは、消費者が自身の好みや関心に応じて利用する、多彩な宗教および巡礼資源を提供するために陳列棚に並べられた多様な商品の中の一つであるといえよう。すなわち、ツアー商品化された現代の巡礼は、自らの拠り所を求める人々の「内なる聖性の開発」のための手段となって経験消費されていると考えられる。旅行会社をはじめとするツーリズム産業は、制度的宗教の支配から解放された宗教資源（Rn）[2]および巡礼資源（Pn）[3]と、その他の資源（On）[4]およびツーリズム商品の構成要素であるツーリズム

---

**2:**宗教資源の事例として、神仏への祈りや修行、癒し、各札所寺院の仏像や経典、数珠、読経、あるいは霊場の厳かな佇まいなどがあげられる。
**3:**祈りや修行に加えて納経帳、御軸、数珠などの物質的アイテム、先達による由緒や経典などの知識の教授、勤行の身体的作法の指導なども巡礼資源の事例である。それゆえ、祈りや修行、数珠などは、宗教資源でもあり巡礼資源でもあると考えられる。
**4:**一例として、それぞれの地域社会が培ってきた固有の伝統や文化、習俗、価値観などがあげられる。

資源（$Tn$）[5]を新たな文脈で組み合わせ、経済財としてパッケージ化することによって、巡礼ツーリズムを商品化している。

　ここで、例えば、神仏への祈りや読経といった行為は宗教資源の事例であると考えられる。しかしながら、それらの行為は、巡礼においても行われることから巡礼資源でもあり、その他僧侶や寺社、仏像、数珠、袈裟、経典なども、宗教および巡礼の双方に共通する資源であると考えられる（**図3-1**の$R_4$や$R_8$がこれらに該当する）。また、彼岸会などの仏教行事や仏壇などのアイテムが宗教資源固有のものである一方（**図3-1**の$R_1$や$R_2$、$R_3$、$R_5$、$R_6$、$R_7$がこれらに該当する）、白衣や菅笠、金剛杖などは特に巡礼で用いられる資源である（**図3-1**の$P_1$や$P_2$、$P_3$、$P_4$がこれらに該当する）。

　このように、神聖なものや美しいものに触れることで獲得される癒しや精神的充足感などといったツーリズムと親和性のある多様な資源パーツが旅行会社によって新たな文脈でパッケージ化され、経済財としての巡礼ツーリズムに商品化されている。したがって、現代の巡礼ツーリズムは、製品やサービスそのものではなく、ツーリストの心の中に思い出として残る感覚的にあざやかな経験を提供しているものと考えられる。

　ともに内面志向の側面を有する巡礼とツーリズムが融合し、伝統宗教の枠組みを超えて、経験消費されるツーリズムの側面をも併せ持つようになった現代の巡礼は、巡礼路での経験が、感情的、知的、精神的なレベルで働きかけてツーリストを魅了し、サービスを思い出に残る出来事に変えるような価値を多分に内包している。それゆえ、制度的な信仰よりも個人的な問題に関心を寄せながら私的な信仰を形成している現代の巡礼者は、自身の好みや興味に適うそれぞれにとっての「訪れるに値するもの」を巡礼ツーリズムの中に見出し、経験消費しているものと考えられる（**図3-1**）。

　ツーリズム産業が巡礼路の多様な資源をパッケージ化しながら市場経済システムに包含することにより、経済財としての巡礼ツーリズムに商品化するプロセスは、現代の巡礼者が自身の信仰の有無にかかわらずそれぞれの好みや興味に応じて自由に巡礼に参加し、経験消費することを可能にし

---

5：景勝地の観光やグルメ、土産物の買い物、添乗員や宿泊施設のサービス、大型観光バスによる快適な移動などがツーリズム資源の事例として考えられる。

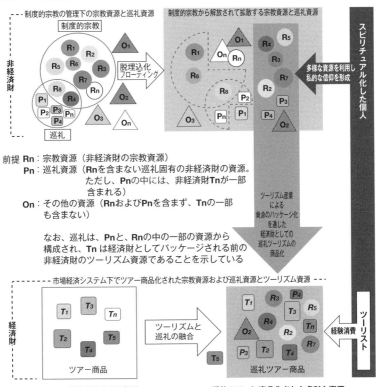

**図3-1　宗教資源や巡礼資源等の巡礼ツーリズムへの商品化プロセス**

制度的宗教の管理下の宗教資源と巡礼資源 ‥‥‥‥‥　制度的宗教から解放されて拡散する宗教資源と巡礼資源

制度的宗教

非経済財

脱埋込化
フローティング

巡礼

多様な資源を利用し
私的な信仰を形成

スピリチュアル化した個人

前提　**Rn**：宗教資源（非経済財の宗教資源）
　　　**Pn**：巡礼資源（**Rn**を含まない巡礼固有の非経済財の資源。
　　　　　　　ただし、**Pn**の中には、非経済財**Tn**が一部
　　　　　　　含まれる）
　　　**On**：その他の資源（**Rn**および**Pn**を含まず、**Tn**の一部
　　　　　　　も含まない）

　　　なお、巡礼は、**Pn**と、**Rn**の中の一部の資源から
　　　構成され、**Tn**は経済財としてパッケージされる前の
　　　非経済財のツーリズム資源であることを示している

ツーリズム産業
による
資源のパッケージ化
を通じた
経済財としての
巡礼ツーリズムの
商品化

‥‥‥‥‥　市場経済システム下でツアー商品化された宗教資源および巡礼資源とツーリズム資源　‥‥‥‥‥

経済財

ツアー商品

ツーリズムと
巡礼の融合

巡礼ツアー商品

経験消費

ツーリスト

**ツアー商品を構成する資源**　　　　　　　　　　　**巡礼ツアーに商品化された多彩な資源**

　　　　　　　　　*Tn*：ツーリズム資源　　　　*Rn*：宗教資源
　　　　　　　　　　　　　　　　　　　　　　　　*Pn*：巡礼資源（*Rn*を含まない、*Tn*の一部を含む）
　　　　　　　　　　　　　　　　　　　　　　　　*Tn*：ツーリズム資源
　　　　　　　　　　　　　　　　　　　　　　　　*On*：その他の資源（*Rn*および*Pn*を含まず、*Tn*の一部も
　　　　　　　　　　　　　　　　　　　　　　　　　　　含まない）

出典 ▶ 筆者作成
備考：斜体表記された資源は、経済財として商品化された資源であることを示している。

ている。
　一方で、このような現代の巡礼者が「訪れるに値するもの」であると認
識している真正性は、伝統的な巡礼に見出されてきたものとは異なるもの
であると考えられる。なぜなら、信仰なき現代の巡礼者は、伝統的な教義
や教団規範にとらわれることなく、自身の興味や関心に応じて宗教の特定

要素を切り取り、それらを利用しながら自己流に私的な信仰をアレンジしているからである。現代の巡礼者という名のツーリストは、制度的宗教の枠組みから解き放たれた宗教資源などが組み合わされて商品化された巡礼ツーリズムでの経験を通じて、各自の興味や関心に応じた私的な消費を行っている。

　それゆえ、ツーリストが巡礼ツーリズムに見出す真正性を捉えるためには、巡礼とツーリズムが連続したスケールを用いることが必要であろう（岡本, 2012, pp.137-138）。現代の巡礼者が巡礼ツーリズムに見出す真正性の多様性の度合いは、彼らの巡礼の動機や目的、興味、関心に応じて、図3-2の左端の制度的宗教と右端のツーリズムの両端の間のいずれかの領域に位置づけられるものと考えられる。

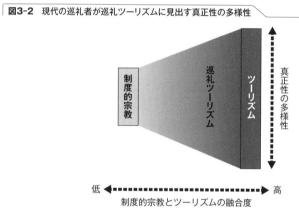

**図3-2　現代の巡礼者が巡礼ツーリズムに見出す真正性の多様性**

制度的宗教

巡礼ツーリズム

ツーリズム

真正性の多様性

低　　　　　　　　　　　　　　　高

制度的宗教とツーリズムの融合度

出典 ▶ 筆者作成

第II部

巡礼ツーリズムの多彩な魅力を
経験価値の観点から捉え直す

# 第4章

# 日本の代表的な巡礼ツーリズムが有する多彩な魅力

# 1 _ 多様化・複合化する巡礼の目的

## 1.1 西国三十三所巡礼

　西国三十三所巡礼は、33の姿に変化しながら悩める人々を救済するという観音経の所説に基づき、観音菩薩を本尊とする33ヶ所の寺院から構成される霊場が成立したのが起源とされる日本最古の巡礼である（pp.73-74, 資料4-1）。伝説では、養老2（718）年、病によって仮死状態であった大和長谷寺の開山徳道上人が冥土で閻魔大王と出会い、悩み苦しむ衆生を救うべく観音菩薩の慈悲に触れる巡礼に導くようにと閻魔大王より告げられ、33の宝印と起請文を授けられたのが始まりである。それからおよそ270年後に、中山寺の石櫃に納められていた33の宝印を基として、花山法皇が西国三十三所観音巡礼を再興したとされている[1]。

【写真4-1】西国三十三所開基徳道上人御廟所 法起院　　【写真4-2】花山法皇の菩堤寺 花山院菩堤寺

　確認できる史実によると、「近江国園城寺（三井寺）の僧の覚忠が那智に始まり御室戸に終わる三十三所巡礼を行った」ことが、『寺門高僧記』に収められた『巡礼記』に記載されている（速水, 1970, p.286）。

　第1章でも述べたように、西国巡礼の草創期においては、行者が信仰や修行のために巡礼を行っていたが、その後巡礼の裾野は遠隔地の貴族や武士、一般民衆へと広がり（速水, 1970, pp.311-317；北川, 2020）、江戸時代に

---

1：花山法皇は比叡山での修行の後、書寫山の性空上人、河内石川寺の仏眼上人、中山寺の弁光上人を伴い那智山で修行し、それまで途絶えていた西国三十三所観音巡礼を再興したとされている。なお、観音菩薩（かんのんぼさつ）は仏教における菩薩の一尊であり、観世音菩薩（かんぜおんぼさつ）および観自在菩薩（かんじざいぼさつ）などとも呼ばれる（西国三十三所札所会ウェブサイト https://saikoku33.gr.jp ［最終アクセス：2023.12.27]）。

なると、農民や商人もが行楽を兼ねて巡礼するようになった（速水, 1970, pp.328-329）。彼らは信仰を第一としながらも上方の古刹や芝居を鑑賞し、郷土料理や温泉なども楽しんだ（佐藤, 2004, pp.180-181, 2006）。

【写真4-3】大和名物料理と草もち（西国霊場第8番札所　長谷寺の参道の茶店にて）

　その後、明治政府が神仏混淆政策を改めると、仏教寺院は荒廃を余儀なくされ、それに続く戦争と敗戦の影響により、巡礼は長らく停滞することとなった。

　ようやく再び巡礼者が霊場を訪れるようになったのは、高度経済成長時代を迎え、日本が敗戦からの復興を遂げる昭和40年代に入ってからであった。すなわち、1965（昭和40）年に年間2万4,680人であった西国霊場を訪れる巡礼者の数は、1969（昭和44）年の3万412人（前田, 1971）、1978（昭和53）年には8万2,033人へと大幅に増加して一旦ピークをつけた後、1985（昭和60）年の6万7,781人、1993（平成5）年の7万7,415人となり、1965（昭和40）年のおよそ3倍強の水準となった（佐藤, 2004, pp.138-145）。1995（平成7）年の阪神・淡路大震災の影響などもあり、2002（平成14）年時点で、5万4,616人と減少傾向にはあるものの、依然として巡礼者が再び増加し始めた頃の2倍強の巡礼者数を維持している（**図4-1**）。

　このように日本でツーリズムの大衆化が進展すると、西国霊場を訪れる巡礼者の数も増加の一途を辿った。これに伴い巡礼の目的も多様化・複合化の様相を呈するようになり、信仰心に基づき巡礼する人々の割合が低下する一方で、自分探しや癒し、健康の回復や増進、観光などを目的とした巡礼が行われるようになった（前掲書, pp.179-182）（pp.60-61, **表4-1**）。

　また、昭和期から平成期にかけて中核的な巡礼者層の年齢が60代から50

**図4-1　西国三十三所および四国八十八ヶ所の巡礼者数（単位：人、年）**

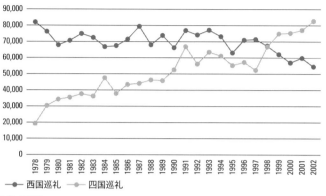

凡例：　━●━ 西国巡礼　　━○━ 四国巡礼

出典▶佐藤，2004

代に低下したことや、巡礼の主な交通手段が団体バスから自家用車へと変化したことに伴い、互いに見知らぬ者同士による集団巡礼から家族単位での巡礼へと、巡礼を行う主体が移行している（前掲書, pp.190-191）。

## 1.2 四国八十八ヶ所巡礼

　四国八十八ヶ所巡礼は、弘法大師空海[2]が修行した遺跡を僧侶や修験者などが苦行をしながら巡歴したのが起源であるとされている。霊場は、阿

2：平安期成立の『聖徳太子傳暦』等には、聖徳太子が如意輪観音菩薩（如意宝珠および紅蓮華を仏の象徴物である「三昧耶形」とする。なお、如意輪観音菩薩の御姿については、p.73, 資料4-1の写真4-7を参照。）の生まれ変わりであり、後世において聖武天皇や弘法大師などの高僧に転生するとの伝説がみられる（金岡, 2021, 2022a）。また、鎌倉初期成立の『水鏡』も、弘法大師の本地を「遠くは大日如来、近くは六臂の如意輪観音菩薩とし、聖徳太子の再誕である」と述べており（黒板編, 1939）、このような弘法大師が如意輪観音の垂迹である聖徳太子の再誕であるとの考えから、弘法大師と如意輪観音菩薩が結びつけられた（中川, 1934；金岡, 2022b）。なお、弘法大師の如意宝珠信仰は、入唐前から行っていた虚空蔵求聞持法（舎心嶽〔太龍ヶ嶽〕の岩上で、虚空蔵菩薩の御真言を100万遍唱える虚空蔵求聞持法を修行したという伝えが、空海の著作『三教指帰』〔空海, 1882〕に記されている〔畠田, 2003〕）に淵源することが指摘されている（村山, 1984）。また、中川（1934）は、「偉人の出現をもって単なる人間とせず、大聖の権化なりとみる」本地垂迹の思想に基づく、弘法大師の本地および前身の例として、上記の聖徳太子や如意輪観音菩薩、大日如来の他、龍樹菩薩や勝鬘夫人、住吉明神、八幡大菩薩、阿弥陀如来、弥勒菩薩、役小角等を、また後身の例として、菅原道真や持経上人等をあげている。なお、村山（1984）は、日本の文献上、如意宝珠信仰に関する最も古い所見は『日本書紀』仲哀紀二年七月の条の、「神功皇后が長門国豊浦津に泊まり給うたとき、如意珠を海中より得られた」にみられ、これが後白河法皇の『梁塵秘抄』（巻二）では、「浜の南宮は、如意や宝珠の玉を持ち、須弥の峯を宝として、ちひろの海にそ遊う給ふ（小西, 1941）」と謡われたことを指摘して、三宝院の勝覚の如意輪観音信仰がきっかけとなって、宝珠が本地垂迹の関係を通じて神祇的なものと関係をもつようになったと論じている。

波国（現、徳島県）および土佐国（現、高知県）、伊予国（現、愛媛県）、讃岐国（現、香川県）に点在する弘法大師ゆかりの88ヶ所の寺院から構成される（pp.75-81，**資料4-2**）。それゆえ、巡礼者は険しい山道やのどかな田園風景、海辺などを回遊しながら四国全周を移動することで、ようやく結願することとなる[3]。

【写真4-4】舎心嶽で修行する空海の座像

【写真4-5】四国霊場第21番札所 舎心山太龍寺

　四国の地域住民は、遍路者に食事や果物、飲み物などを振る舞い、ねぎらいの言葉をかけながら道案内をするとともに、時には善根宿[4]と呼ばれる無料の宿を提供するなど、遍路者を身近な存在として温かく迎え入れ、支え続けてきた。地域住民にとって遍路者をお接待することは、大師を接待し、供養することであり、先祖供養でもある（前田, 1966）。また、多くの遍路体験記にみられるように、「お接待を行うことで、自身の代わりとして遍路巡礼を託す」といった願いや、「お接待そのものが功徳である」といった考え方が受け継がれている。このように遍路者の接待は「他人に施しを行う善行としての利他的行為」に加えて、「巡礼者およびその背後に存在する弘法大師への善行」、そして「接待行為を通じた巡礼者への代理参拝の依頼」といった、接待の行為が功徳に繋がる重層的な論理回路を内包しているものと考えられる（星野・浅川, 2011）。

3：一般社団法人 四国八十八ヶ所霊場会 https://88shikokuhenro.jp（最終アクセス：2023.12.27）
4：四国霊場の各札所を歩きながら巡礼する「歩き遍路さん」が無料で宿泊できるよう、個人や地域の企業、お寺が運営している宿泊施設のことを「善根宿」と呼ぶ。この他、霊場の札所が提供する無料の宿泊施設の「通夜堂／つやどう」や、休憩施設「遍路小屋」もあり、これらは地域の住民が「お遍路さん」を応援し、支えるといった四国巡礼固有の「お接待文化」を象徴するものとなっている。施設の名前である「善根（ぜんこん）」は、良い行い（善根）を積むことが、よい報いを招くもとになるという仏教の教えを由来としている。今日もなお巡礼路の各地で善根宿や通夜堂が運営されている。

【写真4-6】駅路寺として今日に至る四国霊場第6番札所 安楽寺での地域住民によるお接待

　中世の四国巡礼においては、寺院の荒廃や劣悪な交通事情のため庶民が巡礼することはなく、修験者の修行の場であった[5]（佐藤，2004，pp.104-109）。しかしながら、江戸時代に入ると政治経済の安定や交通の発達、遍路道の整備や案内書の発行、弘法大師信仰の一般民衆への普及などを背景として、遠隔地巡礼が活発化した（星野，2001）。当時の巡礼者は神仏への祈りを基本としつつも、芝居や名所旧跡の鑑賞、飲食や土産物の買い物などを楽しんでおり、巡礼は行楽を兼ねていた（胡，2020）。

　その後、四国巡礼は西国巡礼と同様、明治時代に入って政府の廃仏毀釈運動に伴い各札所が打撃を受けて混乱し、敗戦後の昭和の中期頃まで停滞期に入った後、昭和40年代から平成の半ばにかけて巡礼者が大幅に増加した。すなわち、1964（昭和39）年に年間7,147人であった巡礼者は、1969（昭和44）年には1万4,257人に倍増し（前田, 1971）、その後、1978（昭和53）年には1万9,285人、1985（昭和60）年には3万7,956人、1993（平成5）年には6万3,533人、2002（平成14）年には8万2,656人、というように増加の一途をたどった（佐藤，2004，pp.160-167）（p.56，**図4-1**）。その背景として、経済成長に伴う所得や余暇の拡大に加えて、瀬戸大橋や明石海峡大橋、西瀬戸自動車道（しまなみ海道）の開通および四国内での高速道路の整備、マスコミによる霊場を紹介する番組の放送、消費の拡大とバブル崩壊後の先行きの不透明感の増す社会経済環境などが考えられる。

　しかしながら、その後は、日本経済の成長率の鈍化に加え、日本人の宗

---

5：例えば、修験道の開祖とされる役行者による開山縁起を有する四国霊場第12番札所焼山寺は、その奥の院に蔵王権現がお祀りされている。

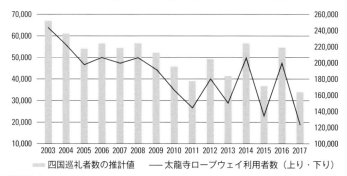

**図4-2　四国八十八ヶ所の巡礼者数の推移（推計値、単位：人、年）**

凡例：
四国巡礼者数の推計値　　太龍寺ロープウェイ利用者数（上り・下り）

出典▶筆者作成

　教離れやレジャーの多様化、国内外の観光地との競合の激化などによっ
て、四国八十八ヶ所霊場の巡礼者数はここ10数年でおよそ4割減少してい
る可能性のあることが指摘されている[6]。

　以上のような巡礼を取り巻く環境の変化を受けて、四国巡礼の目的は西
国巡礼と同様、次第に多様化かつ複合化の様相を呈している。四国巡礼に
おいては、平成期初頭に最も多かった信仰心に基づいて巡礼を行う者の割
合が時の経過とともに低下する一方で、先祖や故人の供養をはじめ、精神
修養や自分探し、祈願、健康増進、仲間との語りや地域住民との交流、へ
んろ（巡礼）・日本文化の体験などといった複数の目的をもって巡礼する傾
向がみられるようになってきている（佐藤, 2004, p.221；愛媛県生涯学習セン

[6]：四国経済連合会 四国アライアンス地域経済研究分科会が実施した、四国霊場第21番札所 太龍寺（阿
南市）と麓を結ぶ太龍寺ロープウェイの輸送実人員および、巡礼者数の増減に関する札所へのアンケー
ト調査（2018年実施）の2つの方法に基づく、遍路人数の経年的な推移に関する調査の結果、ここ十数年
間で巡礼者の数は、およそ4割減少している（1998年度から2002年度の間の輸送実人員の平均値と、
2014年度から2018年度の間の平均値を比較して巡礼者数の増減幅を算出）可能性があることが浮き
彫りになっている（四国経済連合会 四国アライアンス地域経済研究分科会, 2019）。筆者はこの点につ
いて、太龍寺ロープウェイの利用者数（上り・下り）と、その内の四国巡礼者数（愛媛県生涯学習センター
編, 2003）との比率（1999年度から2001年度の3ヶ年実績の平均値）および太龍寺ロープウェイ利用
巡礼者（上り・下り）と四国巡礼者総数との比率（1999年度から2001年度の3ヶ年実績の平均値）を算
出のうえ、これらの倍率を用いて太龍寺ロープウェイの利用者数（上り・下り、往復総数）の実績値（四国
運輸局「四国の主要観光地入れ込み状況」）を基に、2003年度から2017年度の間の四国八十八ヶ所の
巡礼者総数を推計した。その結果、この間の減少率はおよそ3割（2003年度から2005年度の間の四国巡
礼者総数の推計値の平均値と、2015年度から2017年度の推計値の平均値を比較して算出）となった
（図 4-2）。

## 表4-1　巡礼の目的の変遷

| 南地, 2024 | 調査実施時期 | 複数回答数〔実人数〕 | 信仰・修行 | 先祖供養 | 観光 | 精神修養 | 祈願（大願成就） |
|---|---|---|---|---|---|---|---|
| 四国巡礼 | 2023年4月～2023年12月 | 490 | 8.2 | 4.3 | 12.8 | 11.0 | 3.3 |
| 実人数比 | | 〔177〕 | 22.6 | 11.9 | 35.6 | 30.5 | 9.0 |
| うち日本人 | | 〔89〕 | 28.1 | 16.9 | 15.7 | 32.6 | 11.2 |
| うち外国人 | | 〔88〕 | 17.0 | 6.8 | 55.7 | 28.4 | 6.8 |

| 高橋, 2020 | 調査実施時期 | 複数回答数〔実人数〕 | 信仰 | 先祖・故人の供養 | 観光 | 精神修養 | 祈願（大願成就） |
|---|---|---|---|---|---|---|---|
| 四国巡礼 | 2019年11月 | 530 | 7.2 | 12.8 | 8.5 | 16.1 | 13.2 |
| 実人数比 | | 〔173〕 | 22.0 | 39.3 | 26.0 | 49.1 | 40.5 |
| うち日本人 | | 〔165〕 | 21.2 | 40.0 | 24.8 | 47.3 | 41.2 |
| うち外国人 | | 〔8〕 | 37.5 | 25.0 | 50.0 | 87.5 | 25.0 |

| 四国経済連合会 四国アライアンス 地域経済研究分科会, 2019 | 調査実施時期 | 複数回答数〔実人数〕 | 信仰・祈願 | 故人の供養 | 観光・トレッキング | 精神修養 |
|---|---|---|---|---|---|---|
| 四国巡礼 | 2019年1月～2019年3月 | 398 | 13.8 | 16.1 | 14.1 | 22.6 |
| 実人数比 | | 〔197〕 | 27.9 | 32.5 | 28.4 | 45.7 |
| うち日本人 | | 〔180〕 | 28.3 | 33.9 | 25.0 | 44.4 |
| うち外国人 | | 〔17〕 | 23.5 | 17.6 | 64.7 | 58.8 |

| 竹川, 2012 | 調査実施時期 | 複数回答数〔実人数〕 | 信仰 | 先祖・死者の供養 | 観光 | 精神修養 | 祈願（大願成就） |
|---|---|---|---|---|---|---|---|
| 四国巡礼 | 2011年3月 | 1083 | 6.1 | 19.1 | 5.6 | 11.6 | 12.0 |
| 実人数比 | | 〔493〕 | 13.4 | 42.0 | 12.2 | 25.4 | 26.4 |

| 柴谷, 2007 | 調査実施時期 | 複数回答数〔実人数〕 | 信仰 | 供養 | 観光 | 修行 | 他の願掛 |
|---|---|---|---|---|---|---|---|
| 西国巡礼 | 2004年9月～2005年9月 | 664 | 8.6 | 22.4 | 8.6 | 3.9 | 5.3 |
| 実人数比 | | 〔287〕 | 19.9 | 51.9 | 19.9 | 9.1 | 12.2 |
| 四国巡礼 | 2004年9月～2005年9月 | 1026 | 7.1 | 27.8 | 4.4 | 3.8 | 5.6 |
| 実人数比 | | 〔504〕 | 14.5 | 56.6 | 8.9 | 7.7 | 11.3 |

| 愛媛県生涯学習センター, 2003 | 調査実施時期 | 複数回答数〔実人数〕 | 信仰・修行 | 先祖の供養 | 観光 | 精神修養 | 先達の誘い |
|---|---|---|---|---|---|---|---|
| バス遍路 | 2000年8月～2000年10月 | 225 | 15.6 | 33.3 | 1.8 | 9.3 | 7.6 |
| 実人数比 | | 〔107〕 | 33 | 70 | 4 | 20 | 16 |
| 自家用車遍路 | 2000年8月～2000年10月 | 445 | 14.6 | 19.3 | 5.0 | 11.0 | — |
| 実人数比 | | 〔295〕 | 22 | 29 | 7 | 17 | — |
| 歩き遍路 | 2000年8月～2000年10月 | 191 | 11.0 | 13.1 | 4.7 | 18.8 | — |
| 実人数比 | | 〔92〕 | 23 | 27 | 10 | 39 | — |

| 愛媛県生涯学習センター, 2001 | 調査実施時期 | 複数回答数〔実人数〕 | 信仰・修行 | 先祖の供養 | 観光 | 精神修養 | 先達の誘い |
|---|---|---|---|---|---|---|---|
| 四国巡礼 | 2000年8月～2000年10月 | 855 | 15 | 17 | 6 | 12 | — |
| 実人数比 | | 〔501〕 | 25.9 | 28.3 | 10.4 | 21.2 | — |

| 佐藤, 2004 | 調査実施時期 | 複数回答数 | 信仰心にもとづいて | 信仰と行楽を兼ねて | 行楽 | 精神修養のため（四国は精神修業のため） |
|---|---|---|---|---|---|---|
| 西国巡礼 | 1987年4月～1988年3月 1996年4月～1997年3月 | 1,691 | 24.8 | 28.1 | 10.1 | 3.2 |
| 四国巡礼 | 1996年4月～1997年3月 | 1,527 | 35.4 | 26.5 | 3.1 | 14.7 |

出展▶上記文献に基づき筆者作成
備考：南地，2024は本書『巡礼の科学——聖なる旅が綾なす経験価値』のことをいい、四国霊場第6番札所安楽寺様およびへんろの里（第11番札所藤井寺前）様のご支援・ご協力を得てアンケート調査を行った。
　　　本表では巡礼目的の複合度をみるための参考データとして、各目的の実人数比を算出のうえ記載した。

| 健康・体力増進 | 御朱印・御姿・御軸の収集 | 人生節目の記念（定年・転職等） | 人間的交流 | へんろ（巡礼）・日本文化の体験 | 人間関係問題（会社・恋人・友人等） | 身近な人の死や病 | その他 | 計 |
|---|---|---|---|---|---|---|---|---|
| 11.6 | 4.3 | 9.0 | 5.9 | 19.8 | 1.6 | 3.7 | 4.5 | 100.0 |
| 32.2 | 11.9 | 24.9 | 16.4 | 54.8 | 4.5 | 10.2 | 12.4 | 276.8 |
| 44.9 | 11.2 | 24.7 | 14.6 | 44.9 | 5.6 | 15.7 | 11.2 | 277.5 |
| 19.3 | 12.5 | 25.0 | 18.2 | 64.8 | 3.4 | 4.5 | 13.6 | 276.1 |

| 健康の促進 | 自然の体感 | 通過儀礼 | 人との交流 | 歴史・文化への興味 | | その他 | 計 |
|---|---|---|---|---|---|---|---|
| 9.6 | 10.0 | 5.7 | 6.0 | 9.8 | | 1.1 | 100.0 |
| 29.5 | 30.6 | 17.3 | 18.5 | 30.1 | | 3.5 | 306.4 |
| 29.1 | 27.9 | 17.6 | 16.4 | 29.7 | | 3.0 | 298.2 |
| 37.5 | 87.5 | 12.5 | 62.5 | 37.5 | | 12.5 | 475.0 |

| | | | 地域住民との交流 | 歴史・文化への興味 | | その他 | 計 |
|---|---|---|---|---|---|---|---|
| | | | 9.5 | 18.4 | | 5.5 | 100.0 |
| | | | 19.3 | 37.1 | | 11.2 | 202.1 |
| | | | 15.0 | 34.4 | | 11.1 | 192.1 |
| | | | 64.7 | 64.7 | | 11.8 | 305.8 |

| 健康のため | 病気の治療 | 自分の生き方と向かい合う | 人との交流 | チャレンジ | 悩みから自分を解き放ちたい | その他 | 計 |
|---|---|---|---|---|---|---|---|
| 14.8 | 3.6 | 9.4 | 5.6 | 5.8 | 1.9 | 4.5 | 100.0 |
| 32.5 | 7.9 | 20.7 | 12.4 | 12.8 | 4.3 | 9.9 | 219.9 |

| 健康 | 病気平癒 | 自分探し | 癒し | | | 何となく | 他 | 計 |
|---|---|---|---|---|---|---|---|---|
| 10.1 | 6.9 | 13.7 | 16.1 | | | 2.0 | 2.4 | 100.0 |
| 23.3 | 16.0 | 31.7 | 37.3 | | | 4.5 | 5.6 | 231.4 |
| 6.4 | 6.5 | 17.2 | 14.0 | | | 1.8 | 5.4 | 100.0 |
| 13.1 | 13.3 | 35.1 | 28.6 | | | 3.6 | 10.9 | 203.6 |

| 自分の健康や家族の問題 | 定年退職 | 自分探し | 仲間との語らい | 仕事上の問題 | 友人・恋愛問題 | 身近な人の死や病 | その他（無答を含む） | 計 |
|---|---|---|---|---|---|---|---|---|
| 8.4 | 5.3 | 2.7 | 8.0 | — | — | 4.4 | 3.6 | 100.0 |
| 18 | 11 | 6 | 17 | — | — | 9 | 8 | 212.0 |
| 17.1 | 6.8 | 13.7 | — | 0.4 | 0.2 | 8.5 | 3.4 | 100.0 |
| 26 | 10 | 21 | — | 1 | 0 | 13 | 5 | 151.0 |
| 7.9 | 3.1 | 28.3 | — | 2.1 | 1.1 | 4.7 | 5.2 | 100.0 |
| 16 | 7 | 59 | — | 4 | 2 | 10 | 11 | 208.0 |

| 自分の健康や家族の問題 | 定年退職 | 自分探しの旅 | 仲間との語らい | 仕事上の問題 | 友人・恋愛問題 | 身近な人の死や病 | その他（無答を含む） | 計 |
|---|---|---|---|---|---|---|---|---|
| 16 | 5 | 16 | — | 1 | 1 | 5 | 6 | 100.0 |
| 26.5 | 8.6 | 27.7 | — | 2.4 | 1.6 | 7.8 | 10.2 | 170.6 |

| 健康のため | 納経帳・掛軸への集印に関心をもって | | | | | | その他 | 計 |
|---|---|---|---|---|---|---|---|---|
| 10.1 | 22.2 | | | | | | 1.5 | 100.0 |
| 4.6 | 12.6 | | | | | | 3.1 | 100.0 |

ター, 2001, 2003；柴谷, 2007；竹川, 2012；四国経済連合会 四国アライアンス地域経済研究分科会, 2019；高橋, 2020；南地, 2024）（**表4-1**）。

　このように信仰心に基づく巡礼者の割合が低下している要因の一つとして、かつて四国巡礼の中核的存在であった大師講の講中の高齢化があげられる（佐藤, 2004, pp.220-224）。弘法大師信仰に基づき巡礼を行う人々が高齢化することは、祈りを基本とする伝統的な巡礼の実践者が減少することに直結しているものと考えられる。また、中高年層を中心に、単に信仰を目的とするだけでなく、自分探しや健康増進、精神修養などといった他の多様な目的も兼ねて巡礼する人々が現れるようになったことも信仰心に基づく巡礼者の割合の低下要因となっている。特定の宗教組織にとらわれず、各自の関心事に応じて多様かつ複合的な目的をもって霊場を訪れる巡礼者が増加し続けている事象は、「社会の個人化および個人のスピリチュアル化」の文脈で捉えることが可能であろう（p.43, **第3章3節**）。

　他方で、四国巡礼においては、今日でも地域の住民をはじめ、和歌山県内や中国地方からの接待講が霊場札所に出向き、巡礼者の「お接待」を行っている（愛媛県生涯学習センター, 2003；山下, 2019；長谷川, 2018；星野, 1974）。このように固有の巡礼文化を有する四国巡礼は、西国巡礼よりも伝統的な巡礼の枠組みが依然として継承されているものと考えられる。

# ②__ 巡礼ツーリズムの魅力

　ツーリズムは、元来、時間的および資産的背景を有する特権階級の富裕層のみが享受できたものであったが（p.28, **第2章 脚注1**および p.30, **脚注2**）、産業革命以降の大衆化（p.30, **第2章 脚注4**）および第2次世界大戦後の経済発展を背景に、米国をはじめ欧州や日本においては多くの人々がツーリズムを楽しむようになった。とりわけ日本においては、戦後の高度経済成長に伴う可処分所得の増加を背景にツーリズムの大衆化が進展した（p.31, **第2章 脚注9**）。

　今日、日本においては、国内旅行や海外旅行を幅広く取り扱う大手旅行会社をはじめ、霊場のお膝元に本拠地を構える旅行会社が様々な巡礼ツア

ーを提供している。そこで本節では、日本を代表する巡礼ツーリズムである、西国三十三所および四国八十八ヶ所の巡礼ツアーを具体的事例として取り上げて、巡礼ツーリズムが有する多彩な魅力について考察し、その特徴を浮き彫りにする。

## 2.1 西国三十三所巡礼ツアー

　西国三十三所霊場の各札所寺院は、その多くが桜や紅葉などの四季折々の風景を楽しむことのできる山間部に立地しており、巡礼路は四季折々の花々が咲き乱れる自然の景観に加えて、郷土料理や土産物などの豊かな観光資源に恵まれている。近年、マスツーリズム化現象と相まって、旅行会社各社が西国巡礼ツアーを催行しており、信仰の有無にかかわらず誰もが気軽に観音巡礼を経験することができるようになっている。

　また、2018（平成30）年には、西国巡礼の起源である徳道上人が33の宝印を授けられた年（718年）から1300年となることを記念して、2017（平成29）年1月1日から2023（令和5）年3月31日までの間、各札所では特別印の授与などをはじめとする様々な行事が行われた[7]。さらに、観光庁の2017年度「テーマ別観光による地方誘客事業」に、西国三十三所霊場とその地域の市町等を対象とした「日本巡礼文化発祥の道」をテーマとする事業が選定される[8]とともに、2019（平成31）年5月20日には「1300年つづく日本の終活の旅〜西国三十三所観音巡礼〜」が文化庁の日本遺産に登録された[9]。

　このような西国巡礼のツアーを今日最も多く取り扱っている旅行会社の一つが株式会社阪急交通社である。当社は、コロナ禍により観光業界がダメージを被る中においても、様々な感染予防対策を講じながら西国三十三所のお膝元である大阪や兵庫、京都、奈良を出発地とする関西発の巡礼ツ

---

7：西国三十三所札所会「西国三十三所草創1300年」　https://www.saikoku33-1300years.jp/（最終アクセス：2023.5.21）
8：観光庁「テーマ別観光による地方誘客事業」　https://www.mlit.go.jp/kankocho/shisaku/kankochi/theme_betsu.html#saigoku（最終アクセス：2021.10.1 & 2023.6.11）
9：日本遺産「日本の終活の旅」推進協議会「西国三十三所観音巡礼－日本遺産認定－」https://jh-saikoku33.jp/（最終アクセス：2021.10.1 & 2023.12.29）

アーのみならず、名古屋発や福岡発のツアーなどを催行している[10]。ま
た、兵庫県に本社を置く神姫バス株式会社のグループ会社で、観光事業を
担う神姫観光株式会社も、地の利を活かして兵庫県内の複数の出発地と豊
富な催行日を設定のうえ、日帰り巡礼バスツアーを運営している[11]。ここ
で取り上げた阪急交通社および神姫観光の両社が販売している西国巡礼ツ
アーに共通してみられる特徴として、以下の点があげられる。


①巡礼ツアーの参加者が自身の都合に応じてスケジュール調整を行い易いよ
　う、複数の催行予定日や出発地が設けられている。
②1回のみの参加も可能で、巡礼の中断や再開ができる。
③参加者が自身の体力を気にすることなく気軽に参加できるよう霊場各札所
　間の移動手段として主にバスが用いられている（遠隔地から西国霊場への移
　動については、新幹線や飛行機が用いられている）。
④西国三十三所札所会公認の先達が同行して、勤行の身体的作法や仏教教
　義、寺院の歴史、由緒、御本尊の功徳などについて解説し、ツアー参加者
　が巡礼に関する知識を学ぶ機会が提供されている。
⑤添乗員が御朱印の代行取得を行い、参加者が参拝に専念できるよう便宜を
　図っている。
⑥添乗員が旅程管理および参加者の健康管理や身の回りのお世話を行うこと
　によって、巡礼の旅の安心や安全を提供している。
⑦霊場近辺の名勝や博物館などに立ち寄り、観光を楽しむ機会を設けている。
⑧休憩や食事を兼ねてレストランに立ち寄り、土産物のショッピングを楽し
　める旅程を組んでいる。
⑨宿泊を伴うツアーでは、温泉大浴場や巡礼先の郷土料理などを楽しめるレ
　ストランを備えた旅館やホテルに宿泊するメニューを提供している。
⑩結願するまでに数回のツアーへの参加を要する日帰りツアーについては、
　1回当たりの価格をリーズナブルに設定している。

10：株式会社阪急交通社「巡礼の旅」 https://www.hankyu-travel.com/kokunai/junrei/（最終アクセ
ス：2021.4.1 & 2023.12.29）
11：神姫観光株式会社「巡礼の旅」 https://www.shinkibus.com/junrei/（最終アクセス：2021.4.1
&2023.12.29）

**表4-2 西国巡礼ツアーの事例**

| 回 | 阪急交通社 参拝札所 | 出発日 | 日数 | 価格 | 神姫観光 参拝札所 | 出発日 | 日数 | 価格 |
|---|---|---|---|---|---|---|---|---|
| 第1回 | 1番 | 2021/4・5月 | 日帰り | 10,800円 | 21・22・24番 | 2020/10 | 日帰り | 7,600円 |
| 第2回 | 2 ～ 4番 | 2021/5・6月 | 日帰り | 〜 | 20・23・番外 花山院 | 2020/11 | 日帰り | 〜 |
| 第3回 | 5 ～ 8番 | 2021/7月 | 日帰り | 21,000円 | 15 ～ 19番・番外 元慶寺 | 2020/12 | 日帰り | 34,800円 |
| 第4回 | 9 ～ 11番 | 2021/8月 | 日帰り | | 6 ～ 8番・番外 法起院 | 2021/1 | 日帰り | |
| 第5回 | 12 ～ 15番 | 2021/9月 | 日帰り | | 10 ～ 13番 | 2021/2 | 日帰り | |
| 第6回 | 16 ～ 19番 | 2021/10月 | 日帰り | | 4・5・9番 | 2021/3 | 日帰り | |
| 第7回 | 20 ～ 23番 | 2021/11月 | 日帰り | | 1 ～ 3番 | 2021/4 | 1泊2日 | 第1回～第4回はGo Toトラベルキャンペーンの対象記載有り |
| 第8回 | 24・25番 | 2022/2月 | 日帰り | | 25 ～ 27番 | 2021/5 | 日帰り | |
| 第9回 | 26・27番 | 2022/1月 | 日帰り | | 14・30番 | 2021/6 | 日帰り | |
| 第10回 | 28・29番 | 2022/2・3月 | 日帰り | | 28・29番 | 2021/7 | 日帰り | |
| 第11回 | 30・31番 | 2021/12月 | 日帰り | | 31・32番 | 2021/8 | 日帰り | |
| 第12回 | 32・33番 | 2022/3月 | 日帰り | | 33番 | 2021/9 | 日帰り | |
| 御礼参り | 上田北向き観音・元善光寺・善光寺 | | 1泊2日 | 33,000 ～ 46,000円 | 元善光寺・善光寺 | 2021/9 | 1泊2日 | 34,800円 |
| 全周 | 1 ～ 33番 | 2021/5 ～ 9月 | 6日間 | 210,000 ～ 230,000円 | | | | |

**【共通する特徴】**
・全12回で、すべての西国三十三所の観音霊場を巡礼。
・西国三十三所札所会公認の先達等が同行し、勤行の導師を勤め、寺院の歴史や由緒、御本尊の功徳などを巡礼者に解説。
・御朱印を添乗員が代行取得。
・西国三十三所草創1300年記念オリジナル御朱印の授与（納経帳への御朱印押印者のみ）。
・西国納札や線香、ろうそくなどの巡礼必須セットをプレゼント。
・新型コロナ感染防止対策をした観光バスで移動。
・ダブルシートプランも用意（別料金）（2023年12月29日現在、神姫観光のみ）。
・熊野那智大社や那智の滝を自由参拝。
・各地域の土産物屋でショッピング。
・宿泊のツアーは温泉大浴場付き旅館等に宿泊。

**【阪急交通社のみ】**
・巡礼必須セットとして「観音経本」や「西国巡礼マップ」などもプレゼント（2023年12月29日現在、神姫観光もプレゼントを実施）。
・トラピックスツアー限定「西国オリジナル御影」をプレゼント。

**【神姫観光のみ】**
・先達または僧侶が同行。
・全日程とも出発を保証。
・全日程とも安全を考慮して車掌が同乗。

出典 ⨳ 阪急交通社および神姫観光の各ウェブサイトに基づき筆者作成
備考：阪急交通社ウェブサイト「心癒される巡礼の旅」2021年4月1日時点掲載の関西発「西国三十三所巡礼の旅」2021年4・5月開始シリーズおよび全周シリーズ（出発開始予定日設定期間2021/5/9 ～ 2021/9/27）。阪急交通社の関西発ツアーの出発地は、各回とも大阪、兵庫、京都、奈良の各地。その他、名古屋発や福岡発の西国巡礼ツアーを催行、あるいは催行予定としている。
神姫観光ウェブサイト「巡礼の旅」2021年4月1日時点掲載の「西国三十三所巡礼の旅」2020年10月開始ツアー。神姫観光の出発地は、各回ともA：龍野、三木 B：姫路、加古川 C：福崎、加西、社 D：明石、名谷、三宮の各地（第8回のみA, B, C）。

一方、阪急交通社が提供している6日間で西国霊場の全札所を巡礼するツアーでは、グレードの高い温泉付きの宿泊施設を利用するとともに、巡礼路各地の郷土料理などのグルメや景勝地の観光なども楽しめるメニューを織り交ぜた比較的高価な商品となっている（**表4-2**）。

## 2.2 四国八十八ヶ所巡礼ツアー

　四国八十八ヶ所巡礼では、霊場を取り巻く地域住民の間で代々受け継がれてきた、無私の行為で遍路者を励まし支える「お接待」文化が継承されており、今日では日本の他の巡礼にはみられない四国巡礼固有の特徴となっている[12]。このような独自の巡礼文化が評価され、四国巡礼は2015（平成27）年4月24日には『『四国遍路』〜回遊型巡礼路と独自の巡礼文化〜」として日本遺産に登録されることとなった[13]。また、2023（令和5）年は、弘法大師空海が774（宝亀5）年に御誕生されてから1250年の記念の年に当たるとして、前年の2022（令和4）年から2024（令和6）年までの3年間において、四国八十八ヶ所霊場会では様々な記念事業が行われている[14]。

　四国巡礼ツアーについては、株式会社伊予鉄トラベルや琴平バス株式会社などの霊場お膝元の旅行会社が積極的に取り扱っていることに加えて、株式会社阪急交通社や兵庫県を本拠地とする神姫観光株式会社、KNT-CTホールディングス傘下のメディア販売型旅行会社であるクラブツーリズム株式会社[15]などが提供している。

---

12：新城（1964）は、「元々西国三十三所においても巡礼者に対する積極的な援助が行われていたが、江戸時代後期には社会的慣行としての接待は四国遍路のみとなった」と論じている。

13：四国遍路日本遺産協議会「四国遍路〜回遊型巡礼路と独自の巡礼文化〜」 https://www.seichijunrei-shikokuhenro.jp/（最終アクセス：2021.10.1 & 2023.6.11）

14：一例をあげると、本尊納経・御軸に対する弘法大師の御生涯（行状記）を絵に表わした記念の「88大師カード」の授与や、大師納経の製本者に対する記念バッジの授与などが、2022年6月15日〜2024年12月31日までの間、記念事業として行われている。また、地元自治体サイドにおいても、和歌山県が主催し、弘法大使空海御誕生1250年祭実行委員会（事務局：香川県善通寺市商工観光課）が共催する形で、御誕生の地である善通寺および立教開宗の地である教王護国寺（東寺）、御入定の地である金剛峯寺の協力により、「弘法大使空海御誕生1250年記念3霊跡巡礼スタンプラリー」が2024年12月31日までの間開催されている。なお、四国霊場会主催による御誕生記念大法会が、2023年4月25日、善通寺御影堂において安楽寺住職畠田秀峰四国霊場会長導師のもと善通寺法主管智潤総裁のご光臨を得て厳修された（四国六番安楽寺弘法大師講本部、2023）。

15：クラブツーリズム「お参り・巡礼の旅」 https://www.club-t.com/sp/theme/culture/kokoro/（最終アクセス：2021.4.1 & 2023.12.29）

とりわけ、株式会社阪急交通社は、西国巡礼と同様、四国八十八ヶ所の巡礼ツアーについても関西地域を中心に全国規模で取り扱っており、名古屋発や、静岡発、北陸発、関西発、広島発、山陰発の巡礼ツアーを催行している[16]。さらに、神姫観光株式会社も同様に、四国霊場に近接している地の利を活かして、兵庫県内の複数の出発地と豊富な催行日を設定のうえ日帰り巡礼バスツアーを運営している[17]。
　こうした各旅行会社が販売している四国巡礼ツアーに共通してみられる特徴として、以下の点があげられる。

①各札所が四国全域に点在しており、バスを用いても結願までに相応の日数を要することから、巡礼ツアーの参加者が自身の都合に応じてスケジュール調整を行い易いよう、複数の催行予定日が設けられている。
②１回のみの参加も可能で、巡礼の中断や再開ができる。
③参加者が自身の体力を気にすることなく気軽に参加できるよう霊場各札所間の移動手段として主にバスが用いられている（遠隔地から四国霊場への移動については、新幹線や飛行機が用いられている）。
④四国八十八ヶ所霊場会公認の先達が同行して、勤行の身体的作法や仏教教義、寺院の歴史、由緒、御本尊の功徳などについて解説し、ツアー参加者が巡礼に関する知識を学ぶ機会が提供されている。
⑤添乗員が御朱印の代行取得を行い、参加者が参拝に専念できるよう便宜を図っている。
⑥添乗員が旅程管理および参加者の健康管理や身の回りのお世話を行い、巡礼の旅の安心や安全を確保している。
⑦霊場近辺の名勝や博物館などに立ち寄り、観光を楽しむ機会を設けている。
⑧休憩や食事を兼ねてレストランに立ち寄り、土産物のショッピングを楽しめる旅程を組んでいる。
⑨宿泊を伴うツアーでは、温泉大浴場や巡礼先の郷土料理などを楽しめるレ

---

16：株式会社阪急交通社「巡礼の旅」　https://www.hankyu-travel.com/kokunai/junrei/（最終アクセス：2021.4.1 & 2023.12.29）
17：神姫観光株式会社「巡礼の旅」　https://www.shinkibus.com/junrei（最終アクセス：2021.4.1 & 2023.12.29）

ストランを備えた旅館やホテルに宿泊するメニューを提供している。

⑩結願するまでに数回のツアーへの参加を要する日帰りの巡礼ツアーにおいては、1回当たりの価格をリーズナブルに設定している。

　また、各旅行会社は、1回ないし数回のみの巡礼ツアーですべての札所を巡拝し終える商品も提供している。このような巡礼ツアーは温泉付きの宿泊施設や郷土料理などのグルメを満喫できるレストランを利用するとともに、景勝地の観光なども織り交ぜた旅程とすることで質の高い商品設計となっている。

　一方、霊場のお膝元を本拠地とする株式会社伊予鉄トラベルや琴平バス株式会社は、全旅程をバスで移動する巡礼ツアーのみならず、札所間の歩き遍路を行うバスツアーも催行している。徒歩での巡礼は、今日では西国巡礼などの日本の他の巡礼ツアーでは行われることのないものであり、四国霊場ならではのものとなっている。歩き遍路の巡礼ツアーの参加者は、遍路道を先達や巡礼仲間とともに長時間をかけて歩きながら巡礼することによって、伝統的な巡礼スタイルを経験することができ、四国の巡礼文化に精通した地元の旅行会社ならではの地域密着型の巡礼ツアーとなっている[18,19]（表4-3）。

18：株式会社伊予鉄トラベル「おすすめ四国へんろ」　http://travel.iyotetsu.co.jp/tour/tourList.php?s_list_4（最終アクセス：2021.4.1 & 2023.3.24）
19：琴平バス株式会社「遍路の旅」　https://www.kotobus-tour.jp/tour/henro（最終アクセス：2021.4.1 & 2023.3.24）

**表4-3　四国巡礼ツアーの事例**

| | 概要 | | | | | 特徴 |
|---|---|---|---|---|---|---|
| | 回数 | 出発地 | 日数 | 価格 | 移動手段 | |
| 伊予鉄トラベル | 全16回 | 愛媛 | 各回日帰り | 7,400～16,000円 | バス、タクシー、ロープウェイ、ケーブルカー | 【共通する特徴】・四国八十八ヶ所霊場会公認の先達等が同行し、勤行の導師を勤め、寺院の歴史や由緒、御本尊の功徳などを巡礼者に解説。・御朱印を添乗員が代行取得。・『賜弘法大師号1100年記念事業』と題し、御詠歌護符の授与（納経帳への御朱印押印者のみ）・経本や納札、ろうそく等巡礼必須セットをプレゼント。・新型コロナ感染防止対策をした観光バスで移動。・霊場近辺の景勝地を観光。・各地域の土産物屋でショッピング。・宿泊のツアーは温泉大浴場付き旅館等に宿泊。【伊予鉄トラベルおよび琴平バスのみ】・全旅程バス移動する巡礼ツアーとは別に、札所間を歩き遍路するバスツアーも催行。【神姫観光のみ】・先達または僧侶が同行・全日程とも安全を考慮して車掌が同乗。・2023年12月29日現在、ダブルシートプランも用意（別料金）【阪急交通社のみ】・般若心経を刻印した「オリジナル木簡」をプレゼント。【クラブツーリズムのみ】・八十八ヶ所の各札所寺院の他、弘法大師ゆかりの地もお参り。・お遍路旅ならではの「宿坊」にも宿泊。・結願を迎える88番大窪寺では特別に大師堂にて内拝し、弘法大師への結願の報告。・高野山では金剛峯寺・金堂・大塔・霊宝館・大師教会を内拝し、奥之院御廟にて八十八ヶ所満願の報告。・2023年12月29日現在、一部対象コースでは、白衣や金剛杖、経本などを進呈。 |
| 伊予鉄トラベル | 全周 | 愛媛 | 12～13日間 | 215,000～235,000円 | バス、タクシー、ロープウェイ、ケーブルカー | |
| 琴平バス | 全12回＋御礼参り | 香川 | 各回日帰り～2日間 | 5,800～32,800円 | バス、タクシー、ロープウェイ、ケーブルカー | |
| 神姫観光 | 全12回＋御礼参り | 関西 | 各回日帰り～2日間 | 7,600～34,800円 | バス、タクシー、ロープウェイ、ケーブルカー、カーフェリー | |
| 阪急交通社 | 全12回＋御礼参り | 関西 | 各回日帰り～3日間 | 10,000～77,800円 | バス、タクシー、ロープウェイ、ケーブルカー、カーフェリー | |
| 阪急交通社 | 全2回 | 関西 | 各回5日間 | 150,000～180,000円 | マイクロバス、タクシー、ロープウェイ、ケーブルカー | |
| 阪急交通社 | 全周 | 関西 | 9日間 | 290,000～310,000円 | 新幹線、ジャンボタクシー、タクシー、ロープウェイ、ケーブルカー | |
| クラブツーリズム | 全6回 | 関東 | 各回2～3日間 | 76,900～109,900円 | 飛行機、バス、タクシー、ロープウェイ、ケーブルカー、カーフェリー | |
| クラブツーリズム | 全3回 | 関東 | 各回5日間 | 159,000～205,000円 | 飛行機、バス、タクシー、ロープウェイ、ケーブルカー、カーフェリー | |
| クラブツーリズム | 全2回 | 関東 | 各回7～8日間 | 239,000～279,000円 | 飛行機、バス、タクシー、ロープウェイ、ケーブルカー、カーフェリー | |
| クラブツーリズム | 全周 | 関東 | 14日間 | 469,000～569,000円 | 飛行機、バス、タクシー、ロープウェイ、ケーブルカー、カーフェリー | |

出典　上記各社ウェブサイトに基づき筆者作成
備考：株式会社伊予鉄トラベルウェブサイト「四国へんろツアー」2022年3月10日時点掲載の愛媛発ツアー。
　　　琴平バス株式会社ウェブサイト「お遍路」2022年3月10日時点掲載の香川発ツアー。
　　　神姫観光株式会社ウェブサイト「巡礼の旅」2021年4月1日時点掲載の「四国八十八ヶ所お遍路の旅」2020年10月開始ツアー。神姫観光のツアーの出発地は、各回ともA：龍野、三木　B：姫路、加古川　C：福崎、加西、社　D：明石、名谷、三宮の各地（第8回のみA, B, C）。
　　　株式会社阪急交通社ウェブサイト「心癒される 巡礼の旅」2021年4月1日時点掲載の関西発ツアー。
　　　クラブツーリズム株式会社ウェブサイト「お参り・巡礼の旅」2021年4月1日時点掲載の関東発ツアー。

# ③ ── 主な巡礼ツーリズムに共通して みられる特徴

　今日、日本の民間旅行会社が提供している西国三十三所および四国八十八ヶ所の巡礼ツアーを具体的事例として取り上げて考察することにより、それらに共通してみられる特徴を浮き彫りにした。要点をまとめると、以下の通りとなる。

①参加者がスケジュール調整を行い易いよう、複数の催行予定日を設けている。

②１回のみの参加も可能で、巡礼の中断や再開ができる。

③移動手段として主にバスを用いている。

④霊場札所会公認の先達が同行して、勤行の身体的作法や仏教教義、寺院の歴史などについての解説を行い、ツアー参加者が巡礼に関する知識を学ぶ機会を提供している[20]。

⑤添乗員が御朱印の代行取得を行うことで、参加者が巡拝に専念できるよう配慮している。

⑥添乗員が旅程管理や参加者の健康管理を行うことで、巡礼の旅の安心や安全を提供している。

⑦霊場近辺の名勝や博物館などに立ち寄り、観光を楽しめるような旅程を組んでいる。

⑧土産物のショッピングを楽しめる旅程を組んでいる。

⑨宿泊を伴うツアーでは、温泉大浴場や巡礼先の郷土料理などを楽しめる宿泊施設やレストランを利用するメニューを提供している。

⑩結願するまでに数回のツアーへの参加を要する日帰りの巡礼ツアーにおいては、１回当たりの価格をリーズナブルに設定している一方で、西国巡礼

---

20：民間旅行会社が提供している西国三十三所および四国八十八ヶ所を巡拝するバスツアーの旅程においては、各札所の僧侶がツアー参加者の目の前に意図的に現れて積極的かつ直接的に彼らとかかわることはほとんどない（四国霊場第1番札所 霊山寺の僧侶がツアー参加者の目の前で法話を行うケースがある程度）。この点で霊場会の公認先達がツアー参加者の面前で勤行の作法や経典の解説などを行うのとは対照的である。

および四国巡礼ともに、１回ないし数回の巡礼ツアーですべての札所を巡拝し終える旅程の、グレードの高い宿泊施設を利用した商品も提供している。

　ツーリズム産業によって商品化された巡礼ツアーにおいては、バスや鉄道などによる移動手段や、温泉施設・レストランを完備した宿泊施設が用意されることで、ツアー参加者の巡礼に伴う肉体的・精神的負担が軽減されている。加えて、添乗員による時間管理や参加者の健康管理などを通じて旅全般にかかわるリスクマネジメントも行われており、初心者であっても無理なく安全かつ効率的に巡礼できるような商品内容となっている。また、伝統的な巡礼の目的が祈りや修行といった宗教色の強いものであったのに対して、巡礼ツアーでは、札所会公認の先達による勤行の身体的作法の指導や仏教教義、由緒などの教授のみならず、博物館や景勝地の観光、グルメ、土産物のショッピングなどといった多彩なメニューが提供されることで、巡礼に対する心理的な抵抗感が軽減されている。このようなツーリズム産業よる巡礼とツーリズムの融合を通じた商品化は、ツーリストの巡礼に対する心理的抵抗感や経済的、肉体的負担を軽減させることによって、宗教および巡礼資源に対する潜在的需要を有するツーリストを、「現代の巡礼者」として新たに巡礼マーケットに呼び込むことに成功したものと考えられる。

# 4 ── 誰もが気軽に経験できる現代の巡礼

　本章では、信仰の有無にかかわらず誰もが巡礼を気軽に経験できるよう、旅行会社によって経済財としてのツーリズム商品に組み替えられた巡礼ツアーの多彩な魅力について考察した。

　その結果、日本を代表する西国および四国巡礼ツアーが、近代的交通機関や宿泊施設などの利用を通じて巡礼者の肉体的および精神的負担を軽減しているとともに、リスクマネジメントを通じて安全で効率的な巡礼を提供していることが明らかになった。加えて、先達による読経などの身体的

作法の指導や観光、グルメ、土産物のショッピングなどといった多彩なメニューの提供を通じて、宗教色の強い巡礼に対するツーリストの心理的抵抗感を軽減していることが浮き彫りになった。

　このような旅行会社による巡礼の商品化は、ツーリストの誰もが信仰の有無にかかわらず巡礼を経験することを可能にし、市場経済システム下の巡礼マーケットを新たに創出した。それゆえ、ツーリストは自身の興味や関心に応じて信仰の有無にかかわらず、気軽に巡礼ツアーに参加し、現代の巡礼を経験消費することができるようになった。それでは、そのようなとき、彼らはいったい何を得ているのだろうか？　次章以降では、現代の巡礼者が巡礼ツーリズムでの様々な経験に見出している多様な経験価値について詳述する。

**資料4-1　西国三十三所霊場札所一覧**

【地図】

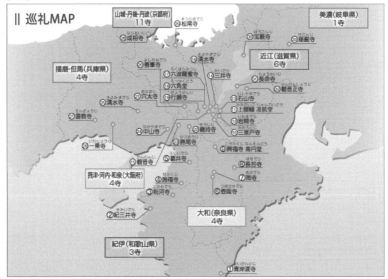

出典 ▶ 阪急交通社「西国三十三所巡礼の旅　巡礼 MAP」
https://www.hankyu-travel.com/kokunai/junrei/saigoku33/sw_map.php

【写真4-7】第1番札所 青岸渡寺御本尊 如意輪観世音菩薩（御前立）

出典 ▶ 文化庁「日本遺産ポータルサイト——1300年つづく日本の終活の旅『青岸渡寺 如意輪観世音菩薩（御前立）』」
https://japan-heritage.bunka.go.jp/ja/culturalproperties/result/4297/（最終アクセス：2023.12.29）

## 【札所寺院】

| 札所番号 | 札所寺院 | 開基 | 創建 | 宗派 | 御本尊 聖観世音菩薩 | 十一面観世音菩薩 | 千手観世音菩薩 | 馬頭観世音菩薩 | 如意輪観世音菩薩 | 准胝観世音菩薩 | 不空羂索観世音菩薩 |
|---|---|---|---|---|---|---|---|---|---|---|---|
| 1 | 那智山 青岸渡寺 | 裸形上人 | 仁徳天皇御代(313～399) | 天台宗 | | | | | ■ | | |
| 2 | 紀三井山 金剛宝寺(紀三井寺) | 為光上人 | 宝亀元年(770) | 救世観音宗(総本山) | | ■ | | | | | |
| 3 | 風猛山 粉河寺 | 大伴孔子古 | 宝亀元年(770) | 粉河観音宗(総本山) | | | 千手千眼観世音菩薩 | | | | |
| 4 | 槇尾山 施福寺(槇尾寺) | 行満上人 | 欽明天皇時代(539～571) | 天台宗 | | 十一面千手観世音菩薩 | | | | | |
| 5 | 紫雲山 葛井寺 | 行基 | 神亀2年(725) | 真言宗御室派 | | 十一面千手観世音菩薩 | | | | | |
| 6 | 壺阪山 南法華寺(壺阪寺) | 弁基上人 | 大宝3年(703) | 真言宗 | | 十一面千手観世音菩薩 | | | | | |
| 7 | 東光山 岡寺(龍蓋寺) | 義淵僧正 | 天智天皇2年(663) | 真言宗豊山派 | | | | | ■ | | |
| 8 | 豊山 長谷寺 | 徳道上人 | 朱鳥元年(686) | 真言宗豊山派(総本山) | | ■ | | | | | |
| 9 | 興福寺 南円堂 | 藤原冬嗣 | 弘仁4年(813) | 法相宗大本山 | | | | | | | ■ |
| 10 | 明星山 三室戸寺 | 行表和尚 | 宝亀元年(770) | 本山修験宗 | | | ■ | | | | |
| 11 | 深雪山 醍醐寺 准胝堂(醍醐寺) | 聖宝理源大師 | 貞観16年(874) | 真言宗醍醐派(総本山) | | | | | | ■ | |
| 12 | 岩間山 正法寺(岩間寺) | 泰澄大使 | 養老6年(722) | 真言宗醍醐派 | | | ■ | | | | |
| 13 | 石光山 石山寺 | 良弁僧正 | 天平19年(747) | 東寺真言宗 | | | | | ■ | | |
| 14 | 長等山 三井寺 | 大友与多王 | 朱鳥元年(686) | 天台寺門宗 | | | | | ■ | | |
| 15 | 新那智山 今熊野観音寺(観音寺) | 弘法大師 | 天長年間(824～834) | 真言宗泉涌寺派 | | ■ | | | | | |
| 16 | 音羽山 清水寺 | 延鎮上人 | 宝亀9年(778) | 北法相宗(大本山) | | 十一面千手観世音菩薩 | | | | | |
| 17 | 補陀洛山 六波羅蜜寺 | 空也上人 | 天暦5年(951) | 真言宗智山派 | | ■ | | | | | |
| 18 | 紫雲山 六角堂 頂法寺 | 聖徳太子 | 用明天皇2年(587) | 天台系単立 | | | | | ■ | | |
| 19 | 霊鹿山 革堂 行願寺 | 行円上人 | 寛弘元年(1004) | 天台宗 | | | ■ | | | | |
| 20 | 西山 善峯寺 | 源算上人 | 長元2年(1029) | 天台系単位 | | | ■ | | | | |
| 21 | 菩提山 穴太寺 | 大伴古磨 | 慶雲2年(705) | 天台宗 | ■ | | | | | | |
| 22 | 補陀洛山 総持寺 | 中納言 藤原山蔭 | 寛平2年(890) | 高野山真言宗 | | | ■ | | | | |
| 23 | 応頂山 勝尾寺 | 開成皇子 | 神亀4年(724) | 真言宗 | | 十一面千手観世音菩薩 | | | | | |
| 24 | 紫雲山 中山寺 | 聖徳太子 | 推古天皇時代(593～628) | 真言宗中山寺派(大本山) | | ■ | | | | | |
| 25 | 御嶽山 播州清水寺 | 法道仙人 | 推古天皇35年(627) | 天台宗 | | 十一面千手観世音菩薩 | | | | | |
| 26 | 法華山 一乗寺 | 法道仙人 | 白雉元年(650) | 天台宗 | ■ | | | | | | |
| 27 | 書寫山 圓教寺 | 性空上人 | 康保3年(966) | 天台宗 | | | | | 六臂如意輪観世音菩薩 | | |
| 28 | 成相山 成相寺 | 真応上人 | 慶雲元年(704) | 橋立真言宗 | ■ | | | | | | |
| 29 | 青葉山 松尾寺 | 威光上人 | 和銅元年(708) | 真言宗醍醐派 | | | | ■ | | | |
| 30 | 竹生島 宝厳寺 | 行基 | 神亀元年(724) | 真言宗豊山派 | | | 千手千眼観世音菩薩 | | | | |
| 31 | 姨綺耶山 長命寺 | 聖徳太子 開闢:武内宿禰 | 推古天皇27年(619) | 単立 | 千手十一面聖観世音菩薩三尊一体 | | | | | | |
| 32 | 繖山 観音正寺 | 聖徳太子 | 推古天皇13年(605) | 天台宗(単立寺院) | | | 千手千眼観世音菩薩 | | | | |
| 33 | 谷汲山 華厳寺 | 豊善上人、大口大領 | 延暦17年(798) | 天台宗 | | ■ | | | | | |

出典：🅼西国三十三所札所会ウェブサイト(https://saikoku33.gr.jp)に基づき筆者作成

備考：真言宗では聖観音、十一面観音、千手観音、馬頭観音、如意輪観音、准胝観音を六観音と称し、天台宗では准胝観音の代わりに不空羂索観音を加えて六観音とする。准胝観音については、ヒンドゥー教のシヴァ神の神妃パールヴァティーと同一視される女神ドゥルガーが、仏教において准胝観音になったと論じられている(斎藤, 1986)。

【地図】

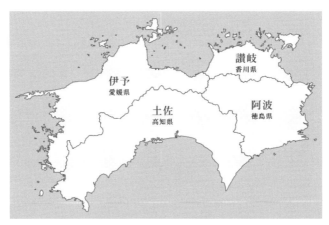

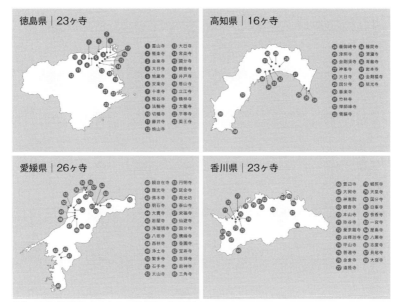

出典 阪急交通社「四国八十八ヶ所お遍路の旅 霊場 MAP」
https://www.hankyu-travel.com/kokunai/junrei/shikoku88/

**【札所寺院】**

| 札所番号 | 札所寺院 | 開基 | 創建 | 宗派 | 御本尊 | | | | | |
|---|---|---|---|---|---|---|---|---|---|---|
| | | | | | 釈迦如来 | 阿弥陀如来 | 大日如来 | 地蔵菩薩 | 薬師如来 | 観世音菩薩 |
| 1 | 竺和山 一乗院 霊山寺 | 行基菩薩 | 天平年間(729～749) | 高野山真言宗 | ● | | | | | |
| 2 | 日照山 無量寿院 極楽寺 | 行基菩薩 | 奈良時代(710～793) | 高野山真言宗 | | ● | | | | |
| 3 | 亀光山 釈迦院 金泉寺 | 行基菩薩 | 天平年間(729～749) | 高野山真言宗 | ● | | | | | |
| 4 | 黒巌山 遍照院 大日寺 | 弘法大師 | 弘仁6年(815) | 東寺真言宗 | | | ● | | | |
| 5 | 無尽山 荘厳院 地蔵寺 | 弘法大師 | 弘仁12年(821) | 真言宗御室派 | | | | 延命地蔵 胎内仏 勝軍地蔵菩薩 | | |
| 6 | 温泉山 瑠璃光院 安楽寺 | 弘法大師 | 弘仁6年(815) | 高野山真言宗 | | | | | ● | |
| 7 | 光明山 蓮華院 十楽寺 | 弘法大師 | 大同年間(806～810) | 真言宗単立 | | ● | | | | |
| 8 | 普明山 真光院 熊谷寺 | 弘法大師 | 弘仁6年(815) | 高野山真言宗 | | | | | | 千手観世音菩薩 |
| 9 | 正覚山 菩提院 法輪寺 | 弘法大師 | 弘仁6年(815) | 高野山真言宗 | 涅槃釈迦如来 | | | | | |
| 10 | 得度山 灌頂院 切幡寺 | 弘法大師 | 弘仁年間(810～824) | 高野山真言宗 | | | | | | 千手観世音菩薩 |
| 11 | 金剛山 一乗院 藤井寺 | 弘法大師 | 弘仁6年(815) | 臨済宗妙心寺派 | | | | | ● | |
| 12 | 摩廬山 正寿院 焼山寺 | 役行者小角 | 弘仁6年(815) | 高野山真言宗 | | | ● | | | |
| 13 | 大栗山 花蔵院 大日寺 | 弘法大師 | 弘仁6年(815) | 真言宗大覚寺派 | | | | | | 十一面観世音菩薩 |
| 14 | 盛寿山 延命院 常楽寺 | 弘法大師 | 弘仁6年(815) | 高野山真言宗 | | | ● | | | |
| 15 | 薬王山 金色院 國分寺 | 行基菩薩 | 天平13年(741) | 曹洞宗 | | | | | ● | |
| 16 | 光耀山 千手院 観音寺 | 弘法大師 | 天平13年(741) | 高野山真言宗 | | | | | | 千手観世音菩薩 |
| 17 | 瑠璃山 真福院 井戸寺 | 天武天皇 | 白鳳2年(673) | 真言宗善通寺派 | | | | | 七仏薬師如来 | |
| 18 | 母養山 宝樹院 恩山寺 | 行基菩薩 | 天平年間(729～749) | 高野山真言宗 | | | | | ● | |
| 19 | 橋池山 摩尼院 立江寺 | 行基菩薩 | 天平19年(747) | 高野山真言宗 | | | | 延命地蔵菩薩 | | |
| 20 | 霊鷲山 宝珠院 鶴林寺 | 弘法大師 | 延暦17年(798) | 高野山真言宗 | | | | ● | | |
| 21 | 舎心山 常住院 太龍寺 | 弘法大師 | 延暦12年(793) | 高野山真言宗 | | | ● | | | |
| 22 | 白水山 医王院 平等寺 | 弘法大師 | 弘仁5年(814) | 高野山真言宗 | | | | | ● | |
| 23 | 医王山 無量寿院 薬王寺 | 行基菩薩 | 神亀3年(726) | 高野山真言宗 | | | | | 厄除薬師如来 | |
| 24 | 室戸山 明星院 最御崎寺 | 弘法大師 | 大同2年(807) | 真言宗豊山派 | | | ● | | | |
| 25 | 宝珠山 真言院 津照寺 | 弘法大師 | 大同2年(807) | 真言宗豊山派 | | | | 楫取地蔵 | | |
| 26 | 龍頭山 光明院 金剛頂寺 | 弘法大師 | 大同2年(807) | 真言宗豊山派 | | | | | ● | |
| 27 | 竹林山 地蔵院 神峯寺 | 弘法大師 | 天平2年(730) | 真言宗豊山派 | | | | | | 十一面観世音菩薩 |
| 28 | 法界山 高照院 大日寺 | 行基菩薩 | 天平年間(729～749) | 真言宗智山派 | | | ● | | | |
| 29 | 摩尼山 宝蔵院 国分寺 | 行基菩薩 | 天平13年(741) | 真言宗智山派 | | | | | | 千手観世音菩薩 |
| 30 | 百々山 東明院 善楽寺 | 弘法大師 | 大同年間(806～810) | 真言宗豊山派 | | ● | | | | |
| 31 | 五台山 金色院 竹林寺 | 行基菩薩 | 神亀元年(724) | 真言宗智山派 | | | ● | | | |
| 32 | 八葉山 求聞持院 禅師峰寺 | 行基菩薩 | 大同2年(807) | 真言宗豊山派 | | | | | | 十一面観世音菩薩 |
| 33 | 高福山 幸福院 雪蹊寺 | 弘法大師 | 弘仁6年(815) | 臨済宗妙心寺派 | | | | | ● | |

| | 御本尊 | | | | | |
|---|---|---|---|---|---|---|
| | 虚空蔵菩薩 | 弥勒菩薩 | 文殊菩薩 | 不動明王 | 大通智勝如来 | 毘沙門天 |
| | | | | | | |
| | | | | | | |
| | | | | | | |
| | | | | | | |
| | | | | | | |
| | | | | | | |
| | | | | | | |
| | | | | | | |
| | | | | | | |
| | | | | | | |
| | | | | | | |
| | | | | | | |
| | | | | | | |
| | ▓ | | | | | |
| | | ▓ | | | | |
| | | | | | | |
| | | | | | | |
| | | | | | | |
| | | | | | | |
| | | | | | | |
| | | | | | | |
| | | | | | | |
| | ▓ | | | | | |
| | | | | | | |
| | ▓ | | | | | |
| | | | | | | |
| | | | | | | |
| | | | | | | |
| | | | | | | |
| | | | ▓ | | | |
| | | | | | | |
| | | | | | | |

| 札所番号 | 札所寺院 | 開基 | 創建 | 宗派 | 御本尊 | | | | | | |
|---|---|---|---|---|---|---|---|---|---|---|---|
| | | | | | 釈迦如来 | 阿弥陀如来 | 大日如来 | 地蔵菩薩 | 薬師如来 | 観世音菩薩 | |
| 34 | 本尾山 朱雀院 種間寺 | 弘法大師 | 弘仁年間 (810～824) | 真言宗豊山派 | | | | | | ■ | |
| 35 | 醫王院 鏡池院 清瀧寺 | 行基菩薩 | 養老7年 (723) | 真言宗豊山派 | | | | | 厄除薬師如来 | | |
| 36 | 独鈷山 伊舎那院 青龍寺 | 弘法大師 | 弘仁6年 (815) | 真言宗豊山派 | | | | | | ■ | |
| 37 | 藤井山 五智院 岩本寺 | 行基菩薩 | 天平年間 (729～749) | 真言宗智山派 | | | | | | ■ | |
| 38 | 蹉跎山 補陀洛院 金剛福寺 | 弘法大師 | 弘仁13年 (822) | 真言宗豊山派 | | | | | | 三面千手観世音菩薩 | |
| 39 | 赤亀山 寺山院 延光寺 | 行基菩薩 | 神亀元年 (724) | 真言宗智山派 | | | | | | ■ | |
| 40 | 平城山 薬師院 観自在寺 | 弘法大師 | 大同2年 (807) | 真言宗大覚寺派 | | | | | ■ | | |
| 41 | 稲荷山 護国院 龍光寺 | 弘法大師 | 大同2年 (807) | 真言宗御室派 | | | | | | 十一面観世音菩薩 | |
| 42 | 一力山 毘盧舎那院 仏木寺 | 弘法大師 | 大同2年 (807) | 真言宗御室派 | | | ■ | | | | |
| 43 | 源光山 円手院 明石寺 | 円手院正澄 | 6世紀前半 | 天台寺門宗 | | | | | | 千手観世音菩薩 | |
| 44 | 菅生山 大覚院 大寶寺 | 明神右京・隼人 | 大宝元年 (701) | 真言宗豊山派 | | | | | | 十一面観世音菩薩 | |
| 45 | 海岸山 岩屋寺 | 弘法大師 | 弘仁6年 (815) | 真言宗豊山派 | | | | ■ | | | |
| 46 | 医王山 養珠院 浄瑠璃寺 | 行基菩薩 | 和銅元年 (708) | 真言宗豊山派 | | | | | ■ | | |
| 47 | 熊野山 妙見院 八坂寺 | 役行者小角 | 大宝元年 (701) | 真言宗醍醐派 | | ■ | | | | | |
| 48 | 清滝山 安養院 西林寺 | 行基菩薩 | 天平13年 (741) | 真言宗豊山派 | | | | | | 十一面観世音菩薩 | |
| 49 | 西林山 三蔵院 浄土寺 | 恵明上人 | 天平勝宝年間 (749～757) | 真言宗豊山派 | ■ | | | | | | |
| 50 | 東山 瑠璃光院 繁多寺 | 行基菩薩 | 天平勝宝年間 (749～757) | 真言宗豊山派 | | | | | ■ | | |
| 51 | 熊野山 虚空蔵院 石手寺 | 行基菩薩 | 天平元年 (729) | 真言宗御室派 | | | | | ■ | | |
| 52 | 龍雲山 護持院 太山寺 | 真野長者 | 6世紀後半 | 真言宗智山派 | | | | | | 十一面観世音菩薩 | |
| 53 | 須賀山 正智院 円明寺 | 行基菩薩 | 天平勝宝元年 (749) | 真言宗智山派 | | ■ | | | | | |
| 54 | 近見山 宝鐘院 延命寺 | 行基菩薩 | 養老4年 (720) | 真言宗豊山派 | | | | ■ | | | |
| 55 | 別宮山 金剛院 南光坊 | 行基菩薩 | 大宝3年 (703) | 真言宗御室派 | | | ■ | | | | |
| 56 | 金輪山 勅王院 泰山寺 | 弘法大師 | 弘仁6年 (815) | 真言宗単立 | | | | ■ | | | |
| 57 | 府頭山 無量寿院 栄福寺 | 弘法大師 | 弘仁年間 (810～824) | 高野山真言宗 | | ■ | | | | | |
| 58 | 作礼山 千光院 仙遊寺 | 越智守興 | 7世紀後半 | 高野山真言宗 | | | | | | 千手観世音菩薩 | |
| 59 | 金光山 最勝院 国分寺 | 行基菩薩 | 天平13年 (741) | 真言律宗 | | | | | 薬師瑠璃光如来 | | |
| 60 | 石鈇山 福智院 横峰寺 | 役行者小角 | 白雉2年 (651) | 真言宗御室派 | | | ■ | | | | |
| 61 | 栴檀山 教王院 香園寺 | 聖徳太子 | 6世紀後半 | 真言宗御室派 | | | ■ | | | | |
| 62 | 天養山 観音寺 宝寿寺 | 聖武天皇 | 天平年間 (729～749) | 真言宗単立 | | | | | | 十一面観世音菩薩 | |
| 63 | 密教山 胎蔵院 吉祥寺 | 弘法大師 | 弘仁年間 (810～824) | 真言宗東寺派 | | | | | | | |
| 64 | 石鈇山 金色院 前神寺 | 役行者小角 | 7世紀後半 | 真言宗石鈇派 | | | ■ | | | | |
| 65 | 由霊山 慈尊院 三角寺 | 行基菩薩 | 天平年間 (729～749) | 高野山真言宗 | | | | | | 十一面観世音菩薩 | |
| 66 | 巨鼇山 千手院 雲辺寺 | 弘法大師 | 延暦8年 (789) | 真言宗御室派 | | | | | | 千手観世音菩薩 | |
| 67 | 小松尾山 不動光院 大興寺 | 弘法大師 | 天平14年 (742) | 真言宗善通寺派 | | | | | ■ | | |

| 御本尊 | | | | | | |
|---|---|---|---|---|---|---|
| 虚空蔵菩薩 | 弥勒菩薩 | 文殊菩薩 | 不動明王 | 大通智勝如来 | 毘沙門天 | |
| | | | | | | |
| | | | | | | |
| | | | 波切不動明王 | | | |
| | | | | | | |
| | | | | | | |
| | | | | | | |
| | | | | | | |
| | | | | | | |
| | | | | | | |
| | | | | | | |
| | | | | | | |
| | | | | | | |
| | | | | | | |
| | | | | | | |
| | | | | | | |
| | | | | | | |
| | | | | | | |
| | | | | | | |
| | | | | | | |
| | | | | | | |
| | | | 不動明王 | | | |
| | | | | 大通智勝如来 | | |
| | | | | | | |
| | | | | | | |
| | | | | | | |
| | | | | | | |
| | | | | | | |
| | | | | | 毘沙門天 | |
| | | | | | | |
| | | | | | | |

| 札所番号 | 札所寺院 | 開基 | 創建 | 宗派 | 釈迦如来 | 阿弥陀如来 | 大日如来 | 地蔵菩薩 | 薬師如来 | 観世音菩薩 |
|---|---|---|---|---|---|---|---|---|---|---|
| | | | | | | | | | | 御本尊 |
| 68 | 七宝山 神恵院 | 日証上人 | 大宝3年(703) | 真言宗大覚寺派 | | ■ | | | | |
| 69 | 七宝山 観音寺 | 日証上人 | 大宝3年(703) | 真言宗大覚寺派 | | | | | | 聖観世音菩薩 |
| 70 | 七宝山 持宝院 本山寺 | 弘法大師 | 大同2年(807) | 高野山真言宗 | | | | | | 馬頭観世音菩薩 |
| 71 | 剣五山 千手院 弥谷寺 | 行基菩薩 | 天平年間(729〜749) | 真言宗善通寺派 | | | | | | 千手観世音菩薩 |
| 72 | 我拝師山 延命院 曼荼羅寺 | 弘法大師 | 大同2年(807) | 真言宗善通寺派 | | | ■ | | | |
| 73 | 我拝師山 求聞持院 出釈迦寺 | 弘法大師 | 奈良後期〜平安時代前期 | 真言宗御室派 | ■ | | | | | |
| 74 | 医王山 多宝院 甲山寺 | 弘法大師 | 平安時代初期 | 真言宗善通寺派 | | | | | ■ | |
| 75 | 五岳山 誕生院 善通寺 | 弘法大師 | 大同2年(807) | 真言宗善通寺派 | | | | | ■ | |
| 76 | 鶏足山 宝幢院 金倉寺 | 和気道善 | 宝亀5年(774) | 天台寺門宗 | | | | | | |
| 77 | 桑多山 明王院 道隆寺 | 和気道隆 | 和銅5年(712) | 真言宗醍醐派 | | | | | | |
| 78 | 仏光山 広徳院 郷照寺 | 行基菩薩 | 神亀2年(725) | 時宗 | ■ | | | | | |
| 79 | 金華山 高照院 天皇寺 | 行基菩薩 中興:弘法大師 | 天平年間(729〜749) | 真言宗御室派 | | | | | | 十一面観世音菩薩 |
| 80 | 白牛山 千手院 国分寺 | 行基菩薩 | 天平13年(741) | 真言宗御室派 | | | | | | 十一面千手観世音菩薩 |
| 81 | 綾松山 洞林院 白峯寺 | 弘法大師、智証大師 | 弘仁6年(815) | 真言宗御室派 | | | | | | 千手観世音菩薩 |
| 82 | 青峰山 千手院 根香寺 | 弘法大師、智証大師 | 弘仁年間(810〜824) | 天台宗 | | | | | | 千手観世音菩薩 |
| 83 | 神毫山 大宝院 一宮寺 | 義淵僧正 | 大宝年間(701〜704) | 真言宗御室派 | | | | | | 聖観世音菩薩 |
| 84 | 南面山 千光院 屋島寺 | 鑑真和尚 | 天平勝宝年間(749〜757) | 真言宗御室派 | | | | | | 十一面観世音菩薩 |
| 85 | 五剣山 観自在院 八栗寺 | 弘法大師 | 天長6年(829) | 真言宗大覚寺派 | | | | | | 聖観世音菩薩 |
| 86 | 補陀洛山 志度寺 | 藤原不比等 | 推古33年(625) | 真言宗善通寺派 | | | | | | 十一面千手観世音菩薩 |
| 87 | 補陀落山 観音院 長尾寺 | 行基菩薩 | 天平11年(739) | 天台宗 | | | | | | 聖観世音菩薩 |
| 88 | 医王山 遍照光院 大窪寺 | 行基菩薩 | 養老元年(717) | 真言宗 | | | | | ■ | |

**出典** ▶ 一般社団法人四国八十八ヶ所霊場会ウェブサイト（https://88shikokuhenro.jp）に基づき筆者作成

**備考**：各札所の所在地は、1〜23番が徳島県（発心の道場）、24〜39番が高知県（修行の道場）、40〜65番が愛媛県（菩提の道場）、66〜88番が香川県（涅槃の道場）である。なお、66番の実際の住所は徳島県となっている。薬師如来は、高野山金剛峯寺や教王護国寺（東寺）の金堂、そして第75番札所善通寺をはじめとする四国霊場の数多くの札所寺院の御本尊となっているが、その真言「オンコロコロセンダリマトウギソワカ」においては、災いをもたらす鬼神の類いとして恐れられたチャンダリーとマータンギーに、除災が祈願されている（松長，1991）。なお、マータンギーは、インド神話においては、十大女神の総称である「マハーヴィティヤー」の中の1柱として位置づけられている（Kinsley, 1997）。

| 御本尊 | | | | | |
|---|---|---|---|---|---|
| 虚空蔵菩薩 | 弥勒菩薩 | 文殊菩薩 | 不動明王 | 大通智勝<br>如来 | 毘沙門天 |
| | | | | | |
| | | | | | |
| | | | | | |
| | | | | | |
| | | | | | |
| | | | | | |
| | | | | | |
| | | | | | |
| | | | | | |
| | | | | | |
| | | | | | |
| | | | | | |
| | | | | | |
| | | | | | |
| | | | | | |
| | | | | | |
| | | | | | |
| | | | | | |
| | | | | | |
| | | | | | |
| | | | | | |
| | | | | | |
| | | | | | |

# 第 5 章

# 巡礼ツーリズムの経験価値

# 1 ── 経験消費される現代の巡礼

　伝統的な宗教の枠組みを超えて経験消費されるツーリズムの側面をも併せ持つようになった現代の巡礼は、互いに内面志向の側面を有する巡礼とツーリズムが融合したものである。それゆえ、感情的、知的、精神的なレベルで働きかけて顧客を魅了し、サービスを思い出に残る出来事に変える経験価値を多分に内包しているものと考えられる。巡礼路を取り巻く自然の景観や寺社建築、仏像、寺院の鐘の音、巡拝時の厳かな雰囲気などといったツーリストの経験価値を生み出し得る様々な資源が、旅行会社によって経済財としての巡礼ツーリズムに商品化され、「訪れるに値するもの」として現代の巡礼者に経験消費されている。

　したがって、現代の巡礼者が巡礼ツーリズムの中に見出す経験価値の構成要素を浮き彫りにすることによって、互いに親和性を有する巡礼とツーリズムが融合した巡礼ツーリズムの本質的な価値を捉えることが可能になるものと考えられる。加えて、このような経験価値の構成要素を新たなツーリズム商品の企画・開発や、マーケティング活動などに活かすことによって、多様化するツーリストの好みや嗜好により一層適合したツーリズム商品のプロデュースをはじめ、ツーリズム産業の発展、ひいてはツーリズムを活かした地域振興といった今日的意義を見出すことができよう。

　そこで本章では、成熟社会の新たなツーリズムの一形態である巡礼ツーリズムを取り上げて、巡礼に赴くツーリストが「訪れるに値するもの」として見出している経験価値の内実を明らかにする。具体的には、経済システムの進化に伴い、消費者行動の研究分野でこれまで発展してきた「経験価値モデル」の観点から巡礼ツーリズムの特徴を捉え直すことにより、巡礼ツーリズムが内包している多様な経験価値の構成要素を明らかにする。

# 2 ── 経験価値とは何か

　1970年代までの消費者行動研究は、消費者が論理的な思考に基づき消費を行うといった情報処理パラダイムを基礎としていた。ホルブルック

（Holbrook, M.B.）とハーシュマン（Hirschman, E.C.）は、そうしたアプローチの限界を指摘し、消費者行動研究において、消費者の主観的および内面的な側面を重視する必要性を論じた（Holbrook & Hirschman, 1982）。彼らは、商品やサービスの選択と購入に加えて、それらを使用する過程も含めた一連の消費経験に焦点を当てることにより、消費における情緒的反応を初めて研究し（Boksberger & Melsen, 2011）、「消費者は商品やサービスの実用的な機能のみならず、消費の過程で体験する快楽的な機能も求めている」ことを指摘して、新たに「快楽的価値」という概念を提唱した[1]。

このアプローチを起点として、ホルブルックは「あらゆる商品は消費経験を通じて価値を生み出し」、「消費者が獲得する価値は経験そのものの中に存在する」と論じて、消費が有する経験価値の重要性を指摘した（Holbrook, 1994, 1999）。そのうえで、ホルブルックは消費経験を通じて顧客が獲得する価値について、「快楽的価値（Hedonic Value）」、「利他的価値（Altruistic Value）」、「社会的価値（Social Value）」、「経済的価値（Economic Value）」の4つの価値次元を提示した（Holbrook, 2006）（**表5-1**）。

**表5-1　消費経験で得られる価値の4つの価値次元**

| | 外在的<br>Extrinsic | 内在的<br>Intrinsic |
|---|---|---|
| 自己志向<br>Self-oriented | **経済的価値**<br>Economic Value | **快楽的価値**<br>Hedonic Value |
| 他者志向<br>Other-oriented | **社会的価値**<br>Social Value | **利他的価値**<br>Altruistic Value |

出典 Holbrook, 2006

さらに、経済システムが経験経済へと進化していることを背景として、パイン（Pine, B.J.）とギルモア（Gilmore, J.H.）は「消費を経験として捉える」経験価値概念を提示し、(1)顧客の経験への参加度と、(2)顧客と環境の関係性の2つの座標軸を用いて、①娯楽（Entertainment）、②教育

---

1：彼らは、ファンタジー（fantasies）、フィーリング（feelings）、ファン（fan）の3つの感性的な観点から商品やサービスを消費する過程における消費者の経験を捉え、その実態を明らかにすることを試みた。

（Educational）、③脱日常（Escapist）、④審美（Esthetic）の４つの領域か
ら構成される「経験価値の４Ｅモデル」を提示した（パイン・ギルモア,
2005, pp.52-78）（図5-1）。

**図5-1　経験価値の4E モデル**

出典 ▶ Pine & Gilmore, 1999

　パインらが提示した経験価値モデルの横軸は「顧客の経験への参加度」
を表しており、左端は顧客がイベントに影響を与えない「受動的な参加」
を、右端は経験につながるイベントに顧客が積極的にかかわる「積極的な
参加」を示している。また、モデルの縦軸は「顧客と環境の関係性」を表
しており、上端は顧客が経験に夢中になっている「経験に吸収されている
状態」を、下端は顧客が経験の中に入り込んで一体化している「経験に投
入されている状態」を示している（前掲書）。

　彼らは４Ｅモデルに基づき、人々が、①遊興を楽しみ（娯楽）、②新た
な知識を得て知的好奇心を満たし（教育）、③非日常の神聖な場所へと旅
をし（脱日常）、④自然の景観などの美しいものに触れる（審美）といった
経験を通じて、意味的価値を見出していることを示した。

　そして、マスウィック（Mathwick, C.）とマルホトラ（Malhotra, N.）、
リグドン（Rigdon, E.）は、Holbrook（1994）や Pine & Gilmore（1999）

の「経験価値モデル」をさらに発展させて、製品やサービスを消費する経験において生じる顧客価値を経験価値として概念化し、これを「顧客自身が消費経験を通じて製品やサービスに対して知覚した好ましい事柄」と定義した。そのうえで、Holbrook（1994）が提示した「内在的価値（Intrinsic Value）」か、あるいは「外在的価値（Extrinsic Value）」か、という軸と、「能動的価値（Active Value）」か、あるいは「反応的価値（Reactive Value）」か、という軸によって生み出される経験価値の4象限のそれぞれを、「娯楽的価値（Playfulness）」、「審美的価値（Aesthetics）」、「コストパフォーマンス（Consumer Return on Investment）」、「優れたサービス（Service Excellence）」と呼んで（表5-2）、経験価値の階層モデルの提示と測定尺度の開発を行い、小売・サービス分野での実証研究を行った（Mathwick et al., 2001, 2002）。

**表5-2　経験価値の類型**

| | 能動的価値<br>Active Value | 反応的価値<br>Reactive Value |
|---|---|---|
| 内在的価値<br>Intrinsic Value | 娯楽的価値<br>Playfulness | 審美的価値<br>Aesthetics |
| 外在的価値<br>Extrinsic Value | コストパフォーマンス<br>Consumer Return on Investment（CROI） | 優れたサービス<br>Service Excellence |

出典 ▶ Mathwick et al., 2001

　このように消費者行動の研究分野においては、Holbrook & Hirschman（1982）を起点として、消費者の経験価値を対象とする主要な価値モデルが提示されてきた。とりわけ、ツーリズムの領域においては、ツーリストのB&B[2]での宿泊経験やクルージング経験などの特定分野における経験価値の実証分析を目的として測定尺度の開発が行われてきた（Mathwick et al., 2001, p.41, 2002, p.53；Oh et al., 2007；Sánchez-Fernández et al.,

---

2：ベッド・アンド・ブレックファスト（bed and breakfast）は、主に家族経営による比較的小規模な宿泊施設のことをいい、低料金で宿泊と朝食を提供する。日本ではB&B（ビー・アンド・ビー）の略称が用いられる。

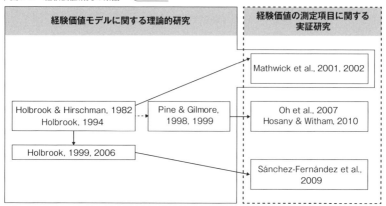

**図5-2　経験価値研究の系譜**

| 経験価値モデルに関する理論的研究 | | 経験価値の測定項目に関する<br>実証研究 |
|---|---|---|

Mathwick et al., 2001, 2002

Holbrook & Hirschman, 1982<br>Holbrook, 1994

Pine & Gilmore,<br>1998, 1999

Oh et al., 2007<br>Hosany & Witham, 2010

Holbrook, 1999, 2006

Sánchez-Fernández et al.,<br>2009

出典 ▶ Holbrook & Hirschman, 1982；Holbrook, 1994, 1999, 2006；Pine & Gilmore, 1998, 1999；Mathwick et al., 2001, 2002；Oh et all., 2007, Hosany & Witham, 2010；Sánchez-Fernández et al., 2009を基に筆者作成

2009；Hosany & Witham, 2010）（**図5-2**）。

　しかしながら、それらの先行研究において開発されてきた「経験価値モデル」や「測定尺度の内容」についての合意が得られているとは言い難く、本研究のテーマである巡礼ツーリズムの経験価値を測定するための、研究者の間で幅広く用いられるような尺度は、これまで開発されることはなかった。

# ③ ── 巡礼ツーリズムをプロデュースするツーリズム産業

## 3.1 経験経済の進化と主な経験価値モデル

　経済システムが農業経済から産業経済、サービス経済、さらに経験経済へと進化するのに伴い、提供物としての経済価値もコモディティから製品、サービス、経験へと進展している。すなわち、主体の経験を動機とする経済が拡大することで、商品の便益的価値でも記号的価値でもない、消費者自身が経験する内容に価値を見出す新たな消費社会が到来しているのである（パイン・ギルモア, 2005, pp.52-78）（**表5-3**）。

**表5-3　経済システムの進化に伴う経済価値の進展**

| 経済価値 | コモディティ | 製品 | サービス | *経験* |
|---|---|---|---|---|
| **経済システム** | **農業経済** ➡ | **産業経済** ➡ | **サービス経済** ➡ | *経験経済* |
| 経済的機能 | 抽出 | 製造 | 提供 | *演出* |
| 売り物の性質 | 代替できる | 形がある | 形がない | *思い出に残る* |
| 重要な特性 | 自然 | 規格 | カスタマイズ | *個人的* |
| 供給方法 | 大量貯蔵 | 在庫 | オンデマンド | *一定期間みせる* |
| 売り手 | 取引業者 | メーカー | サービス事業者 | *ステージャー* |
| 買い手 | 市場 | ユーザー | クライアント | *ゲスト* |
| 需要の源 | 性質 | 特徴 | 便益 | *感動* |

出典 ▶ Pine & Gilmore, 1999

　経験経済の進化を指摘したパインとギルモアは、新たな経済価値として認められた経験を、「企業がサービスを舞台に、製品を小道具に使って顧客を魅了するときに生じるものであり、コモディティが代替可能、製品が有形、サービスが無形である一方で、経験が思い出に残るという特性を有している」（パイン・ギルモア, 2005, pp.28-29）として、消費を経験として把握する経験価値概念を提示した。従来の経済価値のすべてが、買い手の外部に存在していたのに対して、経験は感情的、身体的、知的、さらに精神的なレベルで働きかけて顧客を魅了することによって、サービスを思い出に残る出来事に変える。それゆえ、経験を買う人は、ある瞬間やある時間に企業が提供してくれる"コト"[3]に価値を見出すこととなる。すなわち、彼らは、商品やサービスを購入する際には、消費の過程で経験する内容そのものが生み出す価値を重視するのである。

　本章第2節でも述べた通り、パインらは、⑴顧客の経験への参加度と、⑵顧客と環境の関係性といった2つの座標軸を用いて「経験価値の4Eモデル」を提示し、経験を、①娯楽、②教育、③脱日常、④審美の4つの領域に分類した（p.86, 図5-1）。

　人々は、①何かを楽しみ（娯楽）、②何かを学んで知的好奇心を満たし（教育）、③日常生活から離れて時間を過ごすに値する場所へと旅をするな

---

3:"コト消費"は、消費のあり方が、物の消費から、時間や空間の消費へと変化する状況の中で、新しい消費のあり方を表現する言葉として、1980年代末頃からメディアにおいて用いられるようになった。

どの非日常的な活動を行い（脱日常）、④美しいものに触れる（審美）といった経験を通じて意味的価値を見出しているのである。

## 3.2 経験価値産業としてのツーリズム産業

　山本（2000）は、経験価値が重視される成熟化社会の下で有望と成り得る産業を論じた「Experience Industry論」（Ogilvy, 1985）の経験価値[4]に関する議論を基に、15の「経験価値キーワード」を抽出し、それぞれのキーワードと関連性が高い経験価値を提供する有望な産業の事例を提示した（表5-4）。

**表5-4　経験価値キーワードと有望な経験価値産業**

| 経験価値キーワード | | 有望な経験価値産業 | |
|---|---|---|---|
| Cultivate | 心を磨く | Education/Culture | 教育・文化 |
| Broaden | 経験を広げる | Travel | 旅行 |
| Heal | 心を癒す | Therapy | 医療 |
| Escape | 心を休める | Entertainment | 娯楽 |
| Edify | 悟りを開く | Religion | 宗教 |
| Stimulate | 感性を刺激する | Erotica | 風俗 |
| Warp | 気を紛らす | Alcohol/Restaurant | 酒・レストラン |
| Numb | 全てを忘れて耽る | Tobacco/Casino | 嗜好品・カジノ |
| Enrapture | 感動する | Art/Music/Film | 芸術・音楽・映画 |
| Participate | 参加する | Sport/Auction | スポーツ・競売 |
| Acquire | 買う | Shopping | 買い物 |
| Inform | 知らせる | Information/Communication | 情報通信 |
| Instruct | 教える | Intelligence/Knowledge | 知識・教育 |
| Create | 創造する | Production/Creation | 製造・制作 |
| Venture | 冒険する | Investment/Development | 投資・開発 |

出典▶山本，2000

4：山本（2012）は、米国のシンクタンクであるSRIが提唱したExperience Industryを日本語に訳すと「経験産業」になり、Experienceに含まれる「感性価値」を「経験価値」と訳してきたとして、「経験価値」と「感性価値」はきわめて近い概念であると論じていることから、本書では研究テーマに沿って、「経験価値」の用語を統一的に用いる。

そのうえで、山本は、15の「経験価値キーワード」への適合度に応じた各種産業領域を、縦軸が「高付加価値度」、横軸が「製品・サービス区分」の平面上に配置することにより、顧客が求める経験価値に対して訴求度の高い有望な高付加価値産業を提示した。

その結果、宗教と、旅行やレジャー、スポーツ、テーマパークなどのエンターテインメントは、経験価値産業マップ上、ともに高付加価値の経験価値産業としてきわめて近接的なポジションに位置づけられており、それらは、経験価値の観点から類似性を有する付加価値の高い産業同士であることが窺える（寺本・山本, 2004）（図5-3）。

**図5-3　経験価値産業マップ**

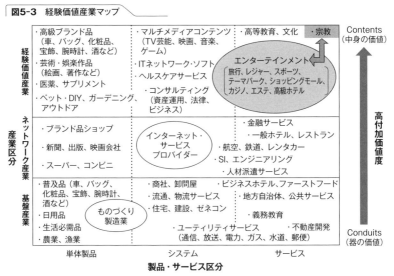

出典▶寺本・山本, 2004を加筆修正

顧客の経験を企画・演出することによって経験価値を活かした経営を行う企業、すなわち経験ステージャーは、製品やサービスそのものではなく、それをベースに顧客の心の中につくられる「感覚的にあざやかな経験」を提供する企業であり、ツーリズム商品を扱う旅行会社はその最たるものであろう（Sternberg, 1997）。山中（2009）はツーリズムについて、

「ある場所やそこにある様々な事柄が訪れるに値するものとして表象され、その表象に基づきその地域外に居住する人々が自らの多様な欲求を充足するためにそこへと旅する消費行動である」と定義したうえで、先天的に聖性を帯びていないものを「訪れるに値するもの」として表象し、消費可能な商品に仕立てる役割を果たす「プロデューサー」の存在の重要性を指摘している。

　ツーリズム産業は、既存の制度的宗教の枠組みから解き放たれた様々な宗教資源に対して新たな文脈で聖性を付与することで、それらを「訪れるに値するもの」として仕立て直し、商品化するプロデューサーの役割を果たしている。したがって、そのようにして、製品やサービスそのものではなく、ツーリストの心の中に思い出として残る感覚的にあざやかな経験を提供するツーリズム産業は、巡礼を経済財として消費可能な経験価値商品として組成し、販売する経験価値産業であるといえよう。

　一方、現代の巡礼者も自らの関心や好みに応じて、巡礼ツーリズムの中に彼らにとって意味のある「訪れるに値するもの」を見出している。

　今日、伝統的な宗教的行為としての巡礼や、宗教的習俗に縁がなかった人々までもが、ツーリズム産業によってプロデュースされた巡礼ツアーに参加している。ツーリストが、それぞれの興味や関心に応じて巡礼ツーリズムが有する多様な経験価値を消費するという、精神的側面に比重を置いた私的な営みは、ツーリズム産業による巡礼の商品化と表裏一体の関係にあると考えられる。

## 4＿＿ 経験価値モデルの観点からの巡礼ツーリズムの捉え直し

　聖地に赴くツーリストは "聖なるもの" に対する人間の普遍的な関心を有しており、"本物" を求めて日常生活から離れて別の「時」と別の「場」に移動することから、現代の巡礼者であるといえよう。彼らは、多様な宗教資源の中から、それぞれの目的や興味、関心に応じたものを切り取り、組み合わせながら私的な経験消費を行っている。それゆえ、彼らが巡礼ツーリズムの過程で獲得している「訪れるに値するもの」としての価

値は、祈りを中心とする宗教的行為としての伝統的な巡礼に見出されてきた狭い文脈における固定化されたそれとは異なるものであろう。現代の巡礼者は、自身の関心や目的に合わせて巡礼路のいたるところで様々な「訪れるに値するもの」を見出していることから、彼らによって経験消費される価値は多様化しているものと考えられる。

　現代の巡礼者は、神仏への祈りを基本とする聖なるものとの交流をはじめとし、人間の主観的な経験としての真正性の探求や、自然や景勝地の観光などの楽しみ、古の聖人の教えなどの学び、巡礼路で出会う人々との交流などといった多様な経験にそれぞれにとっての価値を見出している。このように、宗教的要素のみならず、文化的、娯楽的、教育的、社会的な多様な要素から構成される現代の巡礼は、ツーリストの心理的、感情的、情緒的な側面と関連しながら経験消費されている。それゆえ、巡礼ツーリズムの経験価値の考察に際しては、個人の私的で内面的な経験を通じて得られる価値を捉える「経験価値モデル」に基づき分析することが有益であると考えられる。

　そこで、宗教学や社会学を中心とする巡礼およびツーリズムに関する先行研究のサーベイを通じて明らかになった、巡礼とツーリズムの様々な特徴について、「経験価値モデル」が提示してきた経験価値の価値次元の観点から捉え直しつつ比較、検討し、価値次元毎に分類した（南地, 2020）（表5-5）。

**表5-5　経験価値モデルに基づく巡礼ツーリズムの価値次元**

| | 経験価値モデル | | | 宗教学および社会学を中心とした<br>巡礼とツーリズムに関する先行研究 | |
|---|---|---|---|---|---|
| | Holbrook,<br>1994,2006 | Pine & Gilmore,<br>1999 | Mathwick et al.,<br>2001, 2002 | | |
| | 価値次元 | | | | |
| 意味的価値 | 快楽的価値 | 審美的価値 | 審美的価値 | Duchet, 1949<br>Urry,1990<br>Fuller, 1992<br>Tomasi, 2002<br>Nash, 1989 | 巡礼者の関心事に応じた祝祭や楽しみ、学び、芸術、健康などの「多様な目的」 |
| | | 娯楽的価値 | 娯楽的価値 | Duchet, 1949<br>Urry,1990<br>Fuller, 1992<br>Tomasi, 2002<br>Nash, 1989 | 巡礼者の関心事に応じた祝祭や楽しみ、学び、芸術、健康などの「多様な目的」 |
| | | | | Cohen, 1979 | 観光経験の「レクリエーション・モード」 |
| | | 脱日常的価値 | | Graburn, 1989<br>Nash, 1989 | 「場所の移動」 |
| | | | | Eliade, 1957<br>Turner, 1969<br>MacCannell, 1973<br>Graburn, 1989 | 「中心への接近」<br>「聖なる時空への移行」<br>「真正性の探求」 |
| | | | | Cohen, 1979 | 観光経験の「気晴らし、経験、体験、実存モード」 |
| | | 教育的価値 | | Duchet, 1949<br>Urry,1990<br>Fuller, 1992<br>Tomasi, 2002 | 巡礼者の関心事に応じた祝祭や楽しみ、学び、芸術、健康などの「多様な目的」 |
| | 社会的価値 | | | Turner, 1969 | 道中で出会う他の巡礼者との「人間的交流や繋がり」 |
| | 利他的価値 | | | | |
| 機能的価値 | 経済的価値 | | 優れたサービス | | |
| | | | コストパフォーマンス | | |

出典 ▶ Holbrook, 1994, 2006；Pine & Gilmore, 1999；Mathwick et al., 2001, 2002ならびに上記各先行研究に基づき筆者作成

本章第２節でも述べたように、ホルブルックは、Holbrook（1994）を基に、①製品やサービスを通じて快楽を感じる「快楽的価値」、②正義感や美徳に基づき他者への貢献を行った際に得られる「利他的価値」、③ある商品を所有することで優越感や社会的名声を獲得する「社会的価値」、④製品およびサービスの品質ならびにコストパフォーマンスを評価する「経済的価値」の４つの価値次元からなる「経験価値モデル」を提示した（Holbrook, 2006）。彼の「快楽的価値」は、快楽を感じるといった人間の精神的な自己充足に由来する経験価値であることから、Pine & Gilmore（1999）ならびに Mathwick ら（2001, p.41, 2002, p.53）の価値モデルが提示した「審美的価値」および「娯楽的価値」に相当するものである。

　また、審美的経験は、ツーリストを取り巻く物理的環境やサービスを通じて、その場所を再訪問するか否かについてのツーリストの意思決定や、ツーリズムそのものに関する彼らの評価を左右するという点で重要性を有している（Bitner, 1992；Turley & Milliman, 2000；Lovelock & Wirtz, 2004；Bonn et al., 2007）。さらに、経験の中でも最も古い形態の一つである娯楽的経験は、審美的次元のように顧客を魅了することを必要とし、通常、ツーリストが音楽などを含めて他の人々の行動やパフォーマンスを見聞きしたときに生じるものである（Oh et al., 2007）。

　したがって、アーリ（Urry, J.）などの先行研究（Duchet, 1949；アーリ, 1995, pp.7-8；Fuller, 1992；Tomasi, 2002；Nash, 1989）が、巡礼の旅の目的は宗教的な信仰心のみならず、芸術の美しさといった審美的要素や遊興の楽しさといった娯楽的要素も含んでいると指摘したように、聖地に赴くツーリストは「審美的価値」および「娯楽的価値」を巡礼ツーリズムに見出しているものと考えられる。すなわち、彼らは寺社建築や仏像、寺院の鐘の音、巡礼路の自然などの視聴覚的な美しさや、礼拝時の厳かな雰囲気などを評価する「審美的価値」、および他の巡礼者の立ち居振る舞いや僧侶による読経、巡礼宿でのおもてなし、巡礼路で繰り広げられる遊興などを見聞きして楽しむ「娯楽的価値」を獲得しているものと考えられる。

　また、エリアーデ（Eliade, M.）による「神々との交流を求めて巡礼に赴く」といった議論（エリアーデ, 2014, p.173）や、「聖なるもの」との出会

いを求めて旅する「巡礼」の中にイニシエーションの典型例を見出したターナー（Turner, V.）の議論（Turner, 1969）、さらに、宗教的行為である巡礼も、近代ツーリズムも、主観的な経験としての「真正性の探求」の側面を有しているといったマキャーネル（MacCannell, D.）などの指摘（マキャーネル, 2001, p.97；Graburn, 1989, pp.21-36）は、Pine & Gilmore（1999）が提示した非日常的でオーセンティックなものを探し求めて聖なる時空へと接近する経験に見出す「脱日常的価値」の内容と符合する。加えて、先行研究（Duchet, 1949；アーリ, 1995, pp.7-8；Tomasi, 2002；Fuller, 1992）が論じた、偉大な聖人の足跡に触れることで学び、知的好奇心を充足する経験に見出される価値は、自己啓発を通じて何か重要なものを学ぶ（Prentice et al., 1998；Prentice, 2004）「教育的価値」である。

　一方、Holbrook（2006）が提示した優越感や社会的名声を獲得した際に得られる「社会的価値」や、正義感に基づき他者への貢献を行った際に得られる「利他的価値」は、Pine & Gilmore（1999）および Mathwickら（2001, p.41, 2002, p.53）の「経験価値モデル」では示されていない価値次元である。

　ターナー（Turner, 1969）はイニシエーションを通じて仲間集団としてのコミュニタスが形成されることを指摘したが、このようなコミュニタスの互いを受け容れ、支え合うといった平等で水平的な人間関係の中に、聖地へ赴く巡礼者は「訪れるに値するもの」を見出しているものと考えられる。この点については、岡本（2012, pp.220-235）もサンティアゴ巡礼者が巡礼路で出会う他の巡礼者や、巡礼者を道中でサポートするオスピタレロ、四国八十八ヶ所霊場の遍路者を「お接待」する地域住民などとの人間的交流や繋がりの重要性を指摘しており、巡礼者がそのような他の巡礼者や地域住民との人間的交流を通じて仲間意識や連帯意識などの共同性を回復する過程に、Holbrook（2006）が提示した優越感や社会的名声の獲得を通じて得られるそれとは意味合いの異なる、人間的交流や繋がりを通じた共同性の獲得に基づく「社会的価値」を見出している可能性が窺える。

　加えて、オスピタレロによる巡礼者のサポートや四国霊場の地域住民による遍路者の「お接待」、先達による巡礼者の指導や引率を、見返りを求

めることなく他者に貢献する無私の行為であると捉えると、このような巡礼者を支援する利他的行為の中に、既存の価値モデルが提示した他者への貢献を行う主体としてのそれのみならず、受益者として獲得する「利他的価値」を巡礼者が見出している可能性も窺える。

さらに、Holbrook（2006）の「経済的価値」は、製品およびサービスの品質や技術的性能、実用性等の評価といった機能的価値に関するものであることから、Mathwickら（2001, p.41, 2002, p.53）が提示した「優れたサービス」と「コストパフォーマンス」の2つの機能的価値がこれに該当する。ここで、機能的価値は、製品やサービスの品質およびコストパフォーマンスを評価するものである。それゆえ、それらの機能的価値は、巡礼およびツーリズムを、商品やサービスの機能的価値の観点から研究対象として扱ってこなかった従来の宗教学や社会学を中心とした研究においては触れられることのなかった価値次元であることが判明した[5]。

消費者行動研究において、「優れたサービス」とは消費者の受動的な反応を反映しており、「サービスを提供する主体が顧客本位の取り組みを行うことで消費者が好感を持つ」ことを意味する（Holbrook, 1994；Holbrook & Corfman, 1985）。消費者が最終的にサービスの品質を評価した場合に、当該サービスは優れたサービスとなり（Oliver, 1999）、消費者が提供されたサービスを素晴らしいと知覚することで価値になる（Zeithaml, 1988）。したがって、巡礼ツーリズムにおいては、消費者であるツーリストが旅行会社をはじめとする様々な経験ステージャーが提供するサービスの品質を評価し好感を抱くことで、「訪れるに値するもの」としての価値を見出すこととなる。

一方、「コストパフォーマンス」は「財務的、時間的、行動的、心理的資源の積極的な投資によってどれだけの利益を獲得することができるか」といった問題に関する価値次元であり、消費者が投資した時間や価格など

---

5：この点についてブーアスティン（Boorstin, D.）は、当時のアメリカ人観光客が疑似イベントによって観光の経験を満たしており、「彼は世界が本来提供してくれる以上のものずらしいものと、見なれたものとを同時に期待するようになった」と批判的に論じつつ、「彼が期待に対して金を支払った以上、金額相応のものを自分は受け取ったと考えたいのである」と論じて、観光客は自身の投下資金に対する見返りを期待するものであることを指摘している（ブーアスティン, 1964, pp.91-92）。

に見合った見返りが得られているか否かを示している（Mathwick et al., 2001, pp.39-56）。現代の巡礼者は、巡礼路で普段目にすることのない寺社建築や仏像、鐘の音、読経などを見聞するとともに、巡礼仲間との人間的交流を通じて感動し、学び、癒されるといった非日常的な経験をすることとなる。このような内面の私的な経験を通じて、巡礼の旅がそれに費やした時間や金銭などに見合った実り多いものであると彼らが認識する場合には、そこに新たな価値を見出すこととなろう。

　今日のツーリズム産業は、経験価値を生み出す様々な資源を組み合わせることで、元来、先天的に聖性を帯びていないものを「訪れるに値するもの」として表象し、消費可能な商品にプロデュースしており、巡礼は伝統的な宗教の枠組みを超えて経験消費される経済財としてのツーリズムの側面をも併せ持つようになった。それゆえ、ツーリズムを提供する主体としての旅行会社がいかにツーリスト本位の取り組みを行い、好感を得ているかといった視点や、ツーリストの時間や金銭の投資に見合った果実を提供することができているかといった視点は、巡礼ツーリズムが有する機能的な経験価値である。

　このように、宗教的経験の側面もが経験消費されるツーリズム商品としての特性を兼ね備えるようになった巡礼ツーリズムの経験価値について、「優れたサービス」および「コストパフォーマンス」の機能的価値の価値次元の観点から捉え直すことは、既存の他の商品やサービスが有する機能的価値との比較検討が可能となる。したがって、これまでの巡礼およびツーリズムを対象とした先行研究ではみられなかった新たな分析の視座を与えてくれるものである。

# 5 ── 経験価値モデルに基づく巡礼ツーリズムの価値次元

　本章では、親和性を有する巡礼とツーリズムが融合した形態としての巡礼ツーリズムの特徴を「経験価値モデル」の観点から捉え直すことによって、巡礼ツーリズムが有する経験価値の価値次元を提示した。具体的には、現代の巡礼者は、視聴覚的な美しさや好ましい雰囲気を評価する「審

美的価値」および遊びを通じて楽しさを感じる「娯楽的価値」、神仏との交流が可能な聖なる時空へ移行する「脱日常的価値」、学んで知的好奇心を満たすことを評価する「教育的価値」を巡礼ツーリズムに見出していることを確認した。また、既存の価値モデルにおける意味的内容とは異なるものの、人間的交流を通じて社会性を回復する「社会的価値」や、正義感や美徳に基づく利他的行為に見出す「利他的価値」をツーリストが巡礼ツーリズムに見出している可能性が存在することも浮き彫りになった。さらに、宗教学や社会学を中心とした巡礼およびツーリズムに関する先行研究では触れられることのなかった、顧客本位の取り組みを通じてツーリストの好感を獲得する「優れたサービス」の視点や、ツーリストが投資した時間や金銭などに見合う果実を得られているかといった「コストパフォーマンス」の視点が、巡礼ツーリズムが有する経験価値の重要な価値次元であることが明らかになった。

　一方、こうして得られた巡礼ツーリズムが有する経験価値の価値次元は、ツーリストの私的かつ内面的な活動によって獲得されるものであるため、外部の観測者が直接測定することが困難なものである。そこで次章では、ツーリストが巡礼ツーリズムでの経験を通じて獲得している、目にはみえない価値を捉えるための具体的な方法について提示する。

# 第6章

# 巡礼ツーリズムの
# 経験価値の可視化に向けて

# 1 ── 内面的かつ私的な経験価値の 定量的捕捉のための手順

　ツーリストが巡礼ツーリズムに見出す多彩な経験価値は、内面的かつ私的なものであるため、物理的には直接観測することができないものである。それゆえ、これまでの巡礼ツーリズムに関する研究においては、現代の巡礼者が、巡礼ツーリズムでの経験を通じて獲得する経験価値を定量的に捉えることはなく、定性的に議論する傾向が強かった。

　そこで本書では、宗教的経験の側面もが経験消費されるツーリズム商品としての特性を兼ね備えるようになった巡礼ツーリズムが有する経験価値を定量的に測定し、それらの価値を生み出す源泉である価値次元を可視化するための測定尺度モデルを開発する。

　本章では、巡礼ツーリズムが有する経験価値を定量的に測定し、可視化するための尺度を開発する手順を提示する。尺度開発の手順は、大きく区分すると5つの段階から構成される。

　まず第1段階では、巡礼ツーリズムが有する経験価値の構成概念、すなわち経験価値を構成する価値次元の領域を特定する。本書の目的は、巡礼ツーリズムの経験価値を生み出す源泉としての構成要素を捕捉し、その実態を明らかにすることであるが、それらを直接観測することは困難である。そのため、巡礼ツーリズムの経験価値の構成要素を構成概念として仮説的に設定し、それを間接的に測定することで巡礼ツーリズムの経験価値を捉えることとする。

　次に、第2段階では、経験価値を測定するための項目に関する情報、すなわちツーリストに対して行う質問紙調査における質問項目を収集する。質問項目は巡礼ツーリズムの経験価値の構成概念に沿った内容のものを収集する必要がある。

　第3段階では、収集した質問項目が経験価値を測定するための項目として適切であるか否かを検証するために必要となるデータを、質問紙調査の実施によって収集する。

　第4段階では、質問紙調査の結果得られたデータを用いて探索的因子分析を行うことにより、測定項目数を削減しながら価値次元である因子を抽

出のうえ特定する。

　最後に第5段階では、抽出された因子が実際に巡礼ツーリズムの経験価値を捉えることができているか否かについて確認するため、確認的因子分析を行うことで測定尺度モデルの妥当性を検証するとともに、信頼性の検証を行い、経験価値の測定尺度モデルを構築する。

　本章で提示する内容は、直接的には観察できない巡礼ツーリズムの経験価値を定量的に捉えるための計量経済学的手法であり、いわば「宗教統計学」の入門編としての位置づけとなるものである。

# ２── 経験価値の構成概念および<br>測定項目の設定と質問紙調査の実施

## 2.1 経験価値の構成概念の特定

　現代の巡礼者が巡礼ツーリズムでの多様な経験を通じて獲得する、私的で内面的な経験価値を定量的に捕捉するための具体的な手続きの第1段階として、巡礼ツーリズムが有する経験価値の構成概念を特定する。

　ツーリストが巡礼ツーリズムでの経験によって見出す経験価値は、彼らの内面における心の活動によって獲得されるものである。そのような経験価値は、色も形もなく、物理的には存在しないものであるため、外部の観測者が直接的に観測することはできない。この点で、ツーリストが獲得する多様な経験価値は、一種の構成概念である。

　ここで、直接的に観察することが困難な、理論的に定義される概念である構成概念について、簡単な事例を紐解きながら概説を行ってみたい。例えば、学校などで各学生が有する「数学の能力」を知りたいとしよう。「数学の能力」というものは、色も形もなく、物理的に存在しているわけではないので、たとえ頭の中を覗いてみてもみることはできない。このような外部の者が直接観測することができない概念を構成概念と呼ぶ。

　一方、「数学の能力」それ自体としては直接観測できないものの、例えば「数学の能力」が「計算する能力」および「文章を論理的に読み解く能力」、「命題を証明する能力」の3つの能力から構成されると考えることが

できるとしよう。もし、それら3つの能力を観測することが可能であれ
ば、3つの能力の集合体として「数学の能力」を捉えることができること
となる。すなわち、「数学の能力」それ自体は直接観測できない構成概念
だが、「計算する能力」と「文章を論理的に読み解く能力」、「命題を証明
する能力」のそれぞれを測定することが可能な問題をテストとして実施
し、各学生の3つの能力を表す得点情報を得ることができれば、間接的に
「数学の能力」を測定することが可能となる。

　この場合、高い「計算する能力」を有する学生は、（計算能力の）低い学
生よりも計算能力を測定するためのテスト1およびテスト2、テスト3の
問題の正答率が高くなるといった因果関係の存在を前提としていることが
重要なポイントである（図6-1）。

**図6-1　構成概念「数学の能力」を測定する際の前提と考え方**

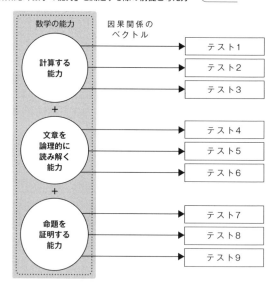

出典 ▶ 筆者作成

　一方、先行研究においては、巡礼ツーリズムが有する多彩な経験価値を
定量的に測定するための、広く受け入れられ、なおかつ理論的にも確定さ

れた構成概念は未だ提示されていない状況である。したがって、このような状況下で経験価値の構成概念を検討するにあたっては、先行研究の文献調査において、理論や概念に関する文献と、データの収集と解析による実証的なものに関する文献の双方に取り組むことが望ましい（Merriam & Simpson, 2000）。

　第4章で論じたように、巡礼ツーリズムは四季折々の美しい景色をはじめ、巡礼仲間や地域住民との交流、先達による勤行の身体的作法の指導、祈りを通じて聖なる時空に身を委ねるといった非日常の経験、景勝地の観光やグルメ、土産物の買い物などといった多彩な魅力を有している。これらの魅力は、いずれも巡礼ツーリズムが有する経験価値を構成する要素であると想定することができる。そこで、本書では、このような巡礼ツーリズムが有する多彩な魅力や特徴を「経験価値モデル」が提示した経験価値の価値次元の文脈から捉え直すことによって、ツーリストが巡礼ツーリズムに見出す経験価値の構成概念を新たに提示するといった方法を採用することとした。

　具体的には、先行研究の考察によって得られた巡礼ツーリズムの特徴に関する知見を「経験価値モデル」が提示した価値次元の観点から捉え直し、巡礼ツーリズムが有する経験価値の構成概念、すなわち価値次元を、第5章において仮説的に提示した（p.94, 表5-5）。

　以上の「経験価値モデルに基づく巡礼ツーリズムの価値次元」を基礎としつつ、これらに巡礼ツーリズムに固有の経験価値の価値次元を加味することによって、価値次元の全体像を提示する。具体的には、巡礼ツーリズムが基底としている主観的な経験としての「真正性の探求」および神仏への祈りを基本的動機とする「聖なるものの探求」に関する先行研究の考察を行うことによって、「真正性の価値」および「神聖性の価値」の価値次元を加味し、西国三十三所および四国八十八ヶ所の各巡礼ツーリズムが有する経験価値の構成概念を、それぞれ第7章と第9章において仮説的に提示する（p.133, 表7-1および p.165, 表9-1）。

　以上の一連の手続きによって得られる巡礼ツーリズムの経験価値の構成概念は、それらを定量的に測定するための尺度開発の手順の第2段階であ

る質問紙調査の実施に向けて必要となる、その質問項目に関する情報を収集する際の指針となるものである。

## 2.2 経験価値の測定項目の収集と質問紙の作成

　測定したい構成概念を特定した後は、構成概念を具体的な形にするステップへと作業を進めることとなる。それゆえ、手順の第2段階では、構成概念の内容に沿った、経験価値を測定するための項目に関する情報、すなわち質問紙調査のための質問項目を収集することとなる。ツーリストの内面の私的な経験を通じて獲得される経験価値を、外部の観測者が直接的に観測することはできない。そこで、本書では、このような目にはみえない人間の心の動きを推測し、その推測の確かさを探るための方法として、質問紙調査という手法を用いる。

　本書の第4章と第5章を中心とする考察を通じて明らかにしてきたように、巡礼ツーリズムは多彩な魅力や特徴を有している。ツーリストが巡礼ツーリズムに見出す経験価値には、「審美的価値」や「娯楽的価値」、「脱日常的価値」、「教育的価値」、「社会的価値」などの、構成概念の下位概念である価値次元が存在するものと考えられる（p.94, 表5-5）。

　そこで、「巡礼ツーリズムの経験価値」を構成するこれらの価値次元を測定することで、直接観測することができない構成概念である「巡礼ツーリズムの経験価値」を捉えることが可能になると考え、それらの価値次元を測定するための下位尺度から構成される質問紙を作成する。この場合、それぞれの価値次元を測定するために設けられた複数の質問項目に対する回答によって得られた各質問項目の得点を、回答者がそれぞれの価値次元をどの程度見出しているのかについての指標とみなすことができる。それぞれの下位尺度は、各質問項目が全体として一つの構成概念である価値次元を測定し、表現できる尺度であり、前項の「数字の能力」を測定する際の前提と考え方についての解説で述べたように、回答者がそれぞれの価値次元を強く意識している場合には、当該価値次元に対応する下位尺度の質問項目の特点が高くなるといった因果関係の存在を前提としている（p.104, 図6-1）。例えば、目にはみえない「審美的価値」を回答者が認識

**図6-2　構成概念および価値次元と質問項目の関係**

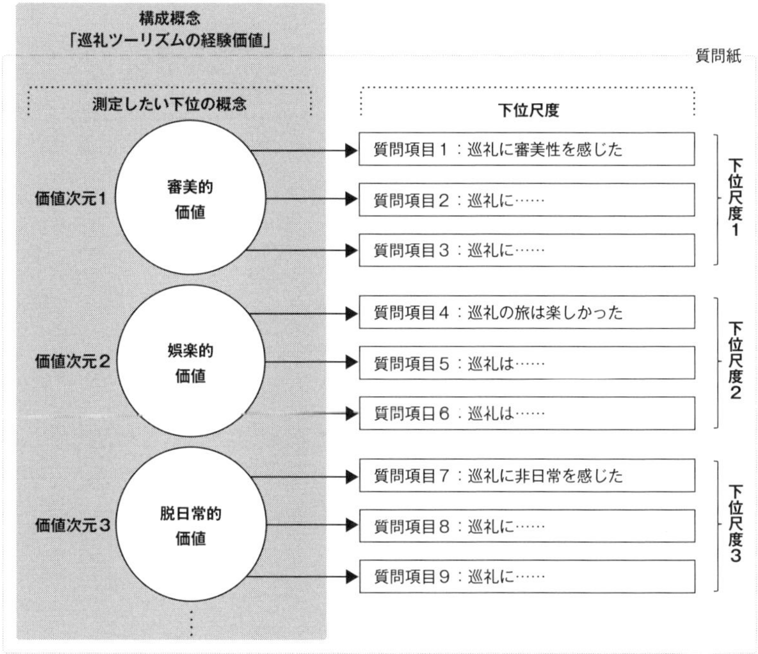

構成概念
「巡礼ツーリズムの経験価値」

質問紙

測定したい下位の概念

下位尺度

価値次元1　審美的価値
- 質問項目1：巡礼に審美性を感じた
- 質問項目2：巡礼に……
- 質問項目3：巡礼に……

下位尺度1

価値次元2　娯楽的価値
- 質問項目4：巡礼の旅は楽しかった
- 質問項目5：巡礼は……
- 質問項目6：巡礼は……

下位尺度2

価値次元3　脱日常的価値
- 質問項目7：巡礼に非日常を感じた
- 質問項目8：巡礼に……
- 質問項目9：巡礼に……

下位尺度3

出典▶筆者作成

　している傾向が強い場合には、「下位尺度1」の3つの質問項目（必ずしも3つである必要はなく、4つでも5つでも良い）に対する肯定的な回答が多数に上ると考えるのである（図6-2）。

　質問紙では、それぞれの質問の内容と、「そう思う」から「そう思わない」までの選択肢（本書ではリッカート法[1]を採用する）を一つのセットとして捉えて質問項目と呼ぶ。そして、ツーリストがどのような経験を評価し、どのような価値を見出したかといった、彼らの興味や関心、パーソナリティ、価値観などに関する情報を回答者から収集するための質問項目の

1：リッカート法は、リッカート（Likert, 1932）によって提示された評定尺度法で、最も頻繁に利用される調査手法の一つである。回答者が、アンケートで提示された文章の内容に対して、どの程度合意できるのかについて、5段階あるいは7段階などの尺度で回答する。

**表6-1　巡礼ツーリズムの経験価値に関する質問紙の例**

巡礼でご経験された楽しさや美しさ、その他巡礼の魅力などについてお聞かせ下さい。
当てはまる番号をチェックして下さい。例えば、「そう思う」の場合は、5を○で囲んで（5⇒⑤）下さい。

| 質問 | | 5段階評価 | | | | |
|---|---|---|---|---|---|---|
| **1. 寺院や自然などの印象について（審美的価値）** | | そう思う | やや<br>そう思う | どちらとも<br>いえない | あまりそう<br>思わない | そう<br>思わない |
| 1 | 巡礼路で目にした寺院や自然の景観が美しかった。 | 5 | 4 | 3 | 2 | 1 |
| 2 | 巡礼路で目にした寺院建築は美しかった。 | 5 | 4 | 3 | 2 | 1 |
| 3 | 巡礼の雰囲気が素晴らしかった。 | 5 | 4 | 3 | 2 | 1 |
| 4 | ・ | 5 | 4 | 3 | 2 | 1 |
| 5 | ・ | 5 | 4 | 3 | 2 | 1 |
| 6 | ・ | 5 | 4 | 3 | 2 | 1 |
| **2. 巡礼の楽しさや魅力について（娯楽的価値）** | | そう思う | やや<br>そう思う | どちらとも<br>いえない | あまりそう<br>思わない | そう<br>思わない |
| 7 | 巡礼を楽しんだ。 | 5 | 4 | 3 | 2 | 1 |
| 8 | 巡礼での食事や買い物が楽しかった。 | 5 | 4 | 3 | 2 | 1 |
| 9 | 先達は巡礼をより楽しいものにしてくれた。 | 5 | 4 | 3 | 2 | 1 |
| 10 | ・ | 5 | 4 | 3 | 2 | 1 |
| 11 | ・ | 5 | 4 | 3 | 2 | 1 |
| 12 | ・ | 5 | 4 | 3 | 2 | 1 |
| **3. ●●●●●について** | | そう思う | やや<br>そう思う | どちらとも<br>いえない | あまりそう<br>思わない | そう<br>思わない |
| 13 | □□□□□□□□□ | 5 | 4 | 3 | 2 | 1 |
| 14 | △△△△△△△△△ | 5 | 4 | 3 | 2 | 1 |
| ・ | ・ | 5 | 4 | 3 | 2 | 1 |
| ・ | ・ | 5 | 4 | 3 | 2 | 1 |

出典▶筆者作成

集合体として質問紙は構成されることとなる（表6-1）。
　例えば、体温は体温計で、また体重は体重計を用いることにより物理的に測定することができる。しかしながら、そのように物理的に測定できない「ツーリストが巡礼ツーリズムに見出す経験価値」の捕捉については、これまで心理学の分野で発展してきた「評定尺度法」であるリッカート法

やSD法[2]、順位法[3]、多肢選択法[4]などが活用されることとなる。

　測定項目の設定に際しては、最初に、①対象とする構成概念を測定することができると考えられる項目をできる限り数多くあげることが必要である。そのうえで、②各項目が測定したい構成概念を適切に測定できる尺度となっているか否かについて検討するとともに、③回答者が質問の意図を容易に理解し、回答できるような平易な表現とすること、④回答者が同様の回答に偏らないような質問項目を設定すること、⑤回答を誘導するような表現となっていないことを確認すること、⑥一つの構成概念、すなわち価値次元については、経験的に、それぞれの下位尺度に4〜7項目前後の質問項目を設定すること、⑦他の項目と測定する方向が異なる「逆転項目[5]」に留意しながら質問項目を決定することが必要である。

　とりわけ、本書のテーマである巡礼ツーリズムについては、それが有する多彩な経験価値を定量的に測定するための広く受け入れられた尺度は未だ開発されていない。したがって、測定尺度項目としての妥当性を慎重に検討しながら構成概念を特定する必要がある（p.133, **表7-1**および p.165, **表9-1**）。本書では、既存の観光分野の先行研究の文献調査に基づき、巡礼ツーリズムが有する経験価値を測定するために援用可能な既存の測定尺度の中から質問項目を収集するといった演繹的アプローチの手法[6]を基本と

---

2：商品やサービス、ブランドなどが消費者に与えるイメージについて、例えば「明るい－暗い」や「高級－低級」といった対立する形容詞の対を用いて、リッカート法と同様に、どの程度当てはまるかを、回答者に5段階あるいは7段階などの尺度で回答してもらう方法である。

3：例えば、消費者の嗜好の傾向を調査したい場合に、味の濃さや好ましさなどに関する選択肢に対して、回答者が順位をつける回答方法である。

4：質問項目に対する回答の選択肢を複数設けたうえで、それらの選択肢の中から当てはまる選択肢を回答として選んでもらう方法である。回答を1つのみ選ぶ場合を単回答と呼び、複数選ぶ場合を複数回答と呼ぶ。

5：リッカート法による質問項目の中で、他の質問項目と測定の向きが逆になっている質問項目のことをいう。例えば、質問項目①「巡礼の旅は全体的に楽しかった」、②「巡礼で景勝地の観光を楽しんだ」、③「勤行の作法が難しく巡礼を楽しめなかった」、④「巡礼で立ち寄った土産物の買い物を楽しんだ」というような質問群がある場合、③の質問項目が逆転項目となる。Cronbach のα係数を求めて尺度の信頼性を検証する場合には、逆転項目である質問に対する回答によって得られた得点は反転させる必要がある（リッカート5件法の場合、5段階の得点が5ならば1へ、また4ならば2へ、2ならば4とする）。

6：構成概念を設定する方法には、フォーカスグループインタビューなどの質的調査に基づき質問項目を収集する帰納的アプローチの手法も存在する。フォーカスグループインタビューでは、共通の属性を有するインタビューの対象者から構成される小規模のグループ（フォーカスグループ）を作ったうえで、インタビューを行う。主に消費者ニーズや商品・サービスに対する評価を把握する際に用いられ、消費者の生の声などの定性的情報が収集される。

しながらも、ツーリズムのみならず宗教学や社会学などの分野における先行研究の考察を通じて、独自に構成概念を検討のうえ仮説的に提示する。

　なお、通常の尺度開発の手順では、測定項目を作成し、質問紙調査等の実施を通じて情報を収集した後、記述統計量の内容を精査した結果、天井効果やフロア（床）効果が生じている場合にはそれらの項目を除外する手順となる。そのうえで、探索的因子分析による因子の抽出および確認的因子分析による、得られた因子の測定項目としての妥当性の検証、さらに信頼性の検証を行い、最終的に測定項目を設定することとなる。次節で、これらの具体的な手順について提示する。

## 2.3 質問紙調査による測定項目の適切性の検証

　質問紙を作成した後の第3段階では、質問項目の内容の適切性を検証するために必要となるデータの収集を行う。そのための手続きとして、質問紙を用いたアンケート調査を、巡礼ツアーの参加者に対して実施する。

　通常、質問紙調査の実施に際しては、調査のタイトルをはじめ、その目的や主旨、意義、回答を依頼する文章に加えて、回答に要する時間や調査の結果得られた回答の処理方法、回答者の匿名性の保障やプライバシーの保護などの倫理上の配慮などを質問紙の表紙にあたるフェイスシートに記載のうえ質問紙に添付する（図6-3）。

　質問紙調査は、回答者が自らの自由意志に基づき、誰からも強制・強要されることなく、自発的にアンケート調査に協力する形で回答するものである。したがって、このような基本原則に基づき、①調査者は、回答者に対して、調査に協力し回答するうえで必要となる情報を進んで開示・説明するとともに、②回答者が調査に協力することで不利益を被ることのないよう、匿名性の確保をはじめプライバシーや個人情報、人権の保護を図ることや、③回答を拒否することや中断すること、調査内容について質問することなどについての回答者の権利を保障すること、④調査結果の発表方法および調査主体あるいは責任者の名称や連絡先などについてフェイスシートに記載のうえ、説明を行うことが必要となる。

　このような一連の手続きは、調査者が回答者に対して調査に協力するか

図6-3　質問紙のフェイスシートの例

## 「四国八十八ヶ所巡礼ツアーの魅力」についての調査・研究へのご協力のお願い

　拝啓　陽春の候、皆様方におかれましてはますますご健勝のこととお慶び申し上げます。

　このたび、〇〇大学□□所属の△△△△は、巡礼の魅力を調査・研究することを通じて、地域振興と観光学の発展に貢献するため、「四国八十八ヶ所巡礼ツアーの魅力」についてのアンケート調査を実施することと致しました。本調査は、四国霊場に巡礼される皆様方を対象として巡礼についての魅力をお伺いし、調査結果を論文としてまとめたうえで学術雑誌に掲載する予定と致しております。

　ご回答は無記名でお願いし、得られたデータは全て統計的に処理し、研究期間終了後に破棄致します。また、プライバシーの保護には万全を期して取り扱うこととし、ご回答いただきました内容は、本調査以外の目的には一切使用致しません。

　つきましては、今回の四国巡礼の魅力についての研究へのご理解をいただき、巡礼の魅力についての率直なご意見を賜りますれば幸甚です。

　なお、本調査におきましては、ご回答の返送をもちまして調査への参加に対するご同意を頂戴したものとさせていただきたく、何卒よろしくお願い申し上げます。

・質問紙は3ページ、質問は◆◆問、回答に要するお時間はおよそ10分程度です。

　誠に勝手なお願いで大変恐縮ですが、皆様方の寛容なるお心にてぜひともご支援・ご協力賜りますようよろしくお願い申し上げます。

敬具

【調査責任者】
〇〇大学□□所属
△△△△（名前）
連絡先＊＊＊＊＊

整理番号 ＿＿＿＿＿＿＿＿
（日付）

出典▶筆者作成

否かについての判断材料を事前に提供することで、調査の透明性を高めつつ調査に対する理解や納得性、同意を得るといった、いわばインフォームド・コンセントの成立条件となるものである。

　なお、質問紙調査の実施に際しては、調査する側が調査対象者に直接質問紙を配布する方法や郵送する方法に加えて、第三者に協力を依頼して配布する方法もある。本書の研究では、日本の代表的な霊場を巡拝するバスツアーを催行している複数の旅行会社に対して、事前に調査の目的や主旨、手順等を説明したうえで調査への協力を依頼した。その結果、調査に対するご理解とご協力が得られた旅行会社のご支援により、原則、巡礼終了後の帰路の車中において、ツアー参加者に質問紙を配布したうえで調査内容の説明を行い、質問紙を回収する手順とした。

# 3 ___ 経験価値の測定尺度モデルの構築

## 3.1 探索的因子分析による因子の抽出

　これまでの一連の手順によって、巡礼ツーリズムが有する経験価値の構成概念を提示した。そして、構成概念の下位概念である価値次元と、それらの各価値次元を測定するための複数の質問項目からなる下位尺度によって構成される質問紙を作成し、当該質問紙を用いてアンケート調査を行った。

　次の第4段階では、質問紙調査に対する回答によって得られた様々な観測変数の背後に共通して存在し、観測変数に影響を与えている下位の概念である価値次元、すなわち因子を探索的因子分析によって抽出のうえ特定する。

　最初に、質問紙調査の結果得られた回答の内容が偏っていないか否かについて確認するため、天井効果およびフロア効果の有無について検証することが必要である。そこで、調査に用いた質問紙を構成するすべての項目について、天井効果（平均値＋SD＞5〔5は、今回採用したリッカート5件法の選択肢の最大値である〕）およびフロア効果（平均値－SD＜1〔1は、リッカート5件法の選択肢の最小値である〕）の有無を確認し、その結果、天

井効果およびフロア効果が認められたすべての項目を分析対象データから除外する[7]。

　次に、巡礼ツーリズムが有する多彩な魅力や特徴に関する考察に基づき仮説的に提示した経験価値の構成概念である価値次元が、実際にはどのような共通因子から構成されるのかについて明らかにするため、天井効果およびフロア効果が認められた項目を削除した後のすべての項目の背景にある構成概念、すなわち因子の数を特定することを目的として、探索的因子分析（最尤法[8]・プロマックス回転[9]）を行う。

　ここで、探索的因子分析は、直接的には観測できない、例えば、数学などの学習能力や、個々の人間が有する心理特性や行動特性である性格などの、目にはみえない潜在的に存在する概念、すなわち潜在変数（共通因子）を、様々な事象を示す観測変数を手がかりとしながら推定するための手法である。すなわち、直接測定することが不可能な、複数の観測変数の背後に共通して潜んでいる要因を、実在する観測変数を基に推定しながら因子として抽出するのである。

　本書の研究テーマである「現代の巡礼者が巡礼ツーリズムにおける多様な経験を通じて獲得する、私的で内面的な経験価値」を物理的に直接観測することは困難である。したがって、漠然と経験価値の全体像を扱うのではなく、先行研究の考察によって明らかになった経験価値の構成概念に基

---

[7]：得られた回答の内容が上限値（本書では5）か、あるいは下限値（本書では1）に偏る場合には、天井効果およびフロア効果が出現する可能性が生じる。ここで天井効果とは、平均値＋SD（標準偏差）がデータのとり得る値の上限を超えることをいい、フロア効果とは、平均値－SD（標準偏差）がデータのとり得る値の下限を下回ることをいう。

[8]：確実に存在する因子を抽出するための方法は存在しない。なぜなら、因子はあくまで架空のものだからである。したがって、因子抽出のための方法は多種あるが、いずれも恣意的な側面を有している。一例をあげると、①第1因子の因子寄与を最大化するように解を求める「主因子法」、②それぞれの因子の因子寄与が均等になるように解を求める「主成分法」、③確率密度に基づき解を求める「最尤法」などがある。最尤法は、分布に歪みのあるデータについても正確な推定ができるとされ、現在、多くのケースで用いられている。

[9]：因子分析を行った結果、因子が抽出されるが、通常、この段階では因子と観測変数とがうまく合致していない。このため、回転法の手法を用いて因子軸を引き、これを観測変数群に重なるように回転させることによって、類似の傾向を有する観測変数群をグルーピングし、単純な構造を基に因子を解釈可能なものにする。回転法には、因子間の相関を仮定しないバリマックス回転などの直交回転と、因子間の相関を仮定するプロマックス回転などの斜交回転がある。近年、心理学の研究分野では、①同じ尺度で測定した構成概念同士が無相関であると想定しにくいこと、②斜交回転の方が直交回転よりも単純構造になりやすいなどの理由から、斜交回転の利用が推奨されている。

づき、価値次元である複数の因子のそれぞれの影響力の大小およびそれらの組み合わせを分析することによって、間接的に経験価値を捕捉するのである。

　探索的因子分析は、最初に、①抽出する因子の数を決定したうえで[15]、②因子の抽出方法を決め[8]、③因子の軸の回転法を決定し[9,15]、そのうえで行った、④分析結果に基づき、因子がもつ性質を解釈して因子の特徴を表わす名前を付与するといった一連の手続きによって進められる。

　実際の観測によって得られた観測変数は、共通因子の他にも、その変数独自の因子である特殊因子や測定誤差を含んでいる。また、それぞれの観測変数に対して、どの因子が強く影響を与え、どの因子があまり影響を与えていないのかといった関係性の強弱を知ることも必要であるため、それぞれの因子と観測変数との間の関連性の強さを表わす因子負荷量の値が重要となる[10]。

　例えば、$j$ 個の観測変数および $m$ 個の共通因子、$j$ 個の特殊因子が存在する場合、基本モデル式（6.1）に示される通り、探索的因子分析における個人 $i$ の観測変数 $X_{ji}$ は、通常、因子と呼ばれる共通因子および特殊因子と、誤差から構成される（Comrey, 1973）。

観測変数　　　　　　共　通　因　子　　　　　特殊因子　　　誤差

$$X_{1i} = a_{11}F_{1i} + a_{12}F_{2i} + \cdots + a_{1m}F_{mi} + a_{1s}S_{1i} + a_{1e}E_{1i}$$

$$X_{2i} = a_{21}F_{1i} + a_{22}F_{2i} + \cdots + a_{2m}F_{mi} + a_{2s}S_{2i} + a_{2e}E_{2i}$$

$$X_{3i} = a_{31}F_{1i} + a_{32}F_{2i} + \cdots + a_{3m}F_{mi} + a_{3s}S_{3i} + a_{3e}E_{3i}$$

$$\vdots$$

$$X_{ji} = a_{j1}F_{1i} + a_{j2}F_{2i} + \cdots + a_{jm}F_{mi} + a_{js}S_{ji} + a_{je}E_{ji} \quad (6.1)$$

---

10：因子と観測変数がどの程度関連しているかについて、-1.00 〜 1.00 の間の値で表わすもので、当該数値の絶対値が大きいほど因子と観測変数との間の正または負の関連性が強いとされる。なお、直交解（各因子が無相関であるとの前提で分析した結果）の場合には、相関係数と同じ値となる。

ここで、

$X_{ji}$ は、個人 $i$ に対する、変数 $j$ の観測値

$F_{mi}$ は、個人 $i$ に対する、第 $m$ 共通因子の因子得点[11]

$S_{ji}$ は、個人 $i$ に対する、特殊因子 $j$ の因子得点

$E_{ji}$ は、個人 $i$ に対する、誤差 $j$ の因子得点

$a_{jm}$ は、変数 $j$ に対する、第 $m$ 共通因子の因子負荷量

$a_{js}$ は、変数 $j$ に対する、特殊因子の因子負荷量

$a_{je}$ は、変数 $j$ に対する、誤差の因子負荷量

である。

　このように探索的因子分析は、予め想定した因子と調査によって得られた変量との関係についての数学的モデルを構築したうえで、このモデルに変量間の相関係数行列を当てはめる計算を行い、①分析によって得られた潜在変数である共通因子が、分析に用いた観測変数に与える影響の大きさを表す因子負荷量（Factor Loading）と、②各回答者が有する各因子の大きさを表す因子得点（Factor Score）（因子得点が高い人は、その因子の影響が大きい）、③各因子が観測変数の変動をどの程度説明しているのかを表わす因子寄与[12]および、各因子の因子寄与を最大値[13]で割ることにより求められ、各因子が全観測変数に対して全体的にどの程度貢献しているのかを表わす因子寄与率[14]を得る。

　なお、本研究の**第8章**および**第10章**の実証研究においては、因子負荷量が0.6以下の項目（**第8章**）、または0.6未満の項目（**第10章**）を除外しつつ探索的因子分析を繰り返し行い、すべての因子負荷量が0.6を超えたところ（**第8章**）、または0.6以上となったところ（**第10章**）で終了し、固有値が1以上という基準とスクリープロットにより、因子の解釈可能性およ

---

11：それぞれの回答者（被験者）が、各因子に対してどの程度の重みを有しているのかについて計算したもので、本書では各回答者が因子である価値次元をどれだけ強く見出しているのかを示している。ただし、質問の内容に応じて、因子と質問の関係性としての因子負荷に応じて影響の大きさは変化する。

12：それぞれの共通因子について、観測変数の因子負荷量の二乗の和を計算したもの。

13：最大値は因子の理論的最大数となるため、観測変数の総和となる。

14：各変数の分散の総和のうち、各因子によって説明される分散の和の占める割合のことであり、一般的に、因子寄与を因子項目数で割ることにより求められる。各因子の因子寄与率を第1因子から順番に最終因子まで足し合わせることによって累積寄与率が求められるが、当該数値が0.5を超えることが望ましいとされている。

び因子を構成する項目数（各因子で3つ以上）の観点から6つの因子を抽出した[15]。先行研究では、因子負荷量が0.4未満の場合に当該項目を削除するケースがみられるが、特段に定められた基準があるわけではなく、本書ではより厳格な水準を用いて項目を除外することとした。

　以上の結果得られた6つの因子のそれぞれを構成する各項目の内容を踏まえながら各因子の妥当性を検討し、巡礼ツーリズムが有する経験価値の構成概念を適切に表現する名前を各因子に付与した（pp.143-144, 表8-3および pp.174-175, 表10-3）。

## 3.2 確認的因子分析による測定尺度モデルの有効性の検証

　これまでのプロセスにおいては、探索的因子分析によって多数の変数の背後に存在する潜在的因子を探索的に探り、観測変数に影響を与えている構成概念、すなわち因子を抽出のうえ特定した。

　最後の第5段階では、このようにして得られた構成概念、すなわち因子が巡礼ツーリズムの経験価値を捉えることができているのかどうかを意味する「妥当性」について検証する。加えて、ある概念に関して測定を繰り返し行った場合に、得られたこれらの因子が一貫した結果をもたらす程度を意味する「信頼性」についても検証する。

　先行研究では構成概念妥当性の多様な下位次元が提示されてきたが、本書では、一次元性（Anderson & Gerbing, 1982；Anderson et al., 1987；Gerbing & Anderson, 1988；Hattie, 1985；Steenkamp & van Trijp, 1991）および収束妥当性（Peter, 1981；阿部, 1987）、弁別妥当性（Peter, 1981；阿部, 1987）について検討する。最初に、質問紙調査によって得られた質問

---

15：因子の数を決定するための厳格なルールは存在しない。初回の因子分析においては、小さな因子を除外するための、因子寄与を1以上とする固有値の確認による方法や、全体の分散に対する因子の分散を確認することにより、それ以上因子を増やしても情報が増えない因子数のレベル（すなわち、固有値が大きく下落するところまで）を探るためのスクリープロットの手法が用いられる。また、2回目以降の因子分析においては、因子の軸を回転させて分析を行い、一定の値の因子負荷量（例えば、0.4や0.5、あるいはより厳格な0.6など）を基準として、項目の取捨選択を行う。項目の削除後は、削除の基準を再設定するなど試行錯誤しながら因子分析を繰り返し行い、あらかじめ想定した仮説を踏まえながら最終的な項目を取捨選択する。

項目毎の特点データをモデルに当てはめて確認的因子分析[16]を行い、各因子を構成するそれぞれの項目が一つの構成概念のみに負荷することを意味する一次元性を検証する。

　CFI や TLI などの適合度指標は、一般的に0.9以上が望ましい（Bentler & Bonett, 1980；Medsker et al., 1994）とされてきたが、経験的規則（Golden Rule）については様々な提案がなされるなど一貫した知見が得られていない。したがって、本書では星野・岡田・前田（2005）に基づき、CFI ≧0.9, TLI ≧0.9, SRMR ≦0.1, RMSEA ≦0.1を適合度の好ましい水準とする[17]。

　ここで星野・岡田・前田（2005）を採用するのは、それが先行研究の総合的レビューを踏まえた大規模なシミュレーション研究（水準あたり10,000回の繰り返し数）を通じて、1潜在変数あたりの観測変数の数を変化させながらモデルの複雑さによる適合度指標間の関係の変化および経験的規則による各適合度指標の感度を網羅的に調査しているからである。

　次に、ある構成概念が複数の質問項目から構成される場合において、それらの項目得点の間には高い相関が認められることを意味する収束妥当性、そして異なる構成概念を構成する項目得点の間には低い相関がみられることを意味する弁別妥当性について検討する。収束妥当性は潜在変数から観測変数へのすべてのパスの因子負荷量（標準化係数）が1％水準で有意であり、かつ0.5を超えていること（Bagozzi & Yi, 1988；Steenkamp & Trijp, 1991）（pp.143-144, 表8-3および pp.174-175, 表10-3）、加えて、各構成概念の AVE（Average Variance Extracted: 平均分散抽出）[18]が0.5を上回ることを基準とする（Fornell & Larcker, 1981）（pp.143-144, 表8-3およ

---

16:探索的因子分析が多数の観測変数の背後に存在している潜在的因子を探索的に探る分析手法であるのに対して、確認的因子分析は既に存在する因子モデルが観察データにあてはまるか否かについて確認するための分析手法のことをいう。言い換えると、あらかじめ設定した質問項目が、測定したい概念を想定通りに捉えることができているのか否かについて検証するための分析手法である。
17:本研究の西国および四国巡礼ツアーの質問紙調査によって得られたデータサンプル数およびモデル実証の結果得られた潜在変数あたりの観測変数の数を踏まえ、星野他（2005）の先行研究のレビューの内容およびシミュレーション結果の内容を総合的に検討し、適合度指標とその水準を決定した。なお、CFI（Comparative Fit Index）および TLI（Tucker-Lewis Index）、SRMR（Standardized Root Mean Square Residual）、RMSEA（Root Mean Square Error of Approximation）は、いずれも共分散構造分析のフィット指標（適合度指標）である。
18:測定誤差による分散量に対する、構成概念によって捕捉される分散量の尺度のことをいう。

び pp.174-175, **表10-3**)。また、弁別妥当性はすべての因子間の相関係数が 1 ％水準で有意に 1 と異なること（上田・斉藤, 1999）（p.149, **表8-4**および p.181, **表10-4**）、そして AVE が因子間相関の平方よりも大きい値となる ことを基準とする（Fornell & Larcker, 1981）（p.149, **表8-4**および p.181, **表10-4**）。

　最後に、信頼性（Malhotra, 2004）について、Cronbach（クロンバック） のα係数[19]および CR（Composite Reliability: 合成信頼性）[20]による分析を 行う。いずれも好ましい水準とされる0.7を基準として信頼性を検証する （Nunnally, 1978；Bagozzi & Yi, 1988）（pp.143-144, **表8-3**および pp.174-175, **表10-3**）。

---

19:複数の質問項目に対して得られた回答の尺度得点の合計値を、ある特性、すなわち価値次元の尺度 として用いる場合に、それぞれの質問項目が全体として同じ概念を測定したか否かといった内的一貫性 を評価するための信頼係数である。α係数は0から1までの値をとり、1に近いほど高い信頼性を示して いるとされている。しかしながら、当該係数が項目数の単調増加関数となることから、「内的一貫性が低 くても、項目数がある程度多ければ高い値をとる」との指摘がなされている（南風原・市川・下山, 2001）。

20:尺度項目の内的一貫性を評価するための信頼係数であり、Cronbach のα係数の代替指標として利 用される。

第III部

日本の代表的巡礼ツーリズムの
経験価値を定量的に捕捉する

# 第7章

# 西国三十三所巡礼ツーリズムの経験価値の構成概念

# 1 ── 西国三十三所巡礼ツーリズムの
経験価値の源泉を求めて

　今日、ツーリストの誰もが自身の信仰の有無にかかわらず、日本を代表する巡礼である西国三十三所巡礼や四国八十八ヶ所巡礼のバスツアーに参加することで、気軽に巡礼を行っている。現代の巡礼者は、自らの多様な欲求を充足するために、「訪れるに値するもの」として表象された場所や、そこに存在する様々な事柄を目指して聖地に赴いているものと考えられる。したがって、現代の巡礼は消費行動としてのツーリズムの性格が強いといえよう（山中、2009）。現代の巡礼者が巡礼路の自然の景観や巡拝の厳かな雰囲気、仏像や経典などの聖なるものや真正なものに触れるといった内面の私的な経験を通じて獲得する価値は、ツーリスト自身の内面にベクトルが向かうといった特徴がある。巡礼路に存在する多様な資源が、聖地に赴く現代の巡礼者によって、「訪れるに値するもの」として経験消費されているのである。

　西国巡礼は、元来、信仰や修行を基本とする宗教色の強い巡礼であったが、今日ではツーリストの誰もが気軽に参加できるバスツアーとして商品化されている。つまり、伝統的に祈りや修行などの宗教的行為であった西国巡礼は、宗教の枠組みを超えて経験消費される経済財（Collins-Kreiner, 2020）としてのツーリズムに商品化されているのである。

　このような巡礼ツーリズムに参加することで、現代の巡礼者が神仏への祈りを通じて神聖な時空に身を委ね、楽しみ、学び、感動しつつ自分探しをする過程は、経験消費の典型であると考えられる。それゆえ、今日、旅行会社が提供している巡礼ツアーは、伝統的な宗教的行為としての巡礼がツーリズムと融合し、経済財として経験消費されるようになった巡礼ツーリズムの典型例[1]であるといえよう。

1：本研究で取り上げた西国巡礼バスツアーは、観音信仰に基づく日本最古の巡礼が旅行会社によってツアー商品化されたものであり、この点で、宗教的な動機を基本とする巡礼ツーリズムを代表するものである。一方で、昨今アニメのファンが作品のロケ地等の舞台を聖地とみなして訪れる宗教性不在の巡礼ツーリズムが、比喩の域を超えたリアルな巡礼として経験消費されている。本書では、宗教的な動機に基づく巡礼ツアーのみを研究対象とし、アニメの聖地を訪問するといった非宗教的な場所の観光を「聖地巡礼」と呼んで区別し、扱わないこととする。

そこで本章では、西国三十三所を巡拝するバスツアーを具体的事例として取り上げて、その多彩な魅力を経験価値の観点から捉え直すことにより、西国巡礼ツーリズムが有する経験価値の構成概念を仮説的に提示する[2]。既に**第5章**において、主体である消費者が経験する内容そのものが重要な価値を生み出すようになった経験経済システムへの移行に伴い、消費者行動の研究分野で発展してきた「経験価値モデル」(Holbrook & Hirschman, 1982；Holbrook, 1994, 1999, 2006；Pine & Gilmore, 1999；Mathwick et al., 2001, 2002；Oh et al., 2007；Sánchez-Fernández et al., 2009；Hosany & Witham, 2010) が提示した経験価値の価値次元の観点から巡礼ツーリズムの魅力を捉え直した。本章では、以上の考察で得られた「経験価値モデルに基づく巡礼ツーリズムの価値次元」を基礎として、巡礼ツーリズムが内包している主観的な経験としての「真正性の探求」および神仏への祈りを基本的動機とする「聖なるものの探求」に関する先行研究の考察を行うことによって、「真正性の価値」および「神聖性の価値」の価値次元を加味し、西国巡礼ツーリズムが有する経験価値の価値次元の全体像を拡張的に提示する（南地, 2021）。

　本章での考察は、次章で西国巡礼バスツアーが有する経験価値の測定尺度モデルの構築を通じて、経験価値の源泉である構成要素、すなわち価値次元を浮き彫りにするための礎となるものである。

# 2 ── 西国三十三所巡礼ツーリズムの経験価値の価値次元の仮説的提示

## 2.1 経験価値の4E モデル（Pine & Gilmore, 1999）

　**第1章**でもみたように、古来、巡礼は神仏との交流を求めて人々が祈りや修行を行う宗教的行為の一つであったが、それのみならず巡礼者は見聞や娯楽、芸術、健康の回復や増進などの多様な目的をもって旅に出かけた

---

2：南地（2020）は、巡礼およびツーリズムに関する先行研究で論じられてきたそれぞれの特徴を「経験価値モデル」の観点から捉え直し、現代の巡礼者が巡礼ツーリズムに見出す多様な経験価値の価値次元を浮き彫りにしている。

ことが指摘されている（Duchet, 1949；アーリ, 1995, pp.7-8；Tomasi, 2002；Fuller, 1992）。たとえ巡礼の主な目的が、神仏との交流といった宗教的なものであったとしても、彼らは自身の目的や興味、関心に応じて、記念物や博物館、景勝地等へのツーリズムをも行っていたのである（Fuller, 1992）。

　一方、今日の進化した経済システムにおいては、人々が消費の過程で経験する内容が重要な価値を有するようになった。これに伴い、旅行会社は巡礼路の多様な資源を組み合わせて巡礼ツーリズムをプロデュースすることによって、ツーリストの心の中に思い出として残る感覚的にあざやかな経験を提供している。すなわち、旅行会社は巡礼路を取り巻く自然の景観や寺社建築、仏像、経典、あるいは巡拝時の厳かな雰囲気などといったツーリストの経験価値を生み出し得る様々な資源をパッケージにして、巡礼ツーリズムとして商品化し、信仰の有無にかかわらず誰もが気軽に巡礼できる機会を提供している。

　それゆえ、西国巡礼バスツアーにおいては、ツアー参加者は霊場会公認の先達による勤行の指導や仏教教義、由緒などの解説を受けながら仲間とともに読経を行うとともに、霊場近辺の名勝の観光や土産物のショッピングなども楽しんでいる。このように伝統的な宗教の枠組みを超えて、経験消費される経済財としてのツーリズムの側面をも併せ持つようになった現代の巡礼は、感情的、知的、精神的なレベルで働きかけてツーリストを魅了し、サービスを思い出に残る出来事に変える経験価値を多分に内包しているものと考えられる。

　したがって、アーリ（Urry, J.）などの先行研究において、古来、巡礼者が自身の多様な目的や関心、興味を抱きながら聖地へと赴いてきたことが論じられてきたように、現代の巡礼者たちは、Pine & Gilmore（1999）が提示した経験価値の4つの価値次元を西国巡礼バスツアーに見出しているものと考えられる。すなわち、当該バスツアーの参加者たちは、①西国三十三所霊場の自然の景観や寺社建築、仏像、経典、巡拝時の厳かな雰囲気などの物理的な環境の美しさを評価する（Bitner, 1992；Lovelock & Wirtz, 2004；Bonn et al., 2007）「審美的価値」、②巡礼路の景勝地の観光や郷土料理の飲食、地域の名産品の買い物などを楽しむ（Oh et al., 2007）

「娯楽的価値」、③俗なる日常の世界を離れて神仏との交流が可能な非日常の霊場の世界へと移行する（エリアーデ, 2014, pp.154-157；MacCannell, 1973；Turner, 1973；Cohen, 1979）「脱日常的価値」、④西国霊場の偉大な聖人の足跡や仏像、経典などの文化財などを通じて学び、知的好奇心を充足させることに見出す（Prentice, 2004）「教育的価値」といった価値次元を見出しているものと考えられる。

【写真7-1】竹生島から琵琶湖を臨む

【写真7-2】西国霊場第27番札所 圓教寺

## 2.2 真正性の価値

　真正性の探求は、観光地で真正なものに触れたいというツーリストのモチベーションについての研究において、これまで重要なテーマとして取り上げられてきた（Holzer, 2011）。**序章**および**第2章**で論じたように、マキャーネル（MacCannell, D.）は「旅は本来宗教的な巡礼だったのであり、旅も宗教的行為である巡礼も、どちらもがオーセンティックな経験を探求するものである点で、ただ単に形が似ているのみならず動機においても似ている」（マキャーネル, 2001, p.97）と論じた。巡礼者が神仏との交流を求めて宗教的に重要な出来事のあった聖なる場所を訪ねるのに対して、ツーリストは社会的および歴史的、文化的に重要な場所に赴くが、「いずれも

訪問地で真の"生"を分かち合いたいと考え、少なくとも真の"生"を見たいと望んでいる」のである（前掲書, p.97）。

また、グレイバーン（Graburn, N.H.H.）も真正性の探求といった非日常的なものに近代ツーリズムの本質があることを指摘している（Graburn, 1989）。

このように、ツーリストは巡礼路において、「オーセンティックな経験」を望んでいるが、それでは、一体彼らは何をもって真正であるか否かを判断しているのだろうか。この点についてマキャーネルは、ツーリストが観光地などのツーリズムの対象が真正であるか否かを判断する基準として、それらの「オリジナル性」および「リアル性」をあげている（マキャーネル, 2001, pp.97-98）[3]。ワン（Wang, N.）が論じたように、対象そのものが真正であるか否かにかかわらず、主体としての消費者自身が自らの経験を通じて、真正であるか否かを決定するのである（Wang, 1999）。

また、経済システムの経験経済への進化に伴い、製品やサービスを購入する際の消費者の感性も入手可能性からコスト、品質、真正性へと変遷していることが指摘されている（Gilmore & Pine, 2007）。すなわち、製品やサービスを対象とした真正性の研究において、「誠実さ」が真正性を構成する重要な要素となっているのである（Beverland, 2005）。

第4章で述べたように、西国巡礼バスツアーにおいては、霊場会公認の先達が各札所寺院の由緒や縁起、仏教教義などの知識を巡礼ツアー参加者に授け、勤行の身体的作法の指導も行う。それゆえ、参加者がたとえ巡礼の初心者であっても、先達や先輩巡礼者の勤行の作法や読経を手本にしながら練習を積み重ねることで、"ほんもの"の動作や所作を自ら実践し、修得することとなる。霊場会により公認されたという権威のある、白衣を身にまとい金剛杖を手にした先達の、作法に則って誠実に勤行するその立ち居振る舞いは、現代の巡礼者にとって「迫真感（リアル性）」があり、

--------

3: マキャーネルは、バック・リージョンであるかのように演出されたフロント・リージョンを「演出された真正性（staged authenticity）」と呼んで、それは真正性から目をそらしているという点で批判されるのであり（MacCannell, 1973）、ツーリストは真正性の欠落した疑似イベントに満足しているとしたブーアスティン（Boorstin, D.）の指摘（Boorstin, 1962）はあたらないと論じている。バック・リージョンについては、ゴフマン（Goffman, 1959）を参照されたい。

「本来の巡礼であると感じさせるもの（オリジナル性)」であろう。このように、先達から仏教教義や由緒などの知識を授かり、勤行の身体的作法の指導を仰ぎつつ自らも作法に従いながら巡拝するといった経験は、西国巡礼ツアーの参加者にとって「真正性の価値」を有しているものと考えられる[4]。

　したがって、西国巡礼バスツアーが「オリジナル」あるいは「リアル」、「誠実」なものであると参加者が評価する場合に、彼らはそれが真正なものであると判断することとなる。以上の「オリジナル性」および「リアル性」、「誠実さ」の各要素から構成される真正性は、現代の巡礼者が知覚する重要な意味的価値であることから、西国巡礼バスツアーが有する経験価値の重要な価値次元である。

【写真7-3】西国霊場第18番札所 六角堂　　　【写真7-4】西国霊場第25番札所 播州清水寺

---

4：民間旅行会社によって商品化された西国巡礼ツアーが現代の巡礼者に提供する様々な経験は、あくまでも舞台上で演じられ作られた「ほんもの性」に過ぎないといった見方も存在し得る。そもそもオーセンティックなものは、社会的および文化的に創り出される側面を有するとともに、経験消費するツーリスト、あるいは巡礼ツアー商品をプロデュースする旅行会社などといった「真正性の価値」の認識主体の相違、すなわち「誰にとっての真正性なのか」といった、それぞれの立場の違いによって、その内容は多様性を有するものと考えられる。本書の研究では、この点について、経済財としての巡礼ツーリズムを経験消費する主体であるツーリストの観点から、彼らが「真正性の価値」を実際に見出しているのか否かについて、実証研究を通じて検証する。

## 2.3 神聖性の価値

　デュルケーム（Durkheim, É.）は「聖なるもの」を、人間の集団が生み出す心的エネルギーを基盤とする力が物質に宿った「象徴」として捉えて（デュルケーム, 2014）、祭祀などの「聖」なる期間に沸騰する社会的エネルギーの中での、個々の意識的主体による「脱我的」経験であると指摘した（前掲書）。

　そして、エリアーデ（Eliade, M.）は、このような「聖なるもの」を求めて巡礼に赴くといった本質を有する人間を宗教的人間として捉えて、「人間は神々との交流が可能な"中心"に身を置くことを望んで巡礼に赴く」ようになると論じた（エリアーデ, 2014, p.173）

　かつて伝統的な宗教が独占的に支配や管理をしていた、信仰や修行などの「聖なるもの」の領域に属する様々な要素が、それらの支配から解放されて、拡散しながら個人の内面や社会の諸領域に浸透するようになったため、現代宗教そのものが質的に大きな変化を遂げている。現代の宗教的消費者は、このような浮遊する宗教的要素の中から自らの関心に合致するものを探索し、経験消費するようになったのである。

　第3章で述べたように、現代の消費者は自らが依って立つ基盤を求めて宗教資源の探索活動やその取捨選択、消費を繰り返しており（Miller, 2003, pp.84-88）、このような本物の自己を探求するセラピー的自己という消費主体は、再帰的アイデンティティの再編成に向けて「内なる聖性の開発」に専念している（山中, 2020）。それゆえ、今日の巡礼ツアーは、自己の成長や自分探しといった目的の役に立つものとして経験消費される多様なプログラムの一つになっているものと考えられる（山中, 2017）。

　西国巡礼バスツアーの参加者は、先達から霊場各札所寺院の由緒や仏教教義などの知識を授かり、勤行で行う身体的作法についての指導を受けつつ、巡礼を通じて実践を積み重ねる。そして、彼らは勤行時の神聖な雰囲気に身を委ね、仲間と語らい、審美的な仏像や寺社建築を鑑賞するとともに、霊場各札所を巡拝しながら御朱印を納経帳や御軸に集印する[5]。

---

5：御朱印とは、経典を写経したものを寺院に納めた証として受領する印のことをいい、寺院の御宝印に寺号印などを組み合わせて押印し、その上から尊号などが墨書きされる。また、複数の御朱印を集めるこ

【写真7-5】西国三十三所勤行次第（経本）　　　【写真7-6】西国霊場第26番札所 一乗寺の御朱印

　このような巡礼ツアー参加者の行動は、消費者の好みに合うように調整されて、市場経済システム下のスピリチュアル・マーケットに供給された宗教的情緒や雰囲気、物質的なアイテムをアイデンティティの確立手段として経験消費している事例として捉えることが可能であろう。現代の巡礼者は、納経帳や御軸などの物質的なコンテンツのみならず、参加者の間で経験される勤行の作法といった身体的、あるいは霊場の佇まいや巡拝時の厳かな雰囲気、仲間との一体感といった精神的な領域に属する思想や実践、シンボルなども経験消費しているのである[6]。それゆえ、聖なるものや聖なる場所は、儀礼や記憶、統制などを通じた聖化という作業の結果として生じる副産物であり、その営みに大きく依存していると考えると（山中, 2016, p.153）、今日のスピリチュアル・マーケットにおいては、聖と俗といった区分は流動化しており、双方の領域が相互に浸透し合う状況が進展しているものと考えられる。

## 2.4 社会的価値および利他的価値
　第5章で述べたように、ホルブルック（Holbrook, M. B.）は、他者よりも優れているといった評価に基づく優越感や、他者から尊敬されるなど社

とを集印と呼び、そのための帳面を納経帳（御朱印帳）と呼ぶ。
6：リーダー（Reader, I.）は、巡礼地の聖性の存続にとって、ツーリズム産業による巡礼のツアー商品化や御朱印帳などの宗教グッズの販売、鉄道や道路網などの移動手段の整備、あるいは寺院や自治体などによる巡礼地の整備といった世俗的な働きかけが不可欠であるとして、「聖なるものや宗教的なものがこの世的なものの中に埋め込まれている」ことを指摘している（Reader, 2015）。

会的名声を得た際に獲得する経験価値の価値次元として「社会的価値」を提示するとともに、正義感に基づき他者への貢献を行った際に獲得する経験価値の価値次元として「利他的価値」を提示した（Holbrook, 2006）。また、シェス（Sheth, J.N.）およびニューマン（Newman, B.I.）、グロス（Gross, B. L.）も、「社会的価値」を他者との関係を通じて優越感や社会的名声を得た場合や、他者と経験を共有する際に獲得する経験価値の価値次元として定義した（Sheth et al., 1991）。

　現代の世俗社会においては、多様な価値観が日常的に生み出されることにより、教会や寺院などの宗教的空間を中心としたコミュニティを共有する文化的および倫理的な帰属意識が希薄化している。また、特定の伝統宗教が公的な地位や権威を失い、連帯意識や仲間意識などの共同性も崩れていく傾向にある（岡本, 2015）。

　一方、近年、巡礼の目的は多様化・複合化しており、他の巡礼者との語らいや地域住民との交流を求めて巡礼の旅に出かけるケースがみられるようになっている（pp.60-61, 表4-1）。

　西国巡礼バスツアーの参加者は、他の巡礼者とともに読経を繰り返しながら一体感を醸成するとともに、語り合い交流することで人間的交流を深めていく。このような事例は、道中で出会う人々との交流や繋がりを通じて、巡礼者が連帯意識や仲間意識などの共同性を回復する営みであるといえよう（岡本, 2012, pp.220-235）。それゆえ、現代の巡礼者はこのような経験を通じて連帯意識などの共同性を回復する過程に、人と人との繋がり[7]に基づく「社会的価値」を見出しているものと考えられる。

　他方で、日本の代表的な巡礼においては、先祖供養および身近な人の死や病などが動機となって巡礼の旅に出かけるケースが認められる（pp.60-61, 表4-1）。このような場合、西国巡礼者の祈りは自身のことよりも他者に対して向けられており、見返りを求めない無私の心に基づく利他的行為

---

7: クリスタキス（Christakis, N.）とファウラー（Fowler, J.H.）は、遺伝子学や進化生物学、神経科学などの多様な領域における近年の研究成果を踏まえ、人間はその本性を起源として社会的に繋がろうとする傾向にあるとして、人間とは繋がりを本質とする「ホモ・ディクティアス（ネットワーク人）」であるとの見方を提示した。また、彼らは、人間が繋がることで社会的ネットワークを構成する場合には、人間に利他心を生じさせ、それが繋がりを支える働きを有することを指摘している（Christakis & Fowler, 2009）。

の側面を有しているといえよう。また、巡礼ツアーの参加者は、訪れた霊場の整然と整備された佇まいに、関係者による日頃の奉仕の姿を見出すであろう。さらに、先達による巡礼者の先導なども見返りを求めることなく他者に貢献する無私の行為であると考えられる。それゆえ、西国巡礼バスツアーの参加者は、巡礼路で繋がりをもった人々による利他的行為[8]によって助けられ、支えられる経験の中に「利他的価値」を見出しているものと考えられる。

## 2.5 優れたサービスおよびコストパフォーマンス

　西国巡礼バスツアーの参加者は、先達から各札所寺院の由緒や経典などの知識を授けられ、勤行の身体的作法の指導を受けるとともに、添乗員による旅程管理や御朱印の代理受領などのサービスを提供される。ツアー参加者がそれらの一連のサービスを素晴らしいものであると認識する場合には、彼らは巡礼の旅の「サービス」は優れていたと評価するであろう。このような場合、サービスを提供する主体である旅行会社が顧客本位の取り組みを行うことで、ツーリストが好感をもつことを意味する（Holbrook, 1994；Holbrook & Corfman, 1985）。すなわち、消費者が最終的にサービスの品質を評価した場合に、当該サービスは「優れたサービス」となり（Oliver, 1999）、消費者が素晴らしいと知覚することで価値になる（Zeithaml, 1988）。したがって、現代の巡礼者は旅行会社をはじめとする様々な経験ステージャーが提供するサービスの品質を評価し好感を抱くことで、巡礼ツーリズムの経験価値を獲得することとなる。

　また、西国巡礼バスツアーの参加者は、巡礼路を取り巻く自然の景観や荘厳な仏像、あるいは寺院の鐘の音などの美しいものを見聞して感動し、ツアーをともにした仲間との交流を楽しんでいる。このような非日常的な経験が、それに費やした時間や金銭などに見合った実り多いものであるとツアー参加者が認識する場合には、彼らは西国巡礼の旅の「コストパフォ

---

8：ダンら（Dunn et al., 2014）は、慈善寄付と幸福との間の相関関係を明らかにするべく世界136ヶ国を対象に実証研究を行い、他人に与える行為は人を幸せにすることを確認している。また、慈善的な活動に携わっている人は、脳内にエンドルフィンが生じて幸福感が増すことが生化学的な研究により確認されている（Dossey, 2018）。

ーマンス」は良好であったと評価することとなろう。このような場合、彼らは、消費者が投資した時間や価格などに見合った見返りが得られているか否かを表現する価値次元である「コストパフォーマンス」（Mathwick et al., 2001）を見出しているものと考えられる。

　ツーリズム産業は巡礼を消費可能なツーリズム商品としてプロデュースしており、西国巡礼は伝統的な宗教の枠組みを超えて経済財として経験消費されるようになった。したがって、ツーリズムをプロデュースし、提供する主体としての旅行会社がいかにツーリスト本位の取り組みを行い、好感を得ているかといった視点や、ツーリストの時間や金銭的投資などに見合った果実を提供することができているかといった視点は、西国巡礼ツーリズムが有する経験価値の重要な価値次元であると考えられる。

# ③ 西国三十三所巡礼ツーリズムの経験価値の構成概念の全体像

　本章では、西国三十三所巡礼ツーリズムの多彩な魅力を「経験価値モデル」が提示した経験価値の価値次元の観点から捉え直した。そのうえで、真正性および聖なるものの探究についての先行研究のレビューを踏まえつつ、「真正性の価値」および「神聖性の価値」の価値次元を拡張的に加味することにより、西国巡礼ツーリズムが有する経験価値の構成概念を仮説的に提示した。

　西国巡礼バスツアーの参加者が、以下の10個の経験価値の価値次元を見出していることを浮き彫りにした（表7-1）。

①西国霊場各札所の寺院建築や仏像、鐘の音および勤行時の厳かな雰囲気などに見出す「審美的価値」。
②西国巡礼路の自然の景観や景勝地の観光などを楽しむ「娯楽的価値」。
③非日常的でオーセンティックなものを探し求めて西国霊場の聖なる時空に移行する経験に見出す「脱日常的価値」。
④偉大な聖人の足跡を辿ることによって、学んで知的好奇心を満たすことに

**表7-1　西国巡礼ツーリズムの経験価値の構成概念**

| 経験価値の構成概念 | 内容 |
|---|---|
| 審美的価値 | 西国巡礼路を取り巻く自然の景観や寺社建築、仏像、鐘の音、霊場の佇まいや巡礼時の厳かな雰囲気などの美しさを評価する。 |
| 娯楽的価値 | 西国巡礼路の景勝地の観光や郷土料理の飲食、地域の名産品の買い物などを楽しむことを評価する。 |
| 脱日常的価値 | 俗なる日常の世界を離れて、神仏との交流が可能な西国霊場の非日常の世界へと移行することを評価する。 |
| 教育的価値 | 西国霊場の偉大な聖人の足跡を辿り、仏像や経典などの歴史的文化財にふれることで学び、知的好奇心を充足することを評価する。 |
| 真正性の価値 | 西国霊場会公認の先達による各札所寺院の由緒などの教授や、勤行の身体的作法の指導を仰ぎながら巡拝することで、"ほんもの"の巡礼を行っていると評価する。 |
| 神聖性の価値 | 先達が読経する姿や作法を手本として自らも勤行することによって神仏と交流し、「聖なるもの」にふれることを評価する。 |
| 社会的価値 | 先達の指導の下、他の巡礼者と一緒に勤行するとともに、仲間と語り合うことにより、連帯意識や仲間意識などを感じることを評価する。 |
| 利他的価値 | 先祖供養および身近な人の死や病などを動機とする巡礼や、関係者の奉仕による霊場の整備・管理、先達による巡拝の身体的作法の指導などに、見返りを求めることなく他者に貢献する利他心を見出し評価する。 |
| 優れたサービス | 先達による西国霊場各札所の由緒などの知識の授与や勤行の身体的作法などの指導、添乗員の旅程管理や御朱印の代理受領などのサービスが素晴らしいものであると評価する。 |
| コストパフォーマンス | 西国巡礼路の自然の景観や荘厳な仏像、寺院の鐘の音などの美しいものを見開きして感動し、仲間との交流を楽しむ非日常的な経験が、それに費やした時間や金銭などに見合った実り多いものであると評価する。 |

出典▶筆者作成

　見出す「教育的価値」。

⑤西国巡礼のリアル性（迫真感）やオリジナル性（本来の巡礼であると感じさせるもの）、誠実さの各要素から構成される真正性の探求に見出す「真正性の価値」。

⑥先達が読経する姿や作法を手本として自らも勤行することによって神仏と交流し、「聖なるもの」にふれることを評価する「神聖性の価値」。

⑦他のツアー参加者と一緒に勤行し、仲間と語り合うといった人間的交流を通じて、連帯意識などの共同性を回復することに見出す「社会的価値」。

⑧先祖供養などを目的とする巡礼や、関係者による霊場の整備や維持・管

理、先達による身体的作法の指導や由緒などの解説などといった見返りを
求めない無私の行為に見出す「利他的価値」。

⑨西国巡礼の旅で添乗員や先達などから提供されたサービスが優れていると
ツアー参加者が評価する場合に見出す「優れたサービス」。

⑩西国巡礼の旅がそれに費やした時間や金銭などに見合った実り多いもので
あるとツアー参加者が評価する場合に見出す「コストパフォーマンス」。

　以上、本章では、西国巡礼ツーリズムの経験価値の構成概念、すなわ
ち、それが有する経験価値の価値次元を仮説的に提示した。そこで次章で
は、西国巡礼バスツアーの参加者が実際にこれらの経験価値の価値次元を
見出しているのか否かについての検証を行う。具体的には、**第6章**で提示
した手順に基づき、測定尺度モデルを開発し、巡礼ツーリズムの経験価値
を定量的に捕捉する。

第 **8** 章

# 西国三十三所巡礼ツーリズムの
# 経験価値のモデル実証

# 1 ── 構成概念検討のための質問紙の作成と調査

## 1.1 質問紙の作成

　前章では、日本最古の巡礼地とされる西国三十三所を巡礼するバスツアーを具体的事例として取り上げ、西国三十三所巡礼ツーリズムが内包する多様な経験価値の構成概念、すなわち価値次元を仮説的に提示した（南地, 2021）。

　そこで本章では、**第6章**で提示した手順に基づき、巡礼バスツアー[1]の参加者が実際にこれらの経験価値の価値次元を見出しているのか否かについての検証を行う。

　質問紙の作成に際しては、ツーリズム分野の先行研究において開発された経験価値の測定尺度に関する質問項目の中から、巡礼ツーリズムの経験価値を捕捉するための尺度として利用可能な質問項目を援用した。具体的には、経験価値研究の系譜に属する主な「経験価値モデル」に基づき、経験価値を定量的に測定した Mathwick et al.（2001, 2002）および Oh et al.（2007）、Sánchez-Fernández et al.（2009）、Hosany & Witham（2010）、Radder & Han（2015）の測定項目を援用した。

　加えて、巡礼ツーリズムの重要なテーマである「真正性の価値」および「神聖性の価値」に関する質問項目についても先行研究のレビューに基づき独自に設定した（**表8-1**）。

　また、経験価値に関するすべての測定項目は、「そう思う（5点）」から「そう思わない（1点）」までのリッカート5件法に基づき設計した。

---

1：質問紙調査の対象として取り上げた巡礼バスツアーは、(a) S社が主催する「西国三十三ヶ所巡礼の旅」と、(b) T社が主催する「西国三十三ヵ所特別拝観巡礼の旅」である。いずれのバスツアーも、公認先達または僧侶が同行して参加者の巡拝を先導するとともに、添乗員が納経帳の世話を行いながら月1回のペースで催行された（ただし、各回とも、(a) は同一コースが複数の日程および出発地で催行され、(b) は同一コースが複数の日程で催行された）。一部を除いて各回とも日帰りの旅程で2～6ヶ寺ずつ巡拝しながら (a) 計12回ないし、(b) 11回で満願した後、別途1泊2日の旅程で、(a) 高野山あるいは、(b) 善光寺にお礼参りを行う内容であった。なお、参加者は各自の都合に応じて単発での参加が可能となっている。

**表8-1　西国巡礼バスツアーの経験価値の測定項目**

| 経験価値次元と測定項目 | 先行研究 |
|---|---|
| **Q1. 寺院や自然、先達などの印象について** | |
| 1　巡礼路で目にした寺院や自然などの景観が魅力的だった。 | Oh et al., 2007,<br>Hosany & Witham, 2010 |
| 2　巡礼路で目にした寺院建築は美しかった。 | Oh et al., 2007,<br>Hosany & Witham, 2010,<br>Sánchez-Fernández et al.,<br>2009 |
| 3　巡礼の雰囲気が素晴らしかった。 | Sánchez-Fernández et al.,<br>2009 |
| 4　そこにいるだけで楽しかった。 | Oh et al., 2007,<br>Hosany & Witham, 2010 |
| 5　先達の立ち居振る舞いが素晴らしかった。 | Sánchez-Fernández et al.,<br>2009 |
| 6　添乗員の立ち居振る舞いが素晴らしかった。 | Sánchez-Fernández et al.,<br>2009 |
| 7　完全なる調和の感覚を得た。 | Oh et al., 2007,<br>Hosany & Witham, 2010 |
| 8　多様な文化を高く評価する。 | Radder & Han, 2015 |
| **Q2. 巡礼の楽しさや魅力について** | |
| 9　巡礼を楽しんだ。 | Sánchez-Fernández et al.,<br>2009 |
| 10　巡礼でのおもてなしや買い物などのお楽しみが魅力的だった。 | Hosany & Witham, 2010 |
| 11　先達は巡礼をより楽しいものにしてくれた。 | Sánchez-Fernández et al.,<br>2009 |
| 12　添乗員は巡礼をより楽しいものにしてくれた。 | Sánchez-Fernández et al.,<br>2009 |
| 13　先達の立ち居振る舞いを見るのが面白かった。 | Oh et al., 2007,<br>Hosany & Witham, 2010 |
| 14　他の巡礼者の立ち居振る舞いが面白かった。 | Oh et al., 2007,<br>Hosany & Witham, 2010 |
| 15　肉体的に癒された。 | Radder & Han, 2015 |
| **Q3. 日常生活からの解放について** | |
| 16　巡礼の旅は日常生活から一時的に離れる効果があった。 | Sánchez-Fernández et al.,<br>2009 |
| 17　巡礼の旅は別世界にいるように感じさせてくれた。 | Mathwick et al., 2001,<br>2002 |
| 18　日常生活から完全に離脱した。 | Hosany & Witham, 2010 |
| 19　現実の世界から完全に離脱した。 | Oh et al., 2007,<br>Hosany & Witham, 2010 |
| 20　別の時間や場所にいるように感じた。 | Oh et al., 2007,<br>Hosany & Witham, 2010 |
| 21　自分とは違う誰か別の人の役割を演じているように感じた。 | Oh et al., 2007,<br>Hosany & Witham, 2010 |

| 22 | 巡礼の経験は自分が別人になっているような気分にさせてくれた。 | Oh et al., 2007,<br>Hosany & Witham, 2010 |
|---|---|---|
| 23 | 巡礼の旅はすべてを忘れさせてくれた。 | Mathwick et al., 2001,<br>2002 |
| 24 | 人混みから離れることができた。 | Radder & Han, 2015 |
| 25 | ストレスに満ちた社会環境から離れることができた。 | Radder & Han, 2015 |
| 26 | 巡礼での感情の高ぶりによって、日常から解放された。 | デュルケーム, 2014 |
| 27 | 巡礼での精神エネルギーの高まりによって、日常から解放された。 | デュルケーム, 2014 |

### Q4. 学びについて

| 28 | 多くのものを学んだ。 | Oh et al., 2007,<br>Hosany & Witham, 2010 |
|---|---|---|
| 29 | 巡礼の経験によって知識がより豊かになった。 | Oh et al., 2007,<br>Hosany & Witham, 2010 |
| 30 | 真の学びの機会となった。 | Oh et al., 2007,<br>Hosany & Witham, 2010 |
| 31 | 新しいことを学ぶといった好奇心を刺激してくれた。 | Oh et al., 2007,<br>Hosany & Witham, 2010 |
| 32 | 人生哲学を高めることができた。 | Radder & Han, 2015 |
| 33 | 自身の経験を家族や友人たちと共有することができた。 | Radder & Han, 2015 |

### Q5. 巡礼仲間との交流について

| 34 | 他の巡礼者達に親密感を抱いた。 | Sánchez-Fernández et al.,<br>2009 |
|---|---|---|
| 35 | 他の巡礼者達は自分の人間関係にとって相応しい。 | Sánchez-Fernández et al.,<br>2009 |
| 36 | 巡礼は自身の社会との関係や自己評価にとって重要である。 | Sánchez-Fernández et al.,<br>2009 |
| 37 | 先達による先導・指導により巡礼者集団との一体感を感じた。 | 岡本, 2012 |
| 38 | 巡礼仲間との交流を通じて、巡礼者集団との一体感を感じた。 | 岡本, 2012 |
| 39 | 巡礼路での地域住民との交流を通じて、互いの仲間意識を感じた。 | 岡本, 2012 |

### Q6. 見返りを求めない利他的価値について

| 40 | 巡礼には神仏の信仰や先祖供養などの利他的価値がある。 | Sánchez-Fernández et al.,<br>2009 |
|---|---|---|
| 41 | 寺院や景観の保護に取り組む関係者の利他的精神を感じた。 | Sánchez-Fernández et al.,<br>2009 |
| 42 | 先達の先導の中に、見返りを求めない利他的価値を感じた。 | Sánchez-Fernández et al.,<br>2009 |
| 43 | 巡礼者が互いに助け合う姿の中に、利他的価値を感じた。 | 岡本, 2012 |
| 44 | 巡礼路の地域住民との交流の中に、利他的精神を感じた。 | 岡本, 2012 |

### Q7. 西国巡礼で感じた誠実さについて

| 45 | 巡礼の神聖な雰囲気に魅了された。 | Sánchez-Fernández et al.,<br>2009 |
|---|---|---|

| 46 | 巡礼に参加することは、自身にとって信仰的な意味がある。 | Sánchez-Fernández et al., 2009 |
|---|---|---|
| 47 | 巡礼に参加することは、自身にとって倫理的な意味がある。 | Sánchez-Fernández et al., 2009 |
| 48 | 巡礼の「オリジナル性（本来の巡礼であると感じさせるもの）」のおかげで本物の巡礼であると感じた。 | MacCannell, 1973 |
| 49 | 巡礼の「リアル性（現実味、迫真感）」が、本物の巡礼であると感じさせた。 | MacCannell, 1973 |
| 50 | 先達の「誠実さ」のおかげで本物の巡礼を経験することができた。 | Beverland, 2005 |
| 51 | 巡礼者の「誠実さ」により、本物の巡礼を経験することができた。 | Beverland, 2005 |
| **Q8. 旅のお値打ち度について** | | |
| 52 | 巡礼の旅のバス移動や食事休憩等の時間配分は妥当であった。 | Sánchez-Fernández et al., 2009 |
| 53 | 巡礼の日程は休暇予定などの人スケジュールにぴったりだった。 | Mathwick et al., 2001, 2002 |
| 54 | 巡礼ツアーの価格に満足している。 | Sánchez-Fernández et al., 2009 |
| 55 | 巡礼ツアーの内容の充実度からすると値段はお手頃である。 | Sánchez-Fernández et al., 2009 |
| 56 | 巡礼ツアーに要した時間や値段は妥当である。 | Sánchez-Fernández et al., 2009 |
| 57 | 巡礼ツアーには好ましい経済価値がある。 | Mathwick et al., 2001, 2002 |
| **Q9. サービスの品質について** | | |
| 58 | 巡礼ツアーで提供されたサービスの品質は標準以上である。 | Sánchez-Fernández et al., 2009 |
| 59 | 添乗員は有能で親しみやすく、礼儀正しかった。 | Sánchez-Fernández et al., 2009 |
| 60 | 添乗員との人間関係が素晴らしかった。 | Sánchez-Fernández et al., 2009 |
| 61 | 巡礼ツアーの品質が素晴らしかった。 | Sánchez-Fernández et al., 2009 |
| 62 | 巡礼ツアーを主催した旅行会社は素晴らしい。 | Mathwick et al., 2001, 2002 |
| 63 | 巡礼ツアーを主催した旅行会社の提供商品は素晴らしい。 | Mathwick et al., 2001, 2002 |

出典 ▶ 南地，2021

# 1.2 デモグラフィック情報

　旅行会社2社によって2019年の10月〜12月の3ヶ月間に催行された西国巡礼日帰りバスツアーの参加者に対して質問紙調査を行った。具体的に

は、兵庫県内の複数の拠点を発着地とする日帰りバスツアー11回、大阪府内の複数の拠点を発着地とする日帰りバスツアー 2 回の計13回分の巡礼ツアー参加者に対して質問紙調査を行い、267部のデータを回収した。その中から欠損値のある質問紙を除外し、最終的に213部の有効回答を得た。したがって、本調査の有効回答率は79.8%となった。

　得られた質問紙への回答においては、女性が152名（71.4%）、男性が61名（28.6%）であり、60代の参加者が85名（39.9%）、次いで70代が66名（31.0%）と多く、60代以上の参加者が全体の71%を占めた。また、職業については、年金受給者が102名（47.9%）と半数弱を占めるとともに、所得については300万円未満が70%強となった。居住地については、旅行会社 2 社の日帰りバスツアーの発着地が兵庫県と大阪府であったことから、ほとんどの参加者が近畿エリアとなった（99.1%）。

　本調査では、現代の巡礼者が巡礼ツーリズムに参加することで獲得する経験価値は、各々の日頃の信仰の有無によって何らかの影響を受けるのではないかとの問題意識から、ツアー参加者が日頃から信仰を実践しているか否かについての質問を行った。その結果、「①特定の宗教組織に所属（お寺の檀家なども含む）[2]」を選択した回答者が110名（51.6%）となり、参加者の半数以上が日頃から宗教組織に所属しながら信仰を実践していることが判明した。また、「②組織に所属はしていないが信仰心はある方（仏壇・神棚に手を合わせるなど）」と回答した参加者も72名（33.8%）にのぼったことから、組織に所属しているか否かにかかわらず何らかの信仰を実践している参加者が全体の85%を占める結果となった[3]。加えて、参加者の西国巡礼の満願回数についても質問を行ったところ、初回であるとした回答者が113名（53.1%）と最も多く、次いで満願 2 回が27名（12.7%）、満願 3 〜 5

2：本研究では、ツアー参加者の信仰心の有無に焦点を当てていることから、檀家として特定の寺院に所属し、檀那寺が執り行う法要などに参詣するなど、何らかの形で組織とのかかわりをもちながら信仰を実践している人も当該選択肢に含めている。
3：石井（2010）によると、これまで実施された宗教に関する意識調査の「信仰の有無」についての調査結果では、「戦後の60年間に日本人の『信仰有り』は60%から30%を下回る」ようになっており、とりわけ加齢に伴い「信仰有り」の割合が増加する傾向がある中で、2008年の宗教意識調査では60歳以上においても40%を割り込んでいる。このように日本人の「信仰を有する」人々が少数となったにもかかわらず、本研究が調査対象とした西国巡礼バスツアーの参加者全体に占める信仰の実践者の割合が85%にのぼったことは、西国巡礼バスツアーの参加者の宗教意識の高さを示す特徴であると考えられる。

回が23名（10.8％）となった。以上から、巡礼ツアー参加者の過半数が巡礼の初心者であることが判明した（表8-2）。

表8-2　質問紙回答者のデモグラフィック・プロフィール（サンプル数 N＝213）

| デモグラフィック情報 | | 構成比(%) | デモグラフィック情報 | | 構成比(%) |
|---|---|---|---|---|---|
| **性別** | 213 | 100.0 | **日頃の信仰** | 213 | 100.0 |
| 男性 | 61 | 28.6 | 特定の宗教組織に所属（お寺の檀家なども含む） | 110 | 51.6 |
| 女性 | 152 | 71.4 | | | |
| **年齢** | 213 | 100.0 | 組織に所属はしていないが信仰心はある方（仏壇・神棚に手を合わせるなど） | 72 | 33.8 |
| 10歳未満 | 1 | 0.5 | | | |
| 10代 | 0 | 0.0 | 特にない | 31 | 14.6 |
| 20代 | 1 | 0.5 | **所得** | 213 | 100.0 |
| 30代 | 6 | 2.8 | 200万円未満 | 102 | 47.9 |
| 40代 | 19 | 8.9 | 200〜299 | 50 | 23.5 |
| 50代 | 35 | 16.4 | 300〜399 | 27 | 12.7 |
| 60代 | 85 | 39.9 | 400〜499 | 16 | 7.5 |
| 70代 | 66 | 31.0 | 500〜599 | 7 | 3.3 |
| 80歳以上 | 0 | 0.0 | 600〜699 | 4 | 1.9 |
| **職業** | 213 | 100.0 | 700〜799 | 2 | 0.9 |
| 年金 | 102 | 47.9 | 800〜899 | 0 | 0.0 |
| 自営業 | 16 | 7.5 | 900〜999 | 1 | 0.5 |
| 会社員 | 36 | 16.9 | 1000万円以上 | 4 | 1.9 |
| 公務員 | 4 | 1.9 | **西国巡礼の満願回数** | 213 | 100.0 |
| 学生 | 0 | 0.0 | 初めて巡礼中 | 113 | 53.1 |
| その他 | 55 | 25.8 | 1回（先達） | 19 | 8.9 |
| **居住地** | 213 | 100.0 | 2回 | 27 | 12.7 |
| 近畿 | 211 | 99.1 | 3〜5回（中先達） | 23 | 10.8 |
| 中国・四国 | 2 | 0.9 | 6〜10回（大先達） | 13 | 6.1 |
| 関東 | 0 | 0.0 | 11〜16回 | 11 | 5.2 |
| 中部 | 0 | 0.0 | 17〜22回 | 1 | 0.5 |
| 北海道・東北 | 0 | 0.0 | 23〜28回 | 2 | 0.9 |
| 九州 | 0 | 0.0 | 29〜34回 | 4 | 1.9 |
| 海外 | 0 | 0.0 | 35回（特任大先達） | 0 | 0.0 |

出典 ▶ 南地, 2021

# 2 ── 巡礼ツーリズムの経験価値モデルの構築

## 2.1 測定尺度の開発

　本節では、質問紙調査に対する回答によって得られた様々な観測変数の背後に共通して存在し、観測変数に影響を与えている構成概念、すなわち因子を探索的因子分析の実施によって特定し、西国巡礼バスツアーが有する経験価値の測定尺度の開発を行う。

### （1）天井効果およびフロア効果の確認

　最初に、今回の質問紙調査に用いた質問紙を構成する63項目（**表8-1**）について、天井効果（平均値＋SD＞5）およびフロア効果（平均値－SD＜1）の有無を確認した。その結果、質問紙の項目Q1-1、Q1-2、Q2-9に天井効果が認められたため、それらの3項目を分析対象データから削除した[4]。

### （2）探索的因子分析による構成概念の捕捉

　次に、西国巡礼ツーリズムの経験価値に関する仮説的概念モデルが実際にはどのような潜在変数（共通因子）から構成されるのかを明らかにするために、探索的因子分析（最尤法・プロマックス回転）を行った。具体的には、質問紙の60項目の背後にある構成概念、すなわち因子の数を特定することを目的として、因子負荷量が0.6以下の項目を除外しつつ、探索的因子分析を繰り返し行い、すべての因子負荷量が0.6を超えたところで終了した。その結果、29項目が削除され、31項目からなる6因子が検出された[5]（**表8-3**）。

---

4:本来のツアー参加者集団が有している回答分布を正確に測定できていない可能性があり、参加者の個人差を測定するうえで統計分析上貢献度が低いと考えられることから、当該項目を削除することとした。

5:第6章で提示した手順に基づき、固有値が1以上という基準とスクリープロットにより、因子の解釈可能性および因子を構成する項目数（各因子で3つ以上）の観点から検討した結果、6つの因子を抽出した。なお、分析に際しては SPSS Statics ver.26の分析用ソフトを使用した。

**表8-3　経験価値測定項目の因子分析の結果**

| 価値次元と測定項目 | | CR | AVE | α | 平均$M$ | 標準偏差$SD$ | 標準化係数 Factor Loadings |
|---|---|---|---|---|---|---|---|
| **F1：脱日常的価値** | | 0.92 | 0.71 | 0.93 | | | |
| 21 | 自分とは違う誰か別の人の役割を演じているように感じた。 | | | | 2.83 | 0.99 | 0.89 |
| 22 | 巡礼の経験は自分が別人になっているような気分にさせてくれた。 | | | | 2.97 | 1.03 | 0.87 |
| 19 | 現実の世界から完全に離脱した。 | | | | 3.12 | 0.95 | 0.82 |
| 23 | 巡礼の旅はすべてを忘れさせてくれた。 | | | | 2.94 | 1.03 | 0.87 |
| 18 | 日常生活から完全に離脱した。 | | | | 3.39 | 0.91 | 0.75 |
| *26* | *巡礼での感情の高ぶりによって、日常から解放された。* | | | | | | |
| *20* | *別の時間や場所にいるように感じた。* | | | | | | |
| *27* | *巡礼での精神エネルギーの高まりによって、日常から解放された。* | | | | | | |
| **F2：真正性の価値** | | 0.93 | 0.81 | 0.93 | | | |
| 49 | 巡礼の「リアル性（現実味、迫真感）」が、本物の巡礼であると感じさせた。 | | | | 3.37 | 0.89 | 0.95 |
| 48 | 巡礼の「オリジナル性（本来の巡礼であると感じさせるもの）」のおかげで本物の巡礼であると感じた。 | | | | 3.39 | 0.87 | 0.93 |
| 51 | 巡礼者の「誠実さ」により、本物の巡礼を経験することができた。 | | | | 3.47 | 0.91 | 0.83 |
| *46* | *巡礼に参加することは、自身にとって信仰的な意味がある。* | | | | | | |
| *50* | *先達の「誠実さ」のおかげで本物の巡礼を経験することができた。* | | | | | | |
| *47* | *巡礼に参加することは、自身にとって倫理的な意味がある。* | | | | | | |
| **F3：審美的および娯楽的価値** | | 0.89 | 0.68 | 0.89 | | | |
| 6 | 添乗員の立ち居振る舞いが素晴らしかった。 | | | | 4.05 | 0.78 | 0.79 |
| 12 | 添乗員は巡礼をより楽しいものにしてくれた。 | | | | 3.95 | 0.81 | 0.87 |
| 5 | 先達の立ち居振る舞いが素晴らしかった。 | | | | 4.02 | 0.79 | 0.80 |
| 11 | 先達は巡礼をより楽しいものにしてくれた。 | | | | 4.09 | 0.79 | 0.84 |
| *13* | *先達の立ち居振る舞いをみるのが面白かった。* | | | | | | |
| **F4：教育的価値** | | 0.90 | 0.70 | 0.90 | | | |
| 29 | 巡礼の経験によって知識がより豊かになった。 | | | | 3.92 | 0.69 | 0.88 |
| 28 | 多くのものを学んだ。 | | | | 3.95 | 0.75 | 0.82 |
| 30 | 真の学びの機会となった。 | | | | 3.71 | 0.78 | 0.84 |
| 31 | 新しいことを学ぶといった好奇心を刺激してくれた。 | | | | 3.81 | 0.82 | 0.80 |
| *32* | *人生哲学を高めることができた。* | | | | | | |

| 価値次元と測定項目 | CR | AVE | α | 平均M | 標準偏差 SD | 標準化係数 Factor Loadings |
|---|---|---|---|---|---|---|
| **F5：経済的価値** | 0.92 | 0.80 | 0.92 | | | |
| 55 | 巡礼ツアーの内容の充実度からすると値段はお手頃である。 | | | 3.77 | 0.82 | 0.91 |
| 54 | 巡礼ツアーの価格に満足している。 | | | 3.80 | 0.80 | 0.91 |
| 56 | 巡礼ツアーに要した時間や値段は妥当である。 | | | 3.77 | 0.79 | 0.86 |
| 57 | *巡礼ツアーには好ましい経済価値がある。* | | | | | |
| **F6：社会的価値** | 0.88 | 0.71 | 0.88 | | | |
| 34 | 他の巡礼者達に親密感を抱いた。 | | | 3.46 | 0.91 | 0.83 |
| 35 | 他の巡礼者達は自分の人間関係にとって相応しい。 | | | 3.10 | 0.80 | 0.83 |
| 38 | 巡礼仲間との交流を通じて巡礼者集団との一体感を感じた。 | | | 3.25 | 0.88 | 0.86 |

出典 ▶ 南地，2021
備考：斜体表記の項目は、構成概念モデルの洗練化のために Steenkamp & Trijp（1991）に基づき削除された項目であり、本表の計算から除外されている。

第1因子は「Q3-18 日常生活から完全に離脱した」や「Q3-21 自分とは違う誰か別の人の役割を演じているように感じた」などの非日常的な経験を通じて獲得される価値を表す質問項目が集約されたため、「脱日常的価値」と命名した。

次に、第2因子は「Q7-49 巡礼の『リアル性（現実味、迫真感）』が、本物の巡礼であると感じさせた」や「Q7-48 巡礼の『オリジナル性（本来の巡礼であると感じさせるもの）』のおかげで本物の巡礼であると感じた」などの真正性の探求に関する項目から構成されたため、「真正性の価値」と命名した。ツアー参加者からアンケート調査のコメント欄に寄せられた意見の中には、「本物の巡礼作法の重要性や本物の巡礼に感謝の気持ちを喚起された」や「勤行の作法がきっちりとできた人と出会うことで幸せな気分になり、巡拝させて頂けることに対する感謝の気持ちが芽生えた」（ともに60代男性）といったものがみられた。

第3因子は「Q1-5 先達の立ち居振る舞いが素晴らしかった[6]」や「Q1-6

---

6：西国巡礼バスツアーでは、先達が各札所寺院の由緒や縁起、仏教教義などの知識を巡礼ツアー参加者に授けるとともに、勤行の身体的作法についても指導を行う。参加者がバス移動の車中や巡礼時に先達を手本にしながら勤行の作法や読経を一緒に繰り返すことで、動作や所作の一体感が次第に醸成されることとなる（門田、2013, p.79）。このような参加者にとっての指導者であり、模範とすべき先達の白衣

添乗員の立ち居振る舞いが素晴らしかった[7]」といった審美性を評価する項目および「Q2-11 先達は巡礼をより楽しいものにしてくれた」や「Q2-12 添乗員は巡礼をより楽しいものにしてくれた」といった娯楽に関する項目の双方から成り立っていることから、「審美的および娯楽的価値」と名付けた。

また、第4因子は「Q4-29 巡礼の経験によって知識がより豊かになった」や「Q4-31 新しいことを学ぶといった好奇心を刺激してくれた」など、学んで知的好奇心を満たすことを評価する項目から構成されたため、「教育的価値」と呼ぶことにした。学びの価値に関する参加者の感想として、「バスツアーを使って巡礼を始めた方は、勤行の作法などを教えて頂けるので巡拝を続けることが可能になっている」（60代男性）との意見が寄せられた。

第5因子は「Q8-55 巡礼ツアーの内容の充実度からすると値段はお手頃である」や「Q8-56 巡礼ツアーに要した時間や値段は妥当である」などの経済価値に関する項目から成り立っていることから、「経済的価値」と命名した。一方で、コメントの中には「バスツアーの移動は、個人で巡礼する場合と比べて忙しい」（70代女性）というものや、「バスツアーでは、移動の時間がもったいないのでレストランでの食事ではなく、弁当で十分である」（70代男性）といった対照的な意見もみられた。

最後に、第6因子は「Q5-35 他の巡礼者達は自分の人間関係にとって相応しい」や「Q5-38 巡礼仲間との交流を通じて巡礼者集団との一体感を感じた」などといった人間的交流を中心とする項目が集約されたため、「社会的価値」と解釈した。この点については、「ツアー参加者の方といろいろとお話ができて楽しかった」（60代女性）という参加者の意見がみられた。

---

や輪袈裟姿、巡拝や読経の際の立ち居振る舞いは、指導を仰ぎ従うツアー参加者にとって審美性を有するものと考えられる。

7：西国巡礼バスツアーの添乗員の主な業務は、旅程管理をはじめ、バス移動の際の人数確認や宿泊施設での部屋割り、納経帳や御軸の集印などの代行といった、ツアー参加者の視覚外での裏方業務（門田、2013）に加えて、バスの車中や下車後の札所への引率などといった、ツアー参加者の視覚内での顧客対応業務がある。巡礼ツアーの道中、常にツアー参加者の体調を慮り健康管理を怠ることなく、歓談・交流しながら参加者の諸事要望に誠意をもって応える添乗員の姿は審美性を有するものと考えられる。

これらすべての因子は、質問紙を策定する際に予め想定した経験価値の構成概念、すなわち価値次元の内容と符合する（p.133, 表7-1）。とりわけ第2因子においては、先行研究が指摘したオリジナル性あるいはリアル性、誠実さといった真正性を構成する重要な要素が抽出された。以上の分析結果は、ともに真正性を探求する側面を有する巡礼とツーリズムが融合した巡礼ツーリズムが、経験価値の価値次元の一つとして「真正性の価値」を内包していることを示すものである。また、第5因子からは現代の巡礼者が日帰りバスツアーとして商品化された巡礼に「経済的価値」を見出していることが、第6因子からはツアー参加者が巡礼仲間との人間的交流に「社会的価値」を見出していることが浮き彫りになった。

　一方、本調査では「利他的価値」は確認されなかった。予め計画された旅程に沿って参拝を終えるや否や札所間をバスで移動する日帰りバスツアーにおいては、サンティアゴ巡礼のように長期間にわたる徒歩巡礼の過程で様々な人と出会いアクシデントに見舞われる可能性も低いことから、ツーリストが他の巡礼者を助け、あるいは助けられるといった経験を通じて「利他的価値」を見出す機会が乏しかったものと考えられる。

## （3）確認的因子分析による尺度の妥当性の検証

　探索的因子分析の結果得られた複数の観測変数によって捉えられる構成概念、すなわち、因子が本研究の目的である西国巡礼バスツアーの経験価値を測定しているか否かを意味する妥当性について検証するため、確認的因子分析を行った。具体的には、第6章で詳述した手順に従い、各因子を構成するそれぞれの項目が一つの構成概念のみに負荷することを意味する一次元性（Anderson & Gerbing, 1982；Anderson et al., 1987；Gerbing & Anderson, 1988；Hattie, 1985；Steenkamp & van Trijp, 1991）および、ある構成概念が複数の質問項目から構成されるときにそれらの項目得点の間には高い相関が認められることを意味する収束妥当性（Peter, 1981；阿部, 1987）、そして異なる構成概念を構成する項目得点の間には低い相関がみられることを意味する弁別妥当性（Peter, 1981；阿部, 1987）について検討した。

　最初に、西国巡礼ツアーにおける経験価値の測定尺度に関する確認的因

子モデルを構築し、質問紙の項目毎の得点データを当てはめて確認的因子分析を行うことにより、モデルの適合度を評価した。その結果、6因子31項目からなる確認的因子モデルの適合度は、CFI 0.852、TLI 0.836、SRMR 0.068、RMSEA 0.100となり、十分な適合度には達しなかった[8]。

そこで、Steenkamp & van Trijp（1991）[9]に従って、標準化残差が大きいQ4-32、Q7-47、Q7-50、Q7-46、Q2-13、Q8-57、Q3-26、Q3-20、Q3-27の9項目を削除したうえで22項目からなるモデルを再構築し、確認的因子分析を再び行った。その結果、モデルの適合度は、CFI 0.916、TLI 0.900、SRMR 0.056、RMSEA 0.089となり、モデル適合度の許容範囲の水準に達したことから、一次元性が確認されることとなった（図8-1）。

次に、確認的因子分析において、構成概念とそれを構成する複数の項目得点間の相関係数が十分に大きいことを基準として収束妥当性の検討を行った。その結果、潜在変数から観測変数へのすべてのパスの標準化係数（因子負荷量）が1％水準で有意であり、かつ0.5を超えていることから、当該モデルの尺度の収束妥当性が確認された（Bagozzi & Yi, 1988；Steenkamp & van Trijp, 1991）。加えて、各構成概念のAVE（Average Variance Extracted：平均分散抽出）が0.5を上回る値となったことから（Fornell & Larcker, 1981）、この点からも収束妥当性が確認された（表8-3）。

さらに、確認的因子分析において、異なる構成概念間の相関係数が1と異なることを基準（上田・斎藤, 1999）として弁別妥当性について検討した結果、すべての因子間の相関係数が1％水準で有意に1と異なるとともに、AVEが因子間相関の平方よりも大きな値になったことから（Fornell

---

8:CFIやTLIなどの適合度指標は、一般的に0.9以上が望ましい（Bentler & Bonett, 1980；Medsker et al., 1994）とされてきたが、これまで経験的規則については様々な提案がなされるなど一貫した知見が得られていない。本研究では、星野・岡田・前田（2005）に基づき、CFI≧0.9, TLI≧0.9, SRMR≦0.1, RMSEA≦0.1を適合度の好ましい水準とした（p.117, 第6章 3.2）。なお、分析に際してはSPSS Amos 26の分析用ソフトを使用した。

9:Steenkamp & van Trijp（1991）は、確認的因子モデルのデータへのフィットが良くない場合、標準化残差の大きい質問項目を削除してモデルを再構築することによって適合度を高めることを提示している。これを踏まえて、標準化残差の大きい質問項目を削除したため、探索的因子分析では抽出された「聖なるもの」に関する経験価値次元を構成する測定項目のQ3-26およびQ3-27は削除されることとなった。

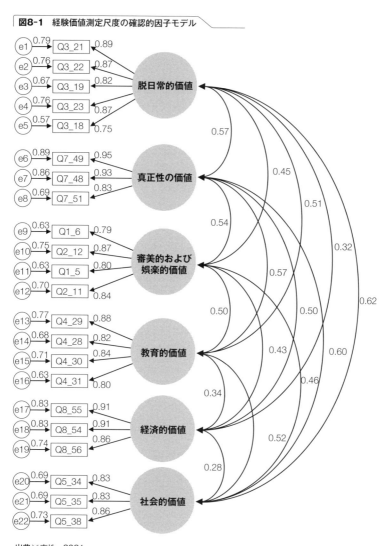

**図8-1　経験価値測定尺度の確認的因子モデル**

出典▶南地，2021

& Larcker, 1981)、当該モデルの尺度の弁別妥当性についても確認された（表8-4）。

**表8-4　経験価値尺度の因子間相関**

| | F1 | F2 | F3 | F4 | F5 | F6 |
|---|---|---|---|---|---|---|
| F1：脱日常的価値 | **0.71** | 0.57 | 0.45 | 0.51 | 0.32 | 0.62 |
| F2：真正性の価値 | 0.33 | **0.81** | 0.54 | 0.57 | 0.50 | 0.60 |
| F3：審美的および娯楽的価値 | 0.20 | 0.30 | **0.68** | 0.50 | 0.43 | 0.46 |
| F4：教育的価値 | 0.26 | 0.33 | 0.25 | **0.70** | 0.34 | 0.52 |
| F5：経済的価値 | 0.10 | 0.25 | 0.19 | 0.12 | **0.80** | 0.28 |
| F6：社会的価値 | 0.39 | 0.36 | 0.21 | 0.27 | 0.08 | **0.71** |

出典▷南地, 2021
備考：相関係数を対角線の右上に表示した。対角線から左下は相関係数の平方を表示し、対角線上に各因子のAVEを表示した。すべての因子間相関は p＜0.01 で有意であった。

## （4）尺度の信頼性の検証

　最後に、繰り返し行ったある概念に関する測定結果において、当該尺度が一貫した結果をもたらす程度を意味する信頼性（Malhotra, 2004）について、Cronbach の $\alpha$ 係数および CR（composite reliability：合成信頼性）による分析を行った。その結果、「脱日常的価値」の $\alpha$ 係数が0.93、「真正性の価値」が0.93、「審美的および娯楽的価値」が0.89、「教育的価値」が0.90、「経済的価値」が0.92、「社会的価値」が0.88となり、いずれも好ましい水準とされる0.70（Nunnally, 1978）を上回るとともに、CR についてもすべての因子が好ましい水準である0.70（Bagozzi & Yi, 1988）を超える値となったことから、尺度の信頼性についても確認された（表8-3）。

## 2.2 参加者属性などの経験価値獲得への影響

　本書では、西国巡礼バスツアーの参加者の日頃の信仰実践の有無や、性別や年齢などといった参加者の属性が、彼らが巡礼ツーリズムに見出す経験価値に対して何らかの影響を与えるのではないかとの問題意識から分散分析を実施した。

　その結果、特定の宗教組織に所属しながら日頃から信仰を行っている参加者や、組織に所属していないものの信仰心はある方と回答した参加者

は、日頃信仰を行っていない参加者よりも「教育的価値」と「社会的価値」を強く見出していることが浮き彫りになった。檀家など何らかの形で組織とのかかわりをもちながら日頃から信仰を実践している参加者や、組織とのかかわりはないものの日頃から仏壇に手を合わせるなど信仰心を有する参加者は、信仰を実践していない信仰心の希薄な参加者よりも、偉大な聖人の足跡を辿りながら仏教の教えを学び、知的好奇心を満たすことを評価する「教育的価値」や、先達や他の巡礼者との人間的交流を通じて仲間意識や一体感を獲得することを評価する「社会的価値」を見出しているものと考えられる。

　また、女性は男性よりも「審美的および娯楽的価値」を見出していること、70代の参加者はその他の世代と比べて「審美的および娯楽的価値」および「教育的価値」の獲得が希薄であること、高所得者ほど「脱日常的価値」や「審美的および娯楽的価値」、「教育的価値」の獲得が希薄であること、職業による経験価値の獲得状況に有意な差がないことが確認された。

　加えて、今回の調査では、巡礼者が満願回数を重ねて3〜5回になった時点で、一旦「脱日常的価値」および「経済的価値」の獲得が希薄になっていることが確認された（表8-5）。

　なお、参加者から寄せられたコメントの中には、「巡礼によって自分磨きをすることが必要であるにもかかわらず、巡礼の作法も覚えずスタンプラリーの如く巡拝した回数を誇る参加者も多数存在する」（60代男性）といった、巡礼の回数のみにとらわれているように見受けられる参加者に対する批判的な意見もみられた。

## 表8-5　日頃の信仰のあり方などによる経験価値の違い

| デモグラフィック情報 | | 平均 M | | | | | |
|---|---|---|---|---|---|---|---|
| | | 脱日常的価値 | 真正性の価値 | 審美的および娯楽的価値 | 教育的価値 | 経済的価値 | 社会的価値 |
| 性別 | 213 | | | | | | |
| 　男性 | 61 | 2.97 | 3.35 | 3.82 | 3.74 | 3.68 | 3.27 |
| 　女性 | 152 | 3.08 | 3.43 | 4.11 | 3.89 | 3.82 | 3.28 |
| 　*F* | | 0.67 | 0.43 | 8.41** | 2.44 | 1.57 | 0.01 |
| 年齢 | 213 | | | | | | |
| 　10歳未満 | 1 | 4.60 | 3.00 | 4.75 | 3.25 | 5.00 | 2.00 |
| 　20代 | 1 | 3.80 | 3.67 | 4.50 | 5.00 | 3.00 | 3.67 |
| 　30代 | 6 | 3.20 | 3.50 | 4.29 | 3.75 | 3.83 | 3.39 |
| 　40代 | 19 | 2.77 | 3.28 | 4.01 | 4.08 | 3.77 | 3.23 |
| 　50代 | 35 | 2.87 | 3.44 | 4.18 | 3.93 | 3.87 | 3.12 |
| 　60代 | 85 | 3.20 | 3.56 | 4.11 | 3.97 | 3.76 | 3.40 |
| 　70代 | 66 | 2.99 | 3.22 | 3.80 | 3.59 | 3.77 | 3.21 |
| 　*F* | | 1.78 | 1.22 | 2.19* | 3.44** | 0.72 | 1.21 |
| 職業 | 213 | | | | | | |
| 　年金 | 102 | 3.06 | 3.39 | 3.94 | 3.76 | 3.77 | 3.26 |
| 　自営業 | 16 | 3.09 | 3.17 | 3.83 | 3.72 | 3.69 | 3.38 |
| 　会社員 | 36 | 2.97 | 3.48 | 4.17 | 4.06 | 3.95 | 3.20 |
| 　公務員 | 4 | 2.80 | 3.00 | 3.94 | 4.25 | 3.00 | 3.17 |
| 　その他 | 55 | 3.09 | 3.50 | 4.16 | 3.90 | 3.79 | 3.32 |
| 　*F* | | 0.20 | 0.82 | 1.74 | 1.97 | 1.67 | 0.22 |
| 日頃の信仰 | 213 | | | | | | |
| ・特定の宗教組織に所属（お寺の檀家なども含む） | 110 | 3.09 | 3.48 | 4.11 | 3.93 | 3.83 | 3.33 |
| ・組織に所属はしていないが信仰心はある方（仏壇・神棚に手を合わせるなど） | 72 | 3.01 | 3.40 | 3.88 | 3.85 | 3.68 | 3.36 |
| ・特にない | 31 | 3.00 | 3.17 | 4.09 | 3.58 | 3.87 | 2.89 |
| 　*F* | | 0.28 | 1.67 | 2.49 | 3.30* | 1.18 | 4.58* |

| デモグラフィック情報 | | 平均 *M* | | | | | |
|---|---|---|---|---|---|---|---|
| | | 脱日常的価値 | 真正性の価値 | 審美的および娯楽的価値 | 教育的価値 | 経済的価値 | 社会的価値 |
| 所得 | 213 | | | | | | |
| 200万円未満 | 102 | 3.15 | 3.45 | 4.15 | 3.86 | 3.84 | 3.25 |
| 200 ~ 299 | 50 | 3.00 | 3.46 | 3.97 | 3.78 | 3.80 | 3.21 |
| 300 ~ 399 | 27 | 3.31 | 3.27 | 3.94 | 3.87 | 3.67 | 3.44 |
| 400 ~ 499 | 16 | 2.94 | 3.58 | 4.23 | 4.20 | 3.90 | 3.56 |
| 500 ~ 599 | 7 | 2.77 | 2.86 | 3.57 | 4.18 | 3.33 | 2.81 |
| 600 ~ 699 | 4 | 2.10 | 3.83 | 3.75 | 3.94 | 3.67 | 3.00 |
| 700 ~ 799 | 2 | 2.50 | 2.50 | 3.50 | 3.63 | 3.33 | 2.67 |
| 900 ~ 999 | 1 | 2.20 | 3.67 | 5.00 | 4.25 | 5.00 | 4.33 |
| 1000万円以上 | 4 | 1.75 | 2.75 | 2.69 | 2.38 | 3.25 | 3.42 |
| *F* | | 2.79** | 1.41 | 3.78*** | 3.73*** | 1.23 | 1.29 |
| 満願回数 | 213 | | | | | | |
| 初めて巡礼中 | 113 | 3.15 | 3.56 | 4.12 | 3.92 | 3.87 | 3.40 |
| 1回（先達） | 19 | 3.27 | 3.37 | 4.08 | 3.95 | 3.98 | 3.25 |
| 2回 | 27 | 3.01 | 3.05 | 4.06 | 3.84 | 3.88 | 3.09 |
| 3 ~ 5回 | 23 | 2.38 | 3.09 | 3.70 | 3.46 | 3.35 | 2.78 |
| 6 ~ 10回（大先達） | 13 | 3.26 | 3.51 | 3.83 | 3.96 | 3.59 | 3.46 |
| 11 ~ 16回 | 11 | 2.93 | 3.27 | 3.89 | 3.82 | 3.42 | 3.24 |
| 17 ~ 22回 | 1 | 2.20 | 3.00 | 3.50 | 3.50 | 4.00 | 3.33 |
| 23 ~ 28回 | 2 | 3.60 | 3.67 | 4.00 | 3.50 | 4.17 | 3.17 |
| 29 ~ 34回 | 4 | 2.95 | 3.50 | 4.00 | 3.81 | 3.58 | 3.50 |
| *F* | | 2.58* | 1.73 | 1.23 | 1.37 | 2.02* | 1.93 |

*P=0.05　**P=0.01　***P=0.001
出典 ▶ 南地，2021

# ③ ── モデル実証の結果

　今日の進化した経験経済システムにおいては、消費者が消費行動の過程で何を見聞きし感じたかといった経験そのものが重要な価値を有するようになった。そこで本章では、現代の巡礼者が西国巡礼バスツアーに見出す経験価値を定量的に捕捉するための測定尺度モデルの開発を試みた。

　具体的には、「経験価値モデル」に関する理論的枠組みを用いて巡礼ツ

ーリズムの特徴を捉え直し、それが有する経験価値の価値次元を提示した。そのうえで、西国巡礼の日帰りバスツアーの参加者に対して質問紙調査を行い、巡礼ツーリズムの経験価値に関する構成概念の提示とその尺度化を行った。

その結果、巡礼ツーリズムに関する構成概念として、「脱日常的価値」および「真正性の価値」、「審美的および娯楽的価値」、「教育的価値」、「経済的価値」、「社会的価値」の計6因子22項目が抽出され、これらの尺度が、一次元性および収束妥当性、弁別妥当性、信頼性を満たしていることを確認した。

モデル実証の結果得られたこれらすべての因子は、**第7章2節**（pp.123-132）において先行研究の考察に基づき仮説的に提示した経験価値の構成概念、すなわち価値次元の内容と符合するものとなった。とりわけ第2因子については、オリジナル性やリアル性、誠実さといった真正性を構成する重要な要素が抽出されて、「真正性の価値」の価値次元が捕捉された。この点で、今回調査対象として取り上げた西国巡礼バスツアーにおいては、それぞれ真正性を探求する側面を有している巡礼とツーリズムが融合した巡礼ツーリズムの特徴が確認された。

一方、「利他的価値」については、今回の調査においては確認されなかった。予め計画された旅の行程に沿いつつ、札所寺院の参拝を終えると慌ただしく次の札所寺院へとバスで移動する日帰りツアーにおいては、様々な出会いやアクシデントで彩られる長期間の徒歩巡礼とは異なり、現代の巡礼者が「利他的価値」を見出す機会を欠いているものと考えられる。

西国巡礼バスツアーの参加者は、先達から各札所寺院の由緒や仏教教義などの知識を授けられるとともに、巡拝や読経などの身体的作法についても指導を受けながら実践を積み重ねる。彼らはこれらの"ほんもの"の巡礼経験を通じて学び、聖なるものにふれながら、動作や所作のみならず、心情的な一体感をも次第に醸成しているものと考える。

また、本研究では、参加者が日頃から信仰を実践しているか否かが、彼らが巡礼ツーリズムに見出す経験価値に対して何らかの影響を与えるのではないかとの問題意識から、日頃の信仰実践の有無に関する質問項目を設

けて分散分析を行った。その結果、特定の宗教組織に所属しながら日頃から信仰を実践している巡礼者や、組織には所属していないものの信仰心はある方と回答したツアー参加者は、日頃信仰を行っていない巡礼者よりも「教育的価値」と「社会的価値」を強く見出していることが明らかになった。

　日頃から熱心に信仰を行っている参加者は、日頃信仰を行っていない巡礼者よりも強い信仰指向性を有することから、西国巡礼バスツアーに参加し、先達から巡礼に関する様々な知識を学び、身体的作法の指導を受けるといった経験の中に、彼らは学んで知的好奇心を満たすことを評価する「教育的価値」および共同性の獲得を評価する「社会的価値」を見出しているものと考えられる。このような日頃の信仰実践の有無が経験価値の獲得状況に影響を与えるといった分析結果の内容は、宗教的動機を基本とする巡礼ツーリズムに特徴的なものであると考えられる。

# 第9章

# 四国八十八ヶ所巡礼ツーリズムの
# 経験価値の構成概念

# 1 ── 四国八十八ヶ所巡礼ツーリズムの 経験価値の源泉を求めて

　本書の前章までの研究において、西国三十三所巡礼ツーリズムが内包する多様な経験価値の構成概念、すなわち価値次元を仮説的に提示し、巡礼ツアーの参加者がこれらの経験価値の価値次元を実際に見出しているのか否かについて検証した。

　そこで本章では、日本を代表するもう一つの巡礼である四国八十八ヶ所巡礼のバスツアーを具体的事例として取り上げて、その多彩な魅力を経験価値の観点から捉え直すことにより、四国巡礼ツーリズムが有する経験価値の構成概念を仮説的に提示する。

　ここで四国巡礼バスツアーを分析対象とするのは、元来、神仏への祈りや修行などを中心とする宗教色の強い四国巡礼が、ツーリストの誰もが自らの信仰の有無にかかわらず気軽に参加できる巡礼ツアーとして商品化され、現代の巡礼者によって経験消費されているからである。すなわち、四国巡礼ツアーは西国巡礼ツアーと同様、伝統的に宗教色の強い巡礼の枠組みを超えて、経済財として経験消費されるようになった巡礼ツーリズムの典型例であると考えられる。

　具体的には、**第5章**の考察で得られた「経験価値モデルに基づく巡礼ツーリズムの価値次元」を基礎として、巡礼ツーリズムが内包している主観的な経験としての「真正性の探求」および神仏への祈りを基本的動機とする「聖なるものの探求」に関する先行研究の考察を行うことによって、「真正性の価値」および「神聖性の価値」の価値次元を加味し、四国巡礼ツーリズムが有する経験価値の価値次元の全体像を拡張的に提示する（南地, 2022a, 2022b）。

　本章での考察は、次章で詳述する四国巡礼バスツアーが有する経験価値の測定尺度モデルの構築を通じて、経験価値の源泉である構成要素、すなわち価値次元を浮き彫りにするための礎となるものである。

# 2 ── 四国八十八ヶ所巡礼ツーリズムの経験価値の価値次元の仮説的提示

## 2.1 経験価値の4E モデル（Pine & Gilmore, 1999）

これまで述べてきたように、現代社会においては、消費が顕示的および記号的消費のみならず自己アイデンティティの確立手段の一つとしても用いられるようになったことから、消費者が消費行動の過程で何を見聞きし感じたかといった経験の内容そのものが重要な価値を有するようになった（Pine & Gilmore, 1999）。従来の経済価値はすべて買い手の外部に存在していたのに対して、経験は感情的、身体的、知的、さらに精神的なレベルで買い手の内面に働きかけて顧客を魅了することで、サービスを思い出に残る出来事に変える。それゆえ、経験を買う人は、ある瞬間やある時間に企業が提供してくれる消費の過程での経験としての"コト"に価値を見出すこととなる。

四国巡礼バスツアーにおいては、旅行会社をはじめとする様々な経験ステージャーが、巡礼路の多彩な資源を用いて、ツーリストの心の中に思い出として残る感覚的にあざやかな経験を提供している。それゆえ、元来、神仏への祈りや修行を基本とする宗教的行為であった巡礼は、ツーリズムとして商品化されることで、伝統的な宗教組織の枠組みを超えて経験消費される経済財（Collins-Kreiner, 2020）としての側面をも併せ持つようになっている（Sternberg, 1997）。

四国巡礼バスツアーの参加者は、先達による勤行の身体的作法の指導を受けながら仲間とともに仏前で読経し、巡礼路の自然の景観や景勝地の観光、土産物の買い物などを楽しみ、御朱印を集印する。彼らがこのように四国巡礼ツアーに参加して、学びつつ楽しみ、非日常の神聖なものに身をゆだね、審美なものに感動しつつ自分探しをするプロセスは、経験消費の典型であるといえよう。

したがって、アーリ（Urry, J.）などの先行研究が巡礼者の多様な目的や関心について論じたように（Duchet, 1949；Urry, 1990；Tomasi, 2002；Fuller, 1992）、現代の巡礼者は四国巡礼バスツアーでの経験を通じて、そ

れぞれの目的や興味、関心に応じて多彩な価値を見出しているものと考えられる。

　すなわち、彼らは、Pine & Gilmore（1999）が提示した、①四国霊場を取り巻く自然の景観や各札所寺院の仏像、勤行時の厳かな雰囲気などといった物理的な環境の美しさを評価する（Bitner, 1992；Lovelock & Wirtz, 2004；Bonn et al., 2007）「審美的価値」、②景勝地を訪れ、買い物や食事を楽しむ（Oh et al., 2007）「娯楽的価値」、③日常の俗なる世界を離れて、神仏との交流が可能な四国霊場の聖なる時空へ移行する（Eliade, 1957；MacCannell, 1973；Turner, 1973；Cohen, 1979）「脱日常的価値」、④各札所寺院の由緒や仏教教義、巡拝の身体的作法を学び、偉人の足跡にふれることで自ら学んで、知的好奇心を満たすことを評価する（Prentice, 2004）「教育的価値」を四国巡礼バスツアーに見出しているものと考えられる。

【写真9-1】四国霊場第85番札所 八栗寺のお迎え大師　　【写真9-2】八栗ケーブル

## 2.2 真正性の価値

　マキャーネル（MacCannell, D.）やグレイバーン（Graburn, N.H.H.）などの先行研究において、近代ツーリズムの本質が単なる一時的な遊興ではなく、ツーリストによるオーセンティックな経験の探求といった非日常的

で神聖なものの中に存在することが論じられてきた（マキャーネル, 2001, pp.102-103；Graburn, 1989, pp.21-36）。すなわち、旅も巡礼も、ともに真正性の探求といった人間の主観的な経験を基底にしているのである。宗教的に重要な意味を有する聖地へ赴く巡礼者も、社会的および歴史的、文化的に重要な場所に赴くツーリストも、「ともに訪問地で真の"生"を分かち合いたい」と望んでいるのである（マキャーネル, 2001, p.97）。

　そして、そのような「オーセンティックな経験」を望むツーリストが、観光地などが有する「オリジナル性」あるいは「リアル性」を、真正性の判断基準としていることが指摘されている（前掲書, p.97-98）。他方で、経験経済システムへの移行に伴い、製品やサービスの購入時の消費者の感性が、それらの入手可能性からコスト、品質、そして真正性へと変遷しており（Gilmore & Pine, 2007）、「誠実さ」もまた真正性を構成する重要な要素となっている（Beverland, 2005）。

　四国巡礼バスツアーにおいては、四国八十八ヶ所霊場会公認の先達が各札所寺院の由緒や縁起、仏教教義などをツアー参加者に授け、勤行の身体的作法の指導も行う。これによって、たとえツアー参加者が巡礼の初心者であっても、彼らが公認先達や巡礼の回数を重ねた先輩巡礼者の勤行の作法や読経を手本にしながら実践を積み重ねることによって、"ほんもの"の動作や所作を修得することが可能となる（門田, 2013）。霊場会が公認したという権威のある、白衣を身にまとい、金剛杖を手にした威厳のある先達が、身体的作法に基づき誠実に勤行するその立ち居振る舞いは、巡礼の初心者であるツーリストにとっては、迫真感や現実味（リアル性）があり、本来の巡礼であると感じさせるもの（オリジナル性）であろう。したがって、先達から仏教教義や各札所寺院の由緒などの知識を授かり、勤行の身体的作法の指導を仰ぎながら、自らも作法に従いながら巡拝するといった経験は、現代の巡礼者にとって「真正性の価値」を有しているものと考えられる[1]。

---

1：四国巡礼バスツアーでは、先達から仏教教義や各札所寺院の由緒などの知識とともに、勤行の身体的作法が授けられるなど、特に巡礼の初心者にとっては多様な経験が可能となっている。これらは経験ステージャーである民間旅行会社が四国霊場の舞台上でプロデュースするものであることから、オーセンティシティを欠いているとの見方もできよう。しかしながら、たとえ経済財として商品化された巡礼ツ

このように、ツアー参加者が四国巡礼バスツアーに「オリジナル性」あるいは「リアル性」、「誠実性」を認識する場合に、彼らは“ほんもの”の四国巡礼を自身が実践していると認識し、評価することとなる。以上の「オリジナル性」および「リアル性」、「誠実さ」の各要素から構成される真正性は、現代の巡礼者が知覚する重要な意味的価値であることから、四国巡礼バスツアーが有する経験価値の重要な価値次元であると考えられる。

## 2.3 神聖性の価値

デュルケーム（Durkheim, É.）が「聖なるもの」を、人間の集団が生み出す心的エネルギーを基盤とする力が物質に宿った「象徴[2]」として捉えたことについては**第7章**で述べたが（デュルケーム, 2014）、キーン（Keane, W.）はこのような宗教が有する物質的な側面に焦点を当てて、「宗教は常に物質的な形態を伴う」ことを指摘している（Keane, 2008）。また、アルウェック（Arweck, E.）とキーナン（Keenan, W.）も「宗教という観念自体は物質的な発現によって具体化することなしには概して曖昧である」と論じている（Arweck & Keenan, 2006）。

さらに、モーガン（Morgan, D.）は、信仰が「定理や教理への言説的承認であるのみならず、力や出来事、場所を神聖なものにする人間活動である」ことを指摘して（Morgan, 2009, p.73）、信仰は「教理の確認という意味でドグマ的であり、感情や情感の経験という意味で情動的であり、一定の義務行為の上演という意味で行為的であり、ある集団の不連続的あるいは明確な実践への参与という意味で実践的である」と論じている（前掲書, p.7）。

すなわち、「宗教の観念的および精神的世界は、物質や客体といった二

アーであっても、それぞれの参加者が行う神仏への祈りや読経などの行為は、私的かつ内面的な側面を有することから、各参加者にとっての「ほんもの」の巡礼を探求するための特別な「時空」が巡礼ツアーには存在し得るものと考えられる。したがって、本書においては、ツアー参加者がそれぞれにとっての「真正性の価値」を見出しているのか否かに焦点を当てて検証を行う。

2：ヴュナンビュルジェ（Wunenburger, J.-J.）は、象徴表象は聖体示現的なものになることができることから「聖なるもの」の本質を成すものであり、それは勝手に作った恣意的なものではなく、アナロジーおよび融即の原理によって規定されると論じている。そのうえで、彼は「聖なるものは、それ自体が客観化され、名づけられ、社会化された、宗教的なまた芸術的な文化のなかに位置を占める」と論じている（ヴュナンビュルジェ, 2018）。

次的なものの日常的な実践を通じて具体化される」のである（森, 2015）。俗なる行動がそうであるように、聖なる行動も身体、感情、精神に訴えることから、聖と俗との間には精神生理学的な連続性が存在するものと考えられる（Wunenburger, 2015, p.79）。

　四国巡礼バスツアーにおいては、参加者は先達から各札所寺院の由緒や仏教教義などを学び、勤行の身体的作法の指導を受けながら、他のツアー参加者と一緒に巡拝の実践を積み重ね、聖なるものに身をゆだねる。彼らはまた、御朱印を集印し、仏像や霊場の厳かな佇まいを鑑賞する。すなわち、巡礼ツアーの参加者は、納経帳や御軸などの物質的コンテンツをはじ

【写真9-3】四国霊場第71番札所 弥谷寺の磨崖仏と水場の洞窟

【写真9-4】四国霊場第75番札所 善通寺瞬目大師（めひ　　【写真9-5】四国霊場第88番札所 大窪寺の御朱印
　　　　　きだいし）のお札

め、霊場空間や勤行時の神聖な雰囲気、ともに勤行する先達や仲間との一体感といった、勤行の行為に加えて、事物や空間、そしてそれらが醸し出す雰囲気や感情、情緒なども経験消費しているのである（Reader, 2015）。

　このように、四国霊場を巡礼する宗教的消費者は、ツアーに参加することで巡拝の身体的作法の実践をはじめ、納経帳や白衣、金剛杖などの物質的なアイテム、霊場空間が醸し出す雰囲気、そしてそれらを通じて獲得される宗教的感情や情緒などの中に、それぞれにとっての価値を見出しながら自らのアイデンティティを構築している（Roof, 1999）。それゆえ、四国霊場の空間においては「聖なるもの」と「俗なるもの」の双方は互いにせめぎ合いつつも（Eade & Sallnow, 1991）、一方が他方の構成要素となり得る表裏一体の関係にあると考えられる。

## 2.4 社会的価値および利他的価値
　第5章でみたように、ホルブルック（Holbrook, M.B.）は優越感や社会的名声を得た際に獲得する経験価値の価値次元として「社会的価値」を、そして、正義感に基づき他者に貢献した際に獲得する経験価値の価値次元として「利他的価値」を定義し、提示した（Holbrook, 2006）。また、シェス（Sheth, J.N.）およびニューマン（Newman, B.I.）、グロス（Gross, B.L.）は、他者との関係を通じて優越感や社会的名声を得た場合や、他者と経験を共有する際に獲得する経験価値の価値次元として「社会的価値」を定義した（Sheth et al., 1991）。

　四国霊場を巡拝する遍路者の内面に焦点を当てた先行研究（藤原, 2000, 2001, 2003；福島, 2004, 2006；境, 2016；楠本・境, 2018；境・楠本, 2018）は、自然に囲まれた霊場の雰囲気をはじめ、地域住民とのふれ合いや、その温かさに心が癒されるといった経験が素晴らしいものであると彼らが実感していることを浮き彫りにしている。このような遍路者の内面的経験は、彼らが他の巡礼者や地域の人々との人間的交流を通じて連帯意識や仲間意識などの共同性を回復する営みであるといえよう（岡本, 2012, pp.121-145；Turner, 1969）。それゆえ、四国霊場を取り巻く人々との人間的交流を通じて繋がり（Christakis & Fowler, 2009）、共同性を回復する過程に、現代の

四国巡礼者はホルブルックやシェスらが提示した「社会的価値」（Holbrook，2006；Sheth et al., 1991）を見出しているものと考えられる。

　一方、四国巡礼においては、先祖供養および身近な人の死や病などが動機となって遍路の旅に出かけるケースが認められる（pp.60-61, **表4-1**）。このような場合、巡礼者の祈りは見返りを求めない無私の心で他者に対して向けられている。また、四国の地域住民による遍路者の「お接待」や、先達による巡礼者の先導なども、見返りを求めることなく他者に貢献する無私の行為である。それゆえ、遍路者は「お接待」を受けることで人の優しさが身に沁み、彼らの心に他者に対する感謝の気持ちやお返しをしたいといった気持ちが芽生えていることが明らかになっている（藤原, 2000, 2001, 2003；福島, 2004, 2006；境, 2016；楠本・境, 2018；境・楠本, 2018）。このように、四国巡礼バスツアーの参加者が、巡礼路で繋がりをもった人々によって助けられ、支えられるといった経験をする場合（Dunn, 2014；Dossey, 2018）、彼らは「利他的価値」を見出すものと考えられる。

## 2.5 優れたサービスおよびコストパフォーマンス

　サービスを提供する主体である旅行会社が顧客本位の取り組みを行うことで消費者であるツーリストが好感をもち（Holbrook, 1994；Holbrook & Corfman, 1985）、彼らが最終的にサービスの品質を評価して（Oliver, 1999）、素晴らしいと知覚する場合に（Zeithaml, 1988）、当該サービスは「優れたサービス」となる。

　四国巡礼バスツアーにおいては、特段に信仰をもたないツーリストにとっては馴染みのない勤行の身体的作法や仏教教義、各札所寺院の由緒などを霊場会公認の先達が解説するなど、ツアー参加者が巡礼に関する知識を学ぶ機会が提供されている。また、添乗員は御朱印の代行取得を行うことで、ツアー参加者が参拝に専念できるよう便宜を図るとともに、旅程管理や参加者の健康管理を行い、巡礼の旅の安心や安全を提供している。このような巡礼の過程で提供される一連のサービスの内容をツアー参加者が評価し、好感を抱く場合には、彼らは「優れたサービス」の価値次元を見出すこととなる。

一方、「コストパフォーマンス」は、ツーリストが財務的、時間的、行動的、心理的資源を投資することによってどれだけの利益を獲得することができるのかに関する価値次元である（Mathwick et al., 2001, p.41）。したがって、巡礼ツアーの参加者が、自らが投資した時間や金銭などに見合った見返りが得られたと認識した場合には、旅の「コストパフォーマンス」は良好であったと評価することになる。

　四国巡礼バスツアーにおいては、バスによる移動を基本としながら、あらかじめ定められた時間にレストランで食事をとることに加え、温泉施設が完備された宿泊施設を利用するなど、ツーリストの肉体的および精神的負担が軽減されている。また、添乗員による時間管理や参加者の健康管理を通じて旅全般にかかわるリスクマネジメントが行われており、巡礼の初心者であっても安全かつ効率的に巡礼できるよう旅程が組まれている。さらに、公認先達による勤行の身体的作法の指導や仏教教義などの教授のみならず、景勝地の観光や土産物の買い物、郷土料理の食事などといったメニューも提供されている。

　このような多彩なメニューを通じて、楽しみ、学び、神聖な雰囲気に身をゆだね、巡礼仲間と交流し、感動するといった非日常的な経験が、それに費やした時間や金銭などに見合うものであるとツアー参加者が認識する場合には、「コストパフォーマンス」は良好であったと彼らは評価することとなろう。

　したがって、旅行会社がいかにツーリスト本位の取り組みを行い、彼らの好感を得ているかといった視点や、ツーリストの時間や金銭的投資などに見合った果実を提供することができているかといった視点は、四国巡礼バスツアーが有する経験価値の重要な価値次元であると考えられる。

# 3 ── 四国八十八ヶ所巡礼ツーリズムの経験価値の構成概念の全体像

　本章では、四国八十八ヶ所巡礼ツーリズムが有する多彩な魅力を「経験価値モデル」が提示した経験価値の価値次元の観点から捉え直した。その

うえで、真正性および聖なるものの探究についての先行研究のレビューを踏まえつつ、「真正性の価値」および「神聖性の価値」の価値次元を拡張的に加味することによって、四国巡礼ツーリズムが有する経験価値の構成概念を仮説的に提示した。

　すなわち、四国巡礼バスツアーの参加者が、以下の10個の経験価値の価値次元を見出していることを浮き彫りにした（表9-1）。

表9-1　四国巡礼ツーリズムの経験価値の構成概念

| 経験価値の構成概念 | 内容 |
|---|---|
| 審美的価値 | 四国巡礼路を取り巻く自然の景観や寺社建築、仏像、鐘の音、霊場の佇まいや巡拝時の厳かな雰囲気などの美しさを評価する。 |
| 娯楽的価値 | 四国巡礼路の景勝地の観光や郷土料理の飲食、地域の名産品の買い物などを楽しむことを評価する。 |
| 脱日常的価値 | 俗なる日常の世界を離れて、神仏との交流が可能な四国霊場の非日常の世界へと移行することを評価する。 |
| 教育的価値 | 弘法大師をはじめとする四国霊場の偉大な聖人の足跡を辿り、仏像や経典などの歴史的文化財にふれることで学び、知的好奇心を充足することを評価する。 |
| 真正性の価値 | 四国霊場会公認の先達による各札所寺院の由緒などの教授や、勤行の身体的作法の指導を仰ぎながら巡拝することで、"ほんもの"の巡礼を行っていると評価する。 |
| 神聖性の価値 | 四国霊場の神仏への祈りを通じて神聖な時空に身を委ねるとともに、数珠や御朱印などの物質的なアイテムや、巡拝用の白衣を身に着ける行為に「聖なるもの」を見出し評価する。 |
| 社会的価値 | 先達の指導の下、他の巡礼者と一緒に勤行するとともに、仲間と語り合うことにより、連帯意識や仲間意識などを感じることを評価する。 |
| 利他的価値 | 先祖供養および身近な人の死や病などを動機とする巡礼や、霊場各所の地域住民によるお接待、関係者の奉仕による霊場の整備・管理、先達による巡拝の身体的作法の先導などに、見返りを求めることなく他者に貢献する利他心を見出し評価する。 |
| 優れたサービス | 先達による四国霊場各札所の由緒などの知識の授与や勤行の身体的作法などの指導、あるいは添乗員の旅程管理や御朱印の代理受領などのサービスが素晴らしいものであるとツーリストが認識する。 |
| コストパフォーマンス | 四国巡礼路の自然の景観や荘厳な仏像、寺院の鐘の音などの美しいものを見聞して感動し、仲間との交流を楽しむ非日常的な経験が、それに費やした時間や金銭などに見合った実り多いものであると評価する。 |

出典　筆者作成

①四国霊場各札所の寺院建築や仏像、鐘の音および勤行時の厳かな雰囲気などに見出す「審美的価値」。

②四国巡礼路の自然の景観や景勝地の観光などを楽しむ「娯楽的価値」。

③非日常的でオーセンティックなものを探し求めて四国霊場の聖なる時空に移行する経験に見出す「脱日常的価値」。

④弘法大師をはじめとする偉大な聖人の足跡を辿ることによって、学んで知的好奇心を満たすことに見出す「教育的価値」。

⑤四国巡礼のリアル性（迫真感）やオリジナル性（本来の巡礼であると感じさせるもの）、誠実さの各要素から構成される真正性の探求に見出す「真正性の価値」。

⑥四国霊場の神仏への祈りを通じて神聖な時空に身をゆだねるとともに、数珠や御朱印などの物質的なアイテムや、巡拝用の白衣を身に着ける行為に「聖なるもの」を見出し評価する「神聖性の価値」。

⑦仲間と一緒に勤行するとともに、語り合うといった人間的交流を通じて、仲間意識や連帯意識などの共同性を回復することに見出す「社会的価値」。

⑧先祖供養などを目的とする巡礼や、四国霊場を取り巻く地域住民によるお接待、先達による身体的作法の指導や各札所寺院の由緒などの解説などといった見返りを求めない無私の行為に見出す「利他的価値」。

⑨四国巡礼の旅で添乗員や先達などから提供されるサービスが優れているとツアー参加者が評価する場合に見出す「優れたサービス」。

⑩四国巡礼の旅がそれに費やした時間や金銭などに見合った実り多いものであるとツアー参加者が評価する場合に見出す「コストパフォーマンス」。

　本章では、四国巡礼ツーリズムの経験価値の構成概念、すなわち、それが有する経験価値の価値次元を仮説的に提示した。次章では、西国巡礼バスツアーと同様の手順によって、四国巡礼バスツアーの参加者が実際にこれらの経験価値の価値次元を見出しているのか否かについての検証を行う。

# 四国八十八ヶ所巡礼ツーリズムの
# 経験価値のモデル実証

# 1 ── 構成概念検討のための質問紙の作成と調査

## 1.1 質問紙の作成

　本章では、前章で仮説的に提示した四国八十八ヶ所巡礼ツーリズムが有する多様な経験価値の構成概念、すなわち価値次元を、巡礼バスツアー[1]の参加者が実際に見出しているのか否かについて検証する。そのために、ツアー参加者に対して質問紙調査を行い、得られたデータを基に四国巡礼バスツアーが有する経験価値を定量的に捕捉するための測定尺度モデルを開発する。

　なお、質問紙については、西国三十三所巡礼ツーリズムと同様の手順により（p.136, 第8章）作成した（表10-1）。

**表10-1　四国巡礼バスツアーの経験価値の測定項目**

| | 経験価値次元と測定項目 | 先行研究 |
|---|---|---|
| **Q1. 寺院や自然、先達などの印象について** | | |
| 1 | 巡礼路で目にした寺院や自然などの景観が美しかった。 | Oh et al., 2007, Hosany & Witham, 2010 |
| 2 | 巡礼路で目にした寺院建築は美しかった。 | Oh et al., 2007, Hosany & Witham, 2010, Sánchez-Fernández et al., 2009 |
| 3 | 霊場のたたずまいや雰囲気は審美的（美しい）であった。 | Sánchez-Fernández et al., 2009 |
| 4 | 先達がツアー参加者を先導し巡拝する立ち居振る舞いが美しかった。 | Sánchez-Fernández et al., 2009 |
| 5 | 添乗員がツアー参加者に接する立ち居振る舞いが美しかった。 | Sánchez-Fernández et al., 2009 |
| **Q2. 巡礼の楽しさや魅力について** | | |
| 6 | 巡礼を楽しんだ。 | Sánchez-Fernández et al., 2009 |
| 7 | 巡礼路での土産物の買い物や食事などが楽しかった。 | Hosany & Witham, 2010 |
| 8 | 先達は巡礼をより楽しいものにしてくれた。 | Sánchez-Fernández et al., 2009 |

1：質問紙調査の対象として取り上げた巡礼バスツアーは、(a) I社が主催する四国へんろツアーの「歩き遍路」と「逆打ち遍路」、「友引遍路」および、(b) K社が主催するお遍路ツアーの「歩き遍路」と「バス遍路」、(c) S社が主催する「四国八十八ヶ所：お遍路の旅」である。いずれのバスツアーも、公認先達または僧侶が同行して参加者の巡拝を先導する。バス遍路タイプのものは、月1回のペースで各回とも数ヶ所ずつ札所を巡拝し、概ね12回で結願する。なお、巡礼ツアー結願までに巡礼回数を重ねることとなるため、同一のツアー参加者が回をまたいで参加し、重複してアンケート調査に回答することのないよう、調査対象とするツアーを選択のうえ調整した。

| 9 | 添乗員は巡礼をより楽しいものにしてくれた。 | Sánchez-Fernández et al., 2009 |
|---|---|---|
| 10 | 他の巡礼者の立ち居振る舞いが面白かった。 | Oh et al., 2007,<br>Hosany & Witham, 2010 |

**Q3. 日常生活からの解放について**

| 11 | 日常生活から完全に離脱した。 | Hosany & Witham, 2010 |
|---|---|---|
| 12 | 現実の世界から完全に離脱した。 | Oh et al., 2007,<br>Hosany & Witham, 2010 |
| 13 | 自分とは違う誰か別の人の役割を演じているように感じた。 | Oh et al., 2007,<br>Hosany & Witham, 2010 |
| 14 | 巡礼の経験は自分が別人になっているような気分にさせてくれた。 | Oh et al., 2007,<br>Hosany & Witham, 2010 |
| 15 | 巡礼の旅はすべてを忘れさせてくれた。 | Mathwick et al., 2001, 2002 |

**Q4. 学びについて**

| 16 | 多くのものを学んだ。 | Oh et al., 2007,<br>Hosany & Witham, 2010 |
|---|---|---|
| 17 | 巡礼の経験によって知識がより豊かになった。 | Oh et al., 2007,<br>Hosany & Witham, 2010 |
| 18 | 真の学びの機会となった。 | Oh et al., 2007,<br>Hosany & Witham, 2010 |
| 19 | 新しいことを学ぶといった好奇心を刺激してくれた。 | Oh et al., 2007,<br>Hosany & Witham, 2010 |
| 20 | 自身の経験を家族や友人たちと共有することができた。 | Radder & Han, 2015 |

**Q5. 巡礼仲間との交流について**

| 21 | 他の巡礼者達に親密感を抱いた。 | Sánchez-Fernández et al., 2009 |
|---|---|---|
| 22 | 他の巡礼者達は自分の人間関係にとって相応しい。 | Sánchez-Fernández et al., 2009 |
| 23 | 先達から巡拝作法の指導を授かり、皆と一緒に巡礼することで、巡礼者集団との一体感を感じた。 | 岡本, 2012 |
| 24 | 巡礼仲間との交流を通じて、巡礼者集団との一体感を感じた。 | 岡本, 2012 |
| 25 | 巡礼路での地域住民とのふれあいを通じて、互いの仲間意識を感じた。 | 岡本, 2012 |

**Q6. 見返りを求めない利他的価値について**

| 26 | 巡礼には先祖や身近な人などの自分以外の人を供養する利他的価値がある。 | Sánchez-Fernández et al., 2009 |
|---|---|---|
| 27 | きれいに清掃・整備された寺院や景観を目にして、それらの保護に日頃取り組んでいる関係者の方々の利他的精神を感じた。 | Sánchez-Fernández et al., 2009 |
| 28 | 先達が巡拝作法を指導・先導する姿に、見返りを求めない利他的価値を感じた。 | Sánchez-Fernández et al., 2009 |
| 29 | 添乗員が参加者に寄り添い面倒をみる姿に利他的価値を感じた。 | ― |

| 30 | 巡礼者が巡礼路の難所等で互いに助け合う姿の中に、利他的価値を感じた。 | 岡本, 2012 |
|---|---|---|
| 31 | 地域住民からのお接待を受けて、利他的精神を感じた。 | 岡本, 2012 |

**Q7. 四国巡礼で感じた誠実さについて**

| 32 | 巡礼の「オリジナル性（本来の巡礼であると感じさせるもの）」のおかげで本物の巡礼であると感じた。 | MacCannell, 1973 |
|---|---|---|
| 33 | 巡礼の「リアル性（現実味、迫真感）」が、本物の巡礼であると感じさせた。 | MacCannell, 1973 |
| 34 | 先達の「誠実さ」のおかげで本物の巡礼を経験することができた。 | Beverland, 2005 |
| 35 | 巡礼者の「誠実さ」により、本物の巡礼を経験することができた。 | Beverland, 2005 |

**Q8. 巡礼の旅の神聖さについて**

| 36 | 巡礼によって感情が高ぶり、神聖さを感じた。 | デュルケーム, 2014 |
|---|---|---|
| 37 | 巡礼によって精神エネルギーが高まり、神聖さを感じた。 | デュルケーム, 2014 |
| 38 | 霊場のたたずまいや雰囲気に神聖なものを感じた。 | Morgan, D. ed., 2009 |
| 39 | 数珠や巡拝用の白衣、笠（菅笠）に神聖なものを感じた。 | Keane, 2008,<br>Arweck & Keenan, eds., 2006 |
| 40 | お大師様の分身である金剛杖に神聖なものを感じた。 | Keane, 2008,<br>Arweck & Keenan, eds., 2006 |
| 41 | 御朱印に神聖なものを感じた。 | Keane, 2008,<br>Arweck & Keenan, eds., 2006 |
| 42 | お遍路用の白衣や笠を身に着けると神聖な気持ちになった。 | Keane, 2008,<br>Arweck & Keenan, eds., 2006 |
| 43 | 先達が勤行する作法や身のこなしに神聖さを感じた。 | Morgan, D. ed., 2009 |
| 44 | 大師像や各札所の御本尊に神聖なものを感じた。 | Keane, 2008,<br>Arweck & Keenan, eds., 2006 |

**Q9. 旅のお値打ち度について**

| 45 | 巡礼の旅のバス移動や食事休憩等の時間配分は妥当であった。 | Sánchez-Fernández et al., 2009 |
|---|---|---|
| 46 | 巡礼の日程は休暇予定などのスケジュールにぴったりだった。 | Mathwick et al., 2001, 2002 |
| 47 | 巡礼ツアーの価格に満足している。 | Sánchez-Fernández et al., 2009 |
| 48 | 巡礼ツアーの内容の充実度からすると値段はお手頃である。 | Sánchez-Fernández et al., 2009 |
| 49 | 巡礼ツアーに要した時間や値段は妥当である。 | Sánchez-Fernández et al., 2009 |

**Q10. サービスの品質について**

| 50 | 巡礼ツアーで提供されたサービスの品質は標準以上である。 | Sánchez-Fernández et al., 2009 |
|---|---|---|

| 51 | 添乗員は有能で親しみやすく、礼儀正しかった。 | Sánchez-Fernández et al., 2009 |
| 52 | 添乗員との人間関係が素晴らしかった。 | Sánchez-Fernández et al., 2009 |
| 53 | 巡礼ツアーの品質が素晴らしかった。 | Sánchez-Fernández et al., 2009 |

出典 ▶ 南地, 2022a

## 1.2 デモグラフィック情報

　旅行会社 2 社によって2021年の10月〜2022年 1 月の 4 ヶ月間に催行された、愛媛県内の拠点を発着地とする四国巡礼バスツアー 4 回および香川県内の拠点を発着地とするバスツアー 6 回、兵庫県内の拠点を発着地とするバスツアー 4 回の計14回分のツアー参加者に対して質問紙調査を行った。その結果、214部のデータを回収し、その中から欠損値のある質問紙を除外して、有効回答数174部を得た。本調査の有効回答率は81.3％となった。

　調査対象の巡礼ツアーは、全行程をバスで移動するタイプと、札所間のみについて歩き遍路を行い、それ以外の行程はバスで移動するタイプの 2 種類から構成され、全行程をバスで移動するタイプの参加者が145名、また札所間のみ歩き遍路を行うタイプの参加者が29名となった。参加者の性別は、女性が122名（70.1％）、男性が52名（29.9％）であり、また年齢別では70代の参加者が75名（43.1％）、次いで60代が61名（35.1％）、80歳以上が12名（6.9％）と多く、60代以上の参加者が全体の85％を占めることとなった。居住地については、巡礼ツアーを催行した旅行会社 2 社が四国県内を拠点とし、残り 1 社が兵庫県内を拠点としていることから、四国と近畿がそれぞれ半数前後を占める結果となった。

　本調査では、現代の巡礼者が獲得する経験価値が、日頃の信仰および「あの世」や「神や仏」の信心の有無によって影響を受けるのではないかとの問題意識から、四国巡礼バスツアー参加者の日頃の信仰のあり方を測定する質問項目を設けた[2]。

---

2:質問項目の設定に際しては、統計数理研究所（1969）『宗教調査──1968年, 国際比較』および統計数理研究所（1993）『意識の国際比較方法論の研究──5 ヵ国調査性別, 年齢別集計』、統計数理研究所（1959, 2009, 2015）『国民性の研究』の項目との整合性を考慮した。

その結果、「信仰や信心をもっている（信じている）」と回答した参加者が154名（88.5%）となり、全体の9割弱の参加者が日頃から信仰を実践していることが判明した[3]。また、「あの世」の存在および「神や仏」の存在を信じている参加者は、それぞれ89名（51.1%）、122名（70.1%）となった。さらに、四国巡礼の満願回数については、始めて巡礼する参加者が42名（24.1%）と最も多く、それに次いで5〜10回が34名（19.5%）となった。また、今回の調査が、長引くコロナ禍での実施であったことから、新型コロナウイルスの感染拡大が巡礼者の信仰心に影響を与えているのではないかとの問題意識から、「コロナ前後における信仰心の変化」の有無について質問した。その結果、8割弱の参加者がコロナの前後で「信仰心は変わらない」と回答した一方で、コロナ以前に比べて「信仰心が強くなった」と回答した参加者が24名（13.8%）にのぼった（表10-2）。

**表10-2　質問紙回答者のデモグラフィック・プロフィール（サンプル数 N=174）**

| デモグラフィック情報 | | 構成比(%) | デモグラフィック情報 | | 構成比(%) | デモグラフィック情報 | | 構成比(%) |
|---|---|---|---|---|---|---|---|---|
| 巡礼バスツアー | 174 | 100.0 | 日頃の信仰 | 174 | 100.0 | コロナ以前と比べて | 174 | 100.0 |
| 歩き遍路 | 29 | 16.7 | ・信仰や信心をもっている（信じている） | 154 | 88.5 | 信仰心が強くなった | 24 | 13.8 |
| すべてバス移動 | 145 | 83.3 | | | | 信仰心が薄れた | 5 | 2.9 |
| 性別 | 174 | 100.0 | ・信仰や信心をもっていない（信じていない） | 20 | 11.5 | 変わらない | 134 | 77.0 |
| 男性 | 52 | 29.9 | | | | わからない | 11 | 6.3 |
| 女性 | 122 | 70.1 | | | | 満願回数 | 174 | 100.0 |
| 年齢 | 174 | 100.0 | 「あの世」の存在 | 174 | 100.0 | 初めて巡礼中 | 42 | 24.1 |
| 40歳未満 | 0 | 0.0 | 「あの世」はある | 89 | 51.1 | 1回 | 18 | 10.3 |
| 40代 | 4 | 2.3 | 「あの世」はない | 5 | 2.9 | 2回 | 10 | 5.7 |
| 50代 | 22 | 12.6 | どちらともいえない | 47 | 27.0 | 3回 | 14 | 8.0 |
| 60代 | 61 | 35.1 | わからない | 33 | 19.0 | 4回 | 15 | 8.6 |

3：石井（2010）によると、2008年時点の60歳以上の日本人高齢者の「信仰を実践する人々」の割合が40％を下回る水準となっている中で、本研究が調査対象とした四国巡礼バスツアーの参加者全体に占める信仰の実践者の割合が90％弱にのぼったことは、四国巡礼バスツアーの参加者の宗教意識の高さを示す特徴であると考えられる。

| | | | | | | | | |
|---|---|---|---|---|---|---|---|---|
| 70代 | 75 | 43.1 | 「神や仏」の存在 | 174 | 100.0 | 5～10回 | 34 | 19.5 |
| 80代 | 12 | 6.9 | 「神や仏」はいる | 122 | 70.1 | 11～20回 | 22 | 12.6 |
| 90歳以上 | 0 | 0.0 | 「神や仏」はいない | 4 | 2.3 | 21～30回 | 6 | 3.4 |
| 職業 | 174 | 100.0 | どちらともいえない | 30 | 17.2 | 31～40回 | 7 | 4.0 |
| 自営業 | 20 | 11.5 | わからない | 18 | 10.3 | 41回以上 | 6 | 3.4 |
| 会社員 | 18 | 10.3 | 普段行っていること（複数回答） | | | 実施者の人数と比率 | | |
| 公務員 | 3 | 1.7 | ①初詣 | | | | 121 | 69.5 |
| 無職 | 92 | 52.9 | ②お墓参り | | | | 158 | 90.8 |
| その他（ボランティア等） | 41 | 23.6 | ③お守りやお札を身につける・いただく | | | | 108 | 62.1 |
| 居住地 | 174 | 100.0 | ④神社やお寺などのお参り | | | | 140 | 80.5 |
| 四国 | 90 | 51.7 | ⑤家内安全や商売繁盛、入試合格などのご祈祷 | | | | 74 | 42.5 |
| 中国 | 3 | 1.7 | ⑥易や占いの記事を読んだりみてもらう | | | | 21 | 12.1 |
| 近畿 | 75 | 43.1 | ⑦経典や聖書など宗教関係の本を読む | | | | 42 | 24.1 |
| 九州 | 6 | 3.4 | ⑧座禅やヨガ、お勤め（読経）、礼拝、布教、修行 | | | | 61 | 35.1 |
| 中部 | 0 | 0.0 | ⑨何もしてない | | | | 4 | 2.3 |

出展 ▶ 南地，2022a

# 2 ── 巡礼ツーリズムの経験価値モデルの構築

## 2.1 測定尺度の開発

　本節では、質問紙調査に対する回答によって得られた様々な観測変数の背後に共通して存在し、観測変数に影響を与えている構成概念、すなわち因子を探索的因子分析の実施によって特定し、四国巡礼バスツアーが有する経験価値の測定尺度の開発を行う。

### （1）天井効果およびフロア効果の確認

　最初に、質問紙を構成する53項目（表10-1）について、天井効果（平均値＋SD＞5）およびフロア効果（平均値－SD＜1）の有無を確認した。その結果、質問紙の項目Q1-1、Q1-2、Q1-3、Q1-4、Q1-5、Q2-6、Q2-8、Q2-9、Q3-11、Q6-26、Q6-27、Q6-28、Q8-44、Q10-51、Q10-52に天井効果が認められたため、それら15項目を分析対象データから除外

した[4]。

## （2）探索的因子分析による構成概念の捕捉

　次に、四国巡礼ツーリズムの経験価値に関する仮説的概念モデルが実際にはどのような潜在変数（共通因子）から構成されるのかを明らかにするために、質問紙の38項目の背後にある構成概念、すなわち因子の数を特定することを目的として、探索的因子分析（最尤法・プロマックス回転）を行った。具体的には、因子負荷量が0.6未満の項目を除外しつつ、探索的因子分析を繰り返し行い、すべての因子負荷量が0.6以上となったところで終了した[5]。その結果、16項目が削除され、22項目からなる 6 つの因子が検出された[6]（表10-3）。

**表10-3　経験価値測定項目の因子分析の結果**

| | 価値次元と測定項目 | CR | AVE | $a$ | 平均$M$ | 標準偏差$SD$ | 標準化係数Factor Loadings |
|---|---|---|---|---|---|---|---|
| **F1：神聖性の価値** | | 0.91 | 0.68 | 0.91 | | | |
| 39 | 数珠や巡拝用の白衣、笠（菅笠）に神聖なものを感じた。 | | | | 3.96 | 0.88 | 0.87 |
| 41 | 御朱印に神聖なものを感じた。 | | | | 4.13 | 0.82 | 0.81 |
| 40 | お大師様の分身である金剛杖に神聖なものを感じた。 | | | | 3.94 | 0.89 | 0.84 |
| 38 | 霊場のたたずまいや雰囲気に神聖なものを感じた。 | | | | 4.18 | 0.75 | 0.78 |
| 42 | お遍路用の白衣や笠を身に着けると神聖な気持ちになった。 | | | | 4.08 | 0.84 | 0.80 |
| **F2：社会的価値** | | 0.89 | 0.67 | 0.89 | | | |
| 24 | 巡礼仲間との交流を通じて巡礼者集団との一体感を感じた。 | | | | 3.90 | 0.87 | 0.87 |
| 23 | 先達からの巡拝作法の指導を授かり、皆と一緒に巡礼することで、巡礼者集団との一体感を感じた。 | | | | 4.10 | 0.84 | 0.85 |
| 21 | 他の巡礼者達に親密感を抱いた。 | | | | 3.90 | 0.85 | 0.77 |
| 22 | 他の巡礼者達は自分の人間関係にとって相応しい。 | | | | 3.63 | 0.88 | 0.78 |

4：本来のツアー参加者集団が有している回答分布を正確に測定できていない可能性があり、参加者の個人差を測定するうえで統計分析上貢献度が低いと考えられることから、当該項目を削除することとした。

5：第8章の西国巡礼バスツアーの探索的因子分析においては、因子負荷量が0.6以下の項目を除外することとしたが、本章の四国巡礼バスツアーの探索的因子分析においては、因子負荷量が0.6未満の項目を除外した（p.116, 第6章脚注15）。

6：西国巡礼バスツアーと同様、固有値が1以上という基準とスクリープロットにより、因子の解釈可能性および因子を構成する項目数（各因子で3つ以上）の観点から検討した結果、6つの因子を抽出した。なお、分析に際しては SPSS Statics ver.28の分析用ソフトを使用した。

| 価値次元と測定項目 | CR | AVE | α | 平均M | 標準偏差 SD | 標準化係数 Factor Loadings |
|---|---|---|---|---|---|---|
| **F3：経済的価値** | 0.95 | 0.87 | 0.95 | | | |
| 48 巡礼ツアーの内容の充実度からすると値段はお手頃である。 | | | | 4.07 | 0.91 | 0.97 |
| 47 巡礼ツアーの価格に満足している。 | | | | 4.07 | 0.91 | 0.93 |
| 49 巡礼ツアーに要した時間や値段は妥当である。 | | | | 4.14 | 0.86 | 0.90 |
| **F4：真正性の価値** | 0.92 | 0.74 | 0.92 | | | |
| 33 巡礼の「リアル性（現実味、迫真感）」が、本物の巡礼であると感じさせた。 | | | | 4.00 | 0.81 | 0.93 |
| 32 巡礼の「オリジナル性（本来の巡礼であると感じさせるもの）」のおかげで本物の巡礼であると感じた。 | | | | 4.03 | 0.78 | 0.92 |
| 35 巡礼者の「誠実さ」により、本物の巡礼を経験することができた。 | | | | 4.01 | 0.86 | 0.79 |
| 34 先達の「誠実さ」のおかげで本物の巡礼を経験することができた。 | | | | 4.11 | 0.85 | 0.79 |
| **F5：脱日常的価値** | 0.91 | 0.77 | 0.90 | | | |
| 14 巡礼の経験は自分が別人になっているような気分にさせてくれた。 | | | | 3.27 | 1.19 | 0.94 |
| 13 自分とは違う誰か別の人の役割を演じているように感じた。 | | | | 3.03 | 1.08 | 0.87 |
| 15 巡礼の旅はすべてを忘れさせてくれた。 | | | | 3.33 | 1.18 | 0.82 |
| **F6：教育的価値** | 0.92 | 0.80 | 0.92 | | | |
| 16 多くのものを学んだ。 | | | | 4.22 | 0.77 | 0.88 |
| 17 巡礼の経験によって知識がより豊かになった。 | | | | 4.13 | 0.80 | 0.93 |
| 18 真の学びの機会となった。 | | | | 3.96 | 0.85 | 0.88 |

出典 ▶ 南地，2022a

　各因子の内容について、第1因子は「Q8-39　数珠や巡拝用の白衣、笠（菅笠）に神聖なものを感じた」や「Q8-41　御朱印に神聖なものを感じた」など、巡礼での神聖な経験を通じて獲得される価値を表す質問項目が集約されたため、「神聖性の価値」と命名した。参加者から寄せられた意見の中には、「両親や義父母を見送り、亡くなった人達との思い出を振り返りながら四国遍路を無事に終えることができ、感謝の気持ちや達成感がある」（70代女性）や、「巡礼はご先祖様との出会いであり、お大師様や仏様に供養をしていただける旅です」（60代男性）といった先祖供養に関するものに加えて、「自然の前ではとても小さな弱い存在である人間を見捨て

ず、助けを求める者には必ず救いの手を差し伸べてくれる弘法大師様のお導きを信じている」（70代女性）といった大師信仰を窺わせるものがみられた。

　次に、第2因子は「Q5-24 巡礼仲間との交流を通じて巡礼者集団との一体感を感じた」や「Q5-23 先達から巡拝作法の指導を授かり、皆と一緒に巡礼することで、巡礼者集団との一体感を感じた」などの連帯感や共同性の獲得に関する項目から構成されたため、「社会的価値」と命名した。質問紙調査のコメント欄には、「最難所の焼山寺で出会った若い女性の素敵な笑顔が印象的で、巡礼によって得られる心が光となって広がってゆくことや、AIの時代になっても心を育む“場”が必要であることを感じた。研究を応援しています」（50代女性）との感想が寄せられた。

　第3因子は「Q9-48 巡礼ツアーの内容の充実度からすると値段はお手頃である」や「Q9-47 巡礼ツアーの価格に満足している」といった経済価値に関する項目から成り立っていることから、「経済的価値」と命名した。なお、ここで抽出された測定項目は、「コストパフォーマンス」の価値次元の色合いが強いが、参加者の意見の中には、「参加者全員の納経帳など大変重い物を運んでいただき、いつも大変有り難く思っている」（60代女性）といった「優れたサービス」の価値次元に関する内容も確認された。

　また、第4因子は「Q7-33 巡礼の『リアル性（現実味、迫真感)』が、本物の巡礼であると感じさせた」や「Q7-32 巡礼の『オリジナル性（本来の巡礼であると感じさせるもの)』のおかげで本物の巡礼であると感じた」など、巡礼ツアー参加者による真正性の探求に関する項目から構成されたため、「真正性の価値」と命名した。

　第5因子は「Q3-14 巡礼の経験は自分が別人になっているような気分にさせてくれた」や「Q3-13 自分とは違う誰か別の人の役割を演じているように感じた」などの非日常的な経験を通じて獲得される価値を表す項目が集約されたため、「脱日常的価値」と命名した。

　最後に、第6因子は「Q4-16 多くのものを学んだ」や「Q4-17 巡礼の経験によって知識がより豊かになった」など、学んで知的好奇心を満たす

ことを評価する項目から構成されたため、「教育的価値」と呼ぶことにした。参加者の中には、「先達によって指導内容が異なり戸惑うことがある」（70代女性）といった先達による作法の指導上の問題点を指摘する意見もみられた。

　これらすべての因子は、質問紙を策定する際にあらかじめ想定した四国巡礼ツーリズムが有する経験価値の構成概念、すなわち価値次元の内容と符合するものである（p.165、表9-1）。とりわけ第1因子においては、巡礼ツアーの参加者が巡礼ツーリズムでの経験を通じて探究し、見出している「聖なるもの」に関する価値次元が抽出された。第8章の西国巡礼バスツアーを対象としたモデル実証においては「神聖性の価値」は抽出されず、その代わりに「審美的および娯楽的価値」が抽出された。これに対して本章の四国巡礼バスツアーのモデル実証においては「神聖性の価値」が抽出された。したがって、四国巡礼ツアーは、それが内包している宗教資源や巡礼資源のウェイトが西国巡礼バスツアーよりも高く、聖なるものを探求する伝統的な巡礼色の強い巡礼ツーリズムであることが窺える。現代の巡礼者は、四国巡礼バスツアーにおいて、先達から勤行の身体的作法の指導を受けながら巡拝の実践を積み重ね、珠数や白衣、御朱印などの物質的コンテンツや、霊場の佇まいなどの神聖な雰囲気に「神聖性の価値」を見出し、経験消費していることが浮き彫りになった。

　また、第2因子の「社会的価値」の価値次元においては、ツアー参加者が仲間と交流し、先達の指導のもと、仲間と一緒に勤行することで、巡礼集団としての一体感を獲得していることが確認された。

　さらに第3因子からは、現代の巡礼者がバスツアーとして商品化された巡礼に「経済的価値」を見出していることが明らかになった。

　そして第4因子からは、リアル性（現実味、迫真感）やオリジナル性（本来の巡礼であると感じさせるもの）、誠実さといった「真正性」を構成する3つの重要な要素が抽出された。巡礼ツーリズムは、ともに真正性を探求する側面を有する巡礼とツーリズムが融合したものであることから、四国巡礼バスツアーにおいても西国巡礼バスツアーと同様「真正性の価値」が内包されていることが明らかになった。

一方、本調査では、経験価値の４Ｅモデル（Pine & Gilmore, 1999）が提示した「審美的価値」および「娯楽的価値」は確認されず、その代わりに「神聖性の価値」の価値次元が抽出された。したがって、四国巡礼バスツアーの参加者は、神仏への祈りを基本的な動機とする伝統的な巡礼に対する高い志向性を有しており、審美的要素や娯楽的要素よりも「聖なるもの」に価値を見出しているものと考えられる。

　また、「利他的価値」についても確認されなかったが、その理由の一つとして、バス移動による日帰りや１泊２日の短期ツアーにおいては、現代の巡礼者が地域住民や巡礼仲間から支えられ、助けられるような機会が乏しいことがあげられよう。今回の調査対象は、あらかじめ計画された旅程に沿って参拝を終えるや否や札所間をバスで移動するツアーや、札所間のみを歩き遍路する１〜２日程度のバスツアーであった。それゆえ、四国霊場の歩き遍路やサンティアゴの徒歩巡礼のように、長期間にわたる巡礼の過程で様々な人々と出会い、またアクシデントに見舞われる可能性は低く、参加者が「利他的価値」を見出す機会は乏しいものと考えられる。

　さらに、今回の調査では、自身で歩き遍路も行っている参加者から、「歩き遍路では地元住民のお接待などいろいろと経験できると思うが、バスツアーでは無理である」（60代女性）や、「自分で歩いて巡礼すると、歩き遍路ならではの経験を頻繁にするが、ツアーでは地元住民との交流は希薄になると思う」（60代女性）といったバスツアーと歩き遍路の違いに関する意見が複数寄せられた。この点については、四国遍路者の内面に焦点を当てた心理学を中心とする先行研究において、歩き遍路者が地域住民から「お接待」を受けることで他者に対する感謝の気持ちやお返しをしたいといった気持ちが芽生えていることが明らかにされている（藤原, 2000, 2001, 2003；福島, 2004, 2006；境, 2016；楠本・境, 2018；境・楠本, 2018）。したがって、自身の足のみで苦労しながら長期間にわたり巡礼を行う歩き遍路であるか否かといった点に、現代の巡礼者が「利他的価値」を見出すか否かの分水嶺が存在する可能性が窺える。

## （3）確認的因子分析による尺度の妥当性の検証

　探索的因子分析の結果得られた複数の観測変数によって捉えられる構成

概念、すなわち因子が本研究の目的である四国巡礼バスツアーの経験価値
を測定しているか否かを意味する妥当性について検証するため、確認的因
子分析を行った。具体的には、**第6章**で詳述した手順に従い、西国巡礼バ
スツアーと同様、各因子を構成する各項目が一つの構成概念のみに負荷す
ることを意味する一次元性（Anderson & Gerbing, 1982；Anderson et al.,
1987；Gerbing & Anderson, 1988；Hattie, 1985；Steenkamp & van Trijp,
1991）および、ある構成概念が複数の質問項目から構成されるときにそれ
らの項目得点の間には高い相関が認められることを意味する収束妥当性
（Peter, 1981；阿部, 1987）、そして異なる構成概念を構成する項目得点の間
には低い相関がみられることを意味する弁別妥当性（Peter, 1981；阿部,
1987）について検討した。

　最初に、四国巡礼バスツアーにおける経験価値の測定尺度に関する確認
的因子モデルを構築し、質問紙の項目毎の得点データを当てはめて確認的
因子分析を行うことにより、モデルの適合度を評価した。その結果、6因
子22項目からなる確認的因子モデルの適合度は、CFI 0.934、TLI 0.921、
SRMR 0.047、RMSEA 0.082となり、十分な適合度に達した。この点で、
本研究で得られた確認的因子モデルの一次元性が確認された（**図10-1**）。

　次に、確認的因子分析において、構成概念とそれを構成する複数の項目
得点間の相関係数が十分に大きいことを基準として収束妥当性の検討を行
った。その結果、潜在変数から観測変数へのすべてのパスの標準化係数
（因子負荷量）が1％水準で有意であり、かつ0.5を超えていることから、当
該モデルの尺度の収束妥当性が確認された（Bagozzi & Yi, 1988；Steenkamp
& van Trijp, 1991）。加えて、各々の構成概念のAVE（Average Variance
Extracted：平均分散抽出）が0.5を上回る値となったことから（Fornell &
Larcker, 1981）、この点からも収束妥当性が確認された（**表10-3**）。

　さらに、確認的因子分析において、異なる構成概念間の相関係数が1と
異なることを基準（上田・斎藤, 1999）として弁別妥当性について検討した
結果、すべての因子間の相関係数が1％水準で有意に1と異なるととも
に、AVEが因子間相関の平方よりも大きな値になったことから（Fornell
& Larcker, 1981）、尺度の弁別妥当性についても確認された（**表10-4**）。

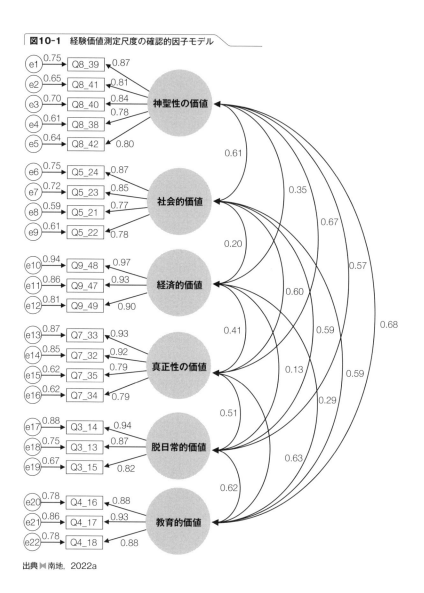

**図10-1　経験価値測定尺度の確認的因子モデル**

出典▶南地，2022a

**表10-4　経験価値尺度の因子間相関**

|  | F1 | F2 | F3 | F4 | F5 | F6 |
|---|---|---|---|---|---|---|
| F1：神聖性の価値 | **0.67** | 0.61 | 0.35 | 0.67 | 0.57 | 0.68 |
| F2：社会的価値 | 0.38 | **0.67** | 0.20 | 0.60 | 0.59 | 0.59 |
| F3：経済的価値 | 0.12 | 0.04 | **0.87** | 0.41 | 0.13 | 0.29 |
| F4：真正性の価値 | 0.45 | 0.36 | 0.17 | **0.74** | 0.51 | 0.63 |
| F5：脱日常的価値 | 0.33 | 0.35 | 0.02 | 0.26 | **0.77** | 0.62 |
| F6：教育的価値 | 0.46 | 0.35 | 0.08 | 0.39 | 0.39 | **0.80** |

出典 ▶ 南地，2022a
備考：相関係数を対角線の右上に表示した。対角線から左下は相関係数の平方を表示し、対角線上に各因子の AVE を表示した。すべての因子間相関は p＜0.01で有意であった。

## （4）尺度の信頼性の検証

　最後に、ある概念に関して測定を繰り返し行った場合に、当該尺度が一貫した結果をもたらす程度を意味する信頼性（Malhotra, 2004）について、Cronbach の α 係数および CR（composite reliability：合成信頼性）による分析を行った。その結果、「神聖性の価値」の α 係数が0.91、「社会的価値」が0.89、「経済的価値」が0.95、「真正性の価値」が0.92、「脱日常的価値」が0.90、「教育的価値」が0.92となり、いずれも好ましい水準とされる0.70（Nunnally, 1978）を上回るとともに、CR についてもすべての因子が好ましい水準である0.70（Bagozzi & Yi, 1988）を超える値となったことから、尺度の信頼性が確認された（表10-3）。

## 2.2 参加者属性などの経験価値獲得への影響

　本書では、四国巡礼バスツアー参加者の性別や年齢などの属性をはじめ、「日頃の信仰の有無」および「あの世」や「神や仏」の存在を信じているか否か、あるいは普段お守りを身につけているか否かといった点が、参加者が巡礼ツーリズムに見出す経験価値に何らかの影響を与えるのではないかとの問題意識から分散分析を行った（表10-5, 表10-6, 表10-7）。

**表10-5　日頃の信仰や満願回数などによる経験価値の違い**

| デモグラフィック情報 | | 平均 *M* | | | | | |
|---|---|---|---|---|---|---|---|
| | | 神聖性<br>の価値 | 社会的<br>価値 | 経済的<br>価値 | 真正性<br>の価値 | 脱日常<br>的価値 | 教育的<br>価値 |
| **巡礼バスツアー** | 174 | | | | | | |
| 歩き遍路 | 29 | 3.97 | 4.20 | 4.13 | 4.11 | 3.11 | 4.22 |
| すべてバス移動 | 145 | 4.08 | 3.82 | 4.09 | 4.02 | 3.23 | 4.08 |
| *F* | | 0.58 | 6.48* | 0.04 | 0.34 | 0.29 | 0.81 |
| **性別** | 174 | | | | | | |
| 男性 | 52 | 4.02 | 4.10 | 3.93 | 4.12 | 3.39 | 4.12 |
| 女性 | 122 | 4.08 | 3.79 | 4.17 | 4.00 | 3.13 | 4.10 |
| *F* | | 0.27 | 6.62* | 2.84 | 0.89 | 2.18 | 0.02 |
| **年齢** | 174 | | | | | | |
| 40代 | 4 | 4.00 | 3.88 | 4.42 | 4.13 | 1.42 | 3.83 |
| 50代 | 22 | 4.15 | 3.91 | 4.17 | 4.31 | 2.98 | 4.23 |
| 60代 | 61 | 3.99 | 3.73 | 4.05 | 3.91 | 3.10 | 3.97 |
| 70代 | 75 | 4.02 | 3.97 | 3.99 | 3.96 | 3.40 | 4.12 |
| 80歳以上 | 12 | 4.50 | 4.08 | 4.75 | 4.65 | 3.64 | 4.56 |
| *F* | | 1.42 | 1.11 | 2.35 | 3.60** | 4.78*** | 1.87 |
| **職業** | 174 | | | | | | |
| 自営業 | 20 | 3.89 | 3.81 | 4.20 | 4.06 | 3.23 | 4.15 |
| 会社員 | 18 | 4.28 | 4.07 | 4.06 | 4.28 | 3.07 | 4.31 |
| 公務員 | 3 | 4.20 | 4.17 | 4.67 | 4.50 | 3.56 | 4.11 |
| 無職 | 92 | 4.04 | 3.90 | 4.06 | 3.95 | 3.39 | 4.10 |
| その他（ボランティア等） | 41 | 4.08 | 3.76 | 4.11 | 4.09 | 2.83 | 4.00 |
| *F* | | 0.75 | 0.72 | 0.46 | 1.16 | 2.24 | 0.57 |
| **居住地** | 174 | | | | | | |
| 四国 | 90 | 4.19 | 4.01 | 4.24 | 4.12 | 3.41 | 4.23 |
| 中国 | 3 | 4.53 | 4.75 | 4.67 | 4.67 | 3.11 | 4.44 |
| 近畿 | 75 | 3.89 | 3.67 | 3.90 | 3.92 | 2.96 | 3.89 |
| 九州 | 6 | 4.03 | 4.21 | 4.06 | 4.04 | 3.44 | 4.67 |
| *F* | | 2.90* | 4.96** | 2.67* | 1.78 | 2.64* | 4.37** |
| **日頃の信仰** | 174 | | | | | | |
| 信仰や信心をもっている | 154 | 4.12 | 3.92 | 4.09 | 4.08 | 3.28 | 4.18 |
| 信仰や信心をもっていない | 20 | 3.58 | 3.60 | 4.12 | 3.70 | 2.70 | 3.48 |
| *F* | | 10.60*** | 3.29 | 0.01 | 4.83* | 5.44* | 16.79*** |

| デモグラフィック情報 | | 平均 *M* | | | | | |
|---|---|---|---|---|---|---|---|
| | | 神聖性の価値 | 社会的価値 | 経済的価値 | 真正性の価値 | 脱日常的価値 | 教育的価値 |
| **「あの世」の存在** | 174 | | | | | | |
| 「あの世」はある | 89 | 4.25 | 3.99 | 4.09 | 4.15 | 3.52 | 4.25 |
| 「あの世」はない | 5 | 3.04 | 3.30 | 4.00 | 3.20 | 2.60 | 2.67 |
| どちらともいえない | 47 | 3.91 | 3.84 | 3.99 | 3.99 | 3.13 | 4.11 |
| わからない | 33 | 3.90 | 3.75 | 4.27 | 3.94 | 2.59 | 3.90 |
| *F* | | 7.54*** | 2.08 | 0.75 | 3.12* | 7.94*** | 9.28*** |
| **「神や仏」の存在** | 174 | | | | | | |
| 「神や仏」はいる | 122 | 4.20 | 3.94 | 4.13 | 4.13 | 3.34 | 4.24 |
| 「神や仏」はいない | 4 | 2.80 | 3.25 | 4.00 | 2.94 | 2.25 | 2.33 |
| どちらともいえない | 30 | 3.81 | 3.83 | 4.02 | 3.97 | 3.09 | 4.00 |
| わからない | 18 | 3.76 | 3.69 | 4.00 | 3.78 | 2.76 | 3.78 |
| *F* | | 9.15*** | 1.67 | 0.23 | 4.70** | 3.05* | 11.83*** |
| **コロナ以前と比べて** | 174 | | | | | | |
| 信仰心が強くなった | 24 | 4.47 | 4.13 | 4.25 | 4.42 | 3.85 | 4.50 |
| 信仰心が薄れた | 5 | 3.92 | 3.65 | 3.27 | 3.55 | 2.87 | 3.73 |
| 変わらない | 134 | 4.01 | 3.84 | 4.10 | 3.98 | 3.11 | 4.04 |
| わからない | 11 | 3.82 | 4.00 | 4.09 | 4.11 | 3.15 | 4.18 |
| *F* | | 3.39* | 1.27 | 1.86 | 3.21* | 3.64* | 3.10* |
| **満願回数** | 174 | | | | | | |
| 初めて巡礼中 | 42 | 3.94 | 3.68 | 4.13 | 4.05 | 2.78 | 3.94 |
| 1回 | 18 | 3.90 | 3.76 | 4.24 | 3.86 | 2.76 | 3.61 |
| 2回 | 10 | 3.90 | 3.48 | 4.07 | 3.98 | 3.03 | 3.73 |
| 3回 | 14 | 3.96 | 4.13 | 4.17 | 3.89 | 3.19 | 4.05 |
| 4回 | 15 | 4.15 | 4.07 | 4.07 | 3.87 | 3.18 | 4.16 |
| 5〜10回 | 34 | 4.26 | 4.09 | 4.20 | 4.24 | 3.60 | 4.40 |
| 11〜20回 | 22 | 4.18 | 3.90 | 3.82 | 4.09 | 3.61 | 4.35 |
| 21〜30回 | 6 | 4.37 | 4.04 | 4.00 | 4.25 | 3.72 | 4.44 |
| 31〜40回 | 7 | 3.97 | 4.21 | 4.19 | 4.25 | 3.48 | 4.10 |
| 41回以上 | 6 | 3.83 | 3.50 | 3.78 | 3.58 | 3.56 | 4.39 |
| *F* | | 0.92 | 1.69 | 0.49 | 0.94 | 2.50* | 2.65** |

*P=0.05　**P=0.01　***P=0.001
出典 ▶ 南地，2022a

表10-6　日頃の信仰や満願回数などによる経験価値の違い（多重比較）

| デモグラフィック情報 | | 神聖性の価値 | 社会的価値 | 経済的価値 | 真正性の価値 | 脱日常的価値 | 教育的価値 |
|---|---|---|---|---|---|---|---|
| 巡礼バスツアー | 174 | | | | | | |
| 　歩き遍路 | 29 | | 歩き>すべてバス | | | | |
| 　すべてバス移動 | 145 | | | | | | |
| 性別 | 174 | | | | | | |
| 　男性 | 52 | | 男性>女性 | | | | |
| 　女性 | 122 | | | | | | |
| 年齢 | 174 | | | | | | |
| 　40代 | 4 | | | | | 40代<他 | |
| 　50代 | 22 | | | | | | |
| 　60代 | 61 | | | | | | |
| 　70代 | 75 | | | | | | |
| 　80歳以上 | 12 | | | | 80歳以上>60.70代 | | |
| 居住地 | 174 | | | | | | |
| 　四国 | 90 | 四国>近畿 | 四国>近畿 | | | 四国>近畿 | 四国>近畿 |
| 　中国 | 3 | | | | | | |
| 　近畿 | 75 | | | | | | |
| 　九州 | 6 | | | | | | |
| 日頃の信仰 | 174 | | | | | | |
| 　信仰や信心をもっている | 154 | いる>いない | | | いる>いない | いる>いない | いる>いない |
| 　信仰や信心をもっていない | 20 | | | | | | |
| 「あの世」の存在 | 174 | | | | | | |
| 　「あの世」はある | 89 | ある>ない ある>どちらともいえない | | | ある>ない | ある>わからない | ある>ない |
| 　「あの世」はない | 5 | | | | | | |
| 　どちらともいえない | 47 | | | | | | |
| 　わからない | 33 | | | | | | |

| デモグラフィック情報 | | 神聖性の価値 | 社会的価値 | 経済的価値 | 真正性の価値 | 脱日常的価値 | 教育的価値 |
|---|---|---|---|---|---|---|---|
| **「神や仏」の存在** | 174 | | | | | | |
| 「神や仏」はいる | 122 | いる>いない いる>どちらともいえない | | | いる>いない | | いる>いない |
| 「神や仏」はいない | 4 | | | | | | |
| どちらともいえない | 30 | | | | | | |
| わからない | 18 | | | | | | |
| **コロナ以前と比べて** | 174 | | | | | | |
| 信仰心が強くなった | 24 | 強>変わらず | | | 強>変わらず | 強>変わらず | 強>変わらず |
| 信仰心が薄れた | 5 | | | | | | |
| 変わらない | 134 | | | | | | |
| わからない | 11 | | | | | | |
| **満願回数** | 174 | | | | | | |
| 初めて巡礼中 | 42 | | | | | | |
| 1回 | 18 | | | | | | |
| 2回 | 10 | | | | | | |
| 3回 | 14 | | | | | | |
| 4回 | 15 | | | | | | |
| 5～10回 | 34 | | | | | 5～10回>初 | 5～10回>1回 |
| 11～20回 | 22 | | | | | | |
| 21～30回 | 6 | | | | | | |
| 31～40回 | 7 | | | | | | |
| 41回以上 | 6 | | | | | | |

*P＝0.05
出典▶南地，2022a

**表10-7　普段行っている身近な宗教行動による経験価値の違い**

| デモグラフィック情報 | | 平均 $M$ | | | | | |
|---|---|---|---|---|---|---|---|
| | | 神聖性<br>の価値 | 社会的<br>価値 | 経済的<br>価値 | 真正性<br>の価値 | 脱日常<br>的価値 | 教育的<br>価値 |
| **初詣** | 174 | | | | | | |
| 行っている | 121 | 4.06 | 3.90 | 4.13 | 4.10 | 3.20 | 4.17 |
| 行っていない | 53 | 4.05 | 3.84 | 4.01 | 3.90 | 3.24 | 3.96 |
| $F$ | | 0.01 | 0.25 | 0.72 | 2.85 | 0.05 | 2.97 |
| **お墓参り** | 174 | | | | | | |
| 行っている | 158 | 4.07 | 3.86 | 4.08 | 4.03 | 3.17 | 4.11 |
| 行っていない | 16 | 3.99 | 4.14 | 4.25 | 4.08 | 3.63 | 4.00 |
| $F$ | | 0.17 | 2.14 | 0.57 | 0.05 | 2.75 | 0.33 |
| **お守りやお札を身につける** | 174 | | | | | | |
| 行っている | 108 | 4.14 | 3.93 | 4.17 | 4.12 | 3.30 | 4.20 |
| 行っていない | 66 | 3.92 | 3.81 | 3.98 | 3.91 | 3.07 | 3.94 |
| $F$ | | 3.96* | 0.98 | 1.97 | 3.30 | 1.89 | 5.19* |
| **神社やお寺などのお参り** | 174 | | | | | | |
| 行っている | 140 | 4.12 | 3.91 | 4.16 | 4.09 | 3.25 | 4.18 |
| 行っていない | 34 | 3.79 | 3.78 | 3.81 | 3.84 | 3.06 | 3.79 |
| $F$ | | 5.90* | 0.81 | 4.70* | 3.13 | 0.88 | 7.43** |
| **家内安全や商売繁盛・<br>入試合格などのご祈祷** | 174 | | | | | | |
| 行っている | 74 | 4.07 | 3.99 | 4.14 | 4.11 | 3.29 | 4.23 |
| 行っていない | 100 | 4.05 | 3.81 | 4.06 | 3.99 | 3.15 | 4.01 |
| $F$ | | 0.05 | 2.55 | 0.41 | 1.24 | 0.78 | 3.97* |
| **易や占い** | 174 | | | | | | |
| 行っている | 21 | 4.18 | 3.88 | 4.13 | 4.11 | 3.13 | 4.17 |
| 行っていない | 153 | 4.04 | 3.88 | 4.09 | 4.03 | 3.22 | 4.09 |
| $F$ | | 0.69 | 0.00 | 0.03 | 0.20 | 0.15 | 0.21 |
| **経典や聖書などを読む** | 174 | | | | | | |
| 行っている | 42 | 4.10 | 3.88 | 4.19 | 4.08 | 3.22 | 4.25 |
| 行っていない | 132 | 4.04 | 3.88 | 4.07 | 4.03 | 3.21 | 4.06 |
| $F$ | | 0.23 | 0.01 | 0.68 | 0.15 | 0.01 | 2.01 |
| **座禅やヨガ、読経、布教** | 174 | | | | | | |
| 行っている | 61 | 4.16 | 3.94 | 4.13 | 4.09 | 3.25 | 4.27 |
| 行っていない | 113 | 4.00 | 3.85 | 4.08 | 4.01 | 3.19 | 4.01 |
| $F$ | | 1.91 | 0.54 | 0.11 | 0.53 | 0.10 | 4.90* |

*P=0.05　**P=0.01　***P=0.001
出典▶南地，2022a

その結果、男性は女性よりも「社会的価値」を、また札所間のみの歩き遍路を行うタイプのバスツアーの参加者は、全行程をバスで移動するツアーの参加者よりも「社会的価値」を見出していることが確認された。歩き遍路バスツアーの参加者は、自然の景観や仲間との会話を楽しみながら徒歩巡礼を行うことによって、先達や他の巡礼者との連帯感や仲間意識などの共同性を獲得することに価値を見出しているものと考えられる。

　また、「信仰や信心をもっている」巡礼ツアーの参加者は、そうでない参加者よりも「神聖性の価値」および「真正性の価値」、「脱日常的価値」、「教育的価値」を見出していることが確認された。日頃から信仰を実践している参加者は、信仰心の希薄な参加者よりも、先達から由緒や経典などの知識を授かり、勤行の身体的作法の指導を受けながら巡拝を積み重ねるといった、非日常的で神聖かつ学びのある本物の巡礼経験に、多様な価値を強く見出しているものと考えられる。

　次に、分散分析の結果、経験価値の獲得状況に有意な差が認められた「年齢」および「居住地」、「あの世の存在（を信じるか否か）」、「神や仏の存在（を信じるか否か）」、「コロナ前後の信仰心の変化」、「満願回数」のそれぞれの項目について多重比較（Bonferroni法）を行った[7]。その結果、80歳以上の参加者は60代および70代の参加者よりも「真正性の価値」を見出していること、および40代の参加者はそれ以上の各年代の参加者に比べて「脱日常的価値」の獲得が希薄であることが明らかになった。

　また、四国在住の参加者は近畿在住の参加者よりも「神聖性の価値」および「社会的価値」、「脱日常的価値」、「教育的価値」を強く見出していることが確認された。四国在住の参加者と近畿在住の参加者との間で経験価値の獲得状況が異なる点に、地域の住民がお遍路を支えるといった固有の巡礼文化を有する四国巡礼の地域性が窺える。四国遍路においては、霊場を取り巻く地域の人々が「お接待」を通じて巡礼者を支えており、弘法大師に対する「信仰」および修行や精神修養を実践する「場」、そしてそれらを支える「地域住民」の三者が一体となっている。このような四国遍路

7：独立した群が3つ以上ある場合に、どの群の平均値と別のどの群の平均値との間に有意差があるかを多重比較によって検定した。本書では、検定の有意水準を5％とした。

の三位一体のあり様が、石黒（2021）がSheldon & Abenoja（2001）の指摘を踏まえて論じた「デスティネーションが訪問者にとって新鮮でユニーク、かつ本物のツーリズム商品を維持するために必要となる地元のアイデンティティ」（石黒, 2021）を形作っているものと考えられる。

　さらに、満願回数については、5〜10回にのぼる参加者は初めての参加者に比べて「脱日常的価値」を、そして満願回数が1回の参加者よりも「教育的価値」を見出していることが明らかになった。

　また、「あの世はある」と回答した参加者は、「あの世はない」と回答した参加者に比べて「神聖性の価値」と「真正性の価値」、「教育的価値」を、また「どちらともいえない」と回答した参加者に比べて「神聖性の価値」を、そして「わからない」と回答した参加者よりも「脱日常的価値」を強く見出していることが確認された。

　一方、「神や仏」の存在を信じている参加者は、「神や仏はいない」と回答した参加者に比べて「神聖性の価値」と「真正性の価値」、「教育的価値」を、また「どちらともいえない」と回答した参加者に比べて「神聖性の価値」をより一層見出していることが明らかになった。以上から「あの世」や「神や仏」の存在を信じている参加者は、それ以外の参加者よりも、信仰や信心をもっている巡礼者と同様、先達から勤行の身体的作法や経典などを学びながら巡拝を積み重ねるといった神聖かつ学びのある本物の巡礼経験に、多様な価値を強く見出しているものと考えられる。

　さらに、今回の調査では、長引くコロナ禍が参加者の経験価値に対して何らかの影響を及ぼしているのではないかとの問題意識に基づき、質問を行った。その結果、「コロナ以前と比べて信仰心が強くなった」と回答した参加者は「変わらない」と回答した参加者よりも「神聖性の価値」および「真正性の価値」、「脱日常的価値」、「教育的価値」を見出していることが確認された。コロナ禍で信仰心を強めた巡礼者は、日頃から信仰を実践している巡礼者および「あの世」や「神や仏」の存在を信じている参加者と同様、神仏への祈りや読経、あるいは尊い教えに対する強い志向性を有している。それゆえ、祈りや修行といった宗教的動機を基本とする伝統的な巡礼の特性に関連した「神聖性の価値」および「真正性の価値」、「脱日

常的価値」、「教育的価値」の価値次元をより強く見出したと考えられる。

　一方、ツアー参加者が普段行っている身近で多様な宗教行動が経験価値の獲得状況に与える影響[8]については、「お守りやお札などをいただき身につける行為をしている」参加者は「神聖性の価値」と「教育的価値」を、そして「神社やお寺などをお参りする」参加者は「神聖性の価値」および「経済的価値」、「教育的価値」を、さらに「家内安全や商売繁盛・入試合格などをご祈祷する」参加者および「座禅やヨガ、読経、布教などを実践する」参加者は「教育的価値」を、それぞれの行為を行わない参加者よりも見出していることが浮き彫りになった。

　一方、「初詣」や「お墓参り」、「易や占い」、「経典や聖書などを読む」の項目については、それらの実践の有無による経験価値への影響は確認されなかった。

　なお、四国巡礼バスツアー参加者の職業の違いによる経験価値の獲得への影響については、西国巡礼バスツアーの分析結果と同様、有意な差は認められなかった。

# ③ __ モデル実証の結果

　本章では、「経験価値モデル」に関する理論的枠組みを用いて巡礼ツーリズムの特徴を捉え直したうえで、四国巡礼バスツアーの参加者に対して質問紙調査を行い、現代の巡礼者が四国巡礼バスツアーに見出す経験価値を定量的に捕捉するための測定尺度モデルを開発した。

　その結果、巡礼ツーリズムに関する構成概念として、「神聖性の価値」および「社会的価値」、「経済的価値」、「真正性の価値」、「脱日常的価値」、「教育的価値」の計6因子22項目が抽出され、これらの尺度が一次元性および収束妥当性、弁別妥当性、信頼性を満たしていることを確認した。

---

8：石井（2010）は、「日本人の宗教性は自覚的意識的に選択した宗教とは異なり、日常生活の中で維持されてきた」と論じて、日本人の場合には「普段自覚的でない宗教意識」に光を当てながら質問を行うことで潜在的な宗教性が顕在化するものと考えられることから、「具体的な宗教行動の実態と合わせて理解する必要がある」と指摘している。本調査では以上の考え方を踏まえ、多数の日本人が普段行っている身近で多様な宗教行動を取り上げて、それらが彼らの経験価値の獲得に与える影響についても調査を行った。

実証研究を通じて得られたこれら6つの因子は、**第9章2節**（pp.157-164）において先行研究の考察に基づき仮説的に提示した経験価値の構成概念、すなわち価値次元の内容と符合する結果となった。とりわけ第1因子については、当該因子を構成する質問項目の内容から、数珠や御朱印などの物質的なアイテムおよび霊場の空間が醸し出す雰囲気、巡拝用の白衣などを身に着ける行為に、現代の巡礼者が「聖なるもの」を見出していることが明らかになった。したがって、本研究によって確認された「神聖性の価値」の価値次元は、先行研究が指摘した「宗教の観念的および精神的世界は、物質や客体といった二次的なものの日常的な実践を通じて具体化される」（森, 2015）といった内容と符合するものである。

　また、今回確認されたその他の5つの価値次元、すなわち「社会的価値」、「経済的価値」、「真正性の価値」、「脱日常的価値」、「教育的価値」は、本研究の**第8章**の西国巡礼バスツアーの参加者への質問紙調査に基づくモデル実証を通じて明らかになった経験価値の価値次元と同じものとなった。

　さらに、「日頃から信仰を実践している」巡礼者は、そうでない参加者よりも「神聖性の価値」および「真正性の価値」、「脱日常的価値」、「教育的価値」を強く見出しており、また「あの世」や「神や仏」の存在を信じている参加者は、信じていない参加者よりも「神聖性の価値」および「真正性の価値」、「教育的価値」を強く見出していることを確認した。

　四国巡礼バスツアーの参加者は、先達から各札所寺院の由緒や仏教教義などの知識を授けられるとともに、巡拝や読経などの身体的作法についても指導を受けながら巡礼者集団の中で実践を積み重ねる。彼らはこれらの本物の巡礼経験を通じて動作や所作のみならず、心情的な一体感をも次第に醸成することとなる。日頃から熱心に信仰を行い、「あの世」の存在を信じている参加者は、そうでない参加者よりも強い信仰指向性を有する。それゆえ、四国巡礼バスツアーに参加し、非日常の聖なる空間で巡礼仲間とともに由緒などの教えを学び勤行する経験を通じて、彼らは「神聖性の価値」や「真正性の価値」などの多様な価値次元を見出しているものと考えられる。このような「日頃の信仰実践の有無」および「あの世」や「神

や仏」の存在の信心が経験価値の獲得状況に影響を与えるといった分析結果の内容は、神仏への祈りといった宗教的動機を基本とする巡礼ツーリズムに特徴的なものであると考えられる。

　一方、「利他的価値」については、西国巡礼バスツアーを対象としたモデル実証研究の結果と同様、四国巡礼バスツアーの調査においても確認されなかった。あらかじめ計画された旅の行程に沿いつつ、参拝を終えると慌ただしく次の札所寺院へとバスで移動する日帰りツアーや、1日行程の札所間のみの歩き遍路ツアーにおいては、様々な出会いやアクシデントで彩られる長期間の徒歩巡礼とは異なり、「利他的価値」を見出す機会を欠いているものと考えられる。

　また、巡礼バスツアーの参加者が普段行っている身近な宗教行動がもたらす、彼らが獲得する経験価値への影響については、「お守りやお札などをいただき身につける」参加者は「神聖性の価値」および「教育的価値」を、そして「神社やお寺などにお参りする」参加者は「神聖性の価値」および「経済的価値」、「教育的価値」を、「家内安全や商売繁盛・入試合格などをご祈祷する」参加者および「座禅やヨガ、読経、布教などを実践する」参加者は「教育的価値」を、それぞれの行為を行わない参加者に比べてより強く見出していることが浮き彫りになった。

　さらに、今回の調査では、長引くコロナ禍に伴うツアー参加者の信仰心の変化が、彼らの経験価値の獲得に対して影響を与えていることも浮き彫りになった。コロナ禍で信仰心を強めた巡礼者は、「日頃から信仰を実践している」参加者や「あの世」などの存在を信じている参加者と同様、神仏への祈りや読経などの実践、あるいは尊い教えに対する志向性を強めたものと推察される。その結果、彼らは、祈りや修行といった伝統的な宗教的行為としての巡礼の特性に関連した「神聖性の価値」および「真正性の価値」、「脱日常的価値」、「教育的価値」の価値次元をより強く見出すこととなったものと考えられる。

# 総括と展望

# 第11章

# 日本の代表的巡礼ツーリズムの
# 経験価値の実相

# 1 — 考察を通じて得られた発見事実

本書では、経験経済システムへの移行に伴い、消費者行動の研究分野で発展してきた「経験価値モデル」の理論的枠組みを用いて巡礼ツーリズムの特徴を捉え直すことにより、巡礼ツーリズムが有する経験価値の実態を明らかにすることを試みた。

以下では、これまでの考察を通じて得られた発見事実および理論的含意、実践的含意を提示する。そして最後に、今後の研究の課題と展望について述べる。

## 1.1 巡礼とツーリズムの親和性

かつて、中世のキリスト教社会においては、権威ある教会を中心とした宗教的空間に、文化的および倫理的にもコミュニティを共有する帰属意識が存在していた。教会という権威が認めた事実によって真正性を獲得した聖人の遺体や聖遺物などが、信仰を有する人々を魅了していた（岡本, 2012, pp.41-63）。また、日本の代表的巡礼である西国三十三所巡礼や四国八十八ヶ所巡礼の草創期においては、主に修験者による信仰や修行が、その目的の中心であった（速水, 1970, pp.300-301, pp.311-317；信多, 1993；北川, 2020；佐藤, 2004, pp.104-109）。

一方、古代ギリシャの巡礼においては、余暇の時間があった市民は、祝祭や聖域への巡礼のみならず、楽しみや学び、芸術、健康の回復や増進などといった各自の興味や関心に応じて旅行をしていた（Nash, 1989）。また、今日のサンティアゴ・デ・コンポステラ巡礼においても、世界各地から聖地を目指してやってくる巡礼者の多くは特段に信仰をもたない非キリスト教徒であり、彼らはゴールに安置された聖ヤコブ像よりも巡礼路で出会う仲間との交流に価値を見出している（岡本, 2012, pp.220-235）。日本においても、政治経済が長期的に安定した江戸時代になると、庶民が信仰を基本としつつも、芝居見物や郷土料理、温泉などを楽しみながら巡礼に赴くようになった（佐藤, 2004, pp.180-181, 2006；星野, 2001）。

これに対して、近代ツーリズムは単なる疑似イベントや一時的な消費行

為としての遊興ではなく、ツーリストがオーセンティックな経験を探求する非日常的で神聖なものであることが論じられてきた（マキャーネル, 2001, p.102-103）。すなわち、実存的に非日常の領域に存在しているツーリスティックな旅は、日常の労働の世界への関心よりも道徳的により高度な次元にその目的が位置しており、象徴的に聖なるものである（Graburn, 1989, p.28）。

　このように、旅は本来宗教的な巡礼であったことに加えて、旅も宗教的行為である巡礼も、どちらもがオーセンティックな経験を探求するものである点で、ただ単に形が似ているのみならず、動機においても似ているのである（マキャーネル, 2001, p.97）。聖地を目指す巡礼者が宗教的に重要な出来事のあった場所を訪ねるのに対して、ツーリストは社会的・歴史的・文化的に重要な場所を訪れるが、「いずれも訪問地で真の"生"を分かち合いたいと考え、少なくとも真の"生"を見たいと望んでいる」のである（前掲書, p.97）。以上より、近代ツーリズムもオーセンティックな経験を探求する側面を有しており、この点で巡礼と近代ツーリズムとの間には親和性が存在しているものと考えられる。

## 1. 2 脱埋込化された宗教資源を経験消費するツーリスト

　都市化や工業化、消費主義などに象徴される近代社会が到来すると、従来の閉鎖的な地域社会が解体されて、人々がそれまで慣れ親しんできた社会に埋め込まれていた文化や伝統、宗教、習俗などの、「アイデンティティを構築するための参照枠」（Giddens, 1991；山中, 2020）が相対化されることとなった。それゆえ、人々はそれに代わるものを自身の内部に探し求めるようになった。

　また、このようなプロセスと同時に、伝統的な宗教組織がその役割を担っていた"信仰"や"修行"などの「宗教的なるもの」も、そこから解放されて、それらの宗教的要素の断片はグローバルに拡散し、日常の生活空間における慣習的習俗からの脱埋め込みが進展した。

　このように、従来、自己アイデンティティの構築のために用いられていた宗教資源などが脱埋め込み化されて拡散するようになったため（島薗,

2004, pp.432-433）、参照基準を失ってしまった人々は、自らが依って立つ基盤を探し求めて、アイデンティティの確立手段としての消費を繰り返すようになった（Miller, 2003）。自分が何者であるのかについての決定を主観的な判断に基づき行わなければならなくなった（山中, 2016, p.157, 2020）人々は、常に不安や焦燥を感じながらゴールのみえない「内的準拠性に基づく絶えざる再帰的なアイデンティティの再編作業」（山中, 2020）を繰り返すようになったのである。

　このように近代社会において個人化が進展すると、制度的な宗教組織の権威や支配力の低下といった世俗化がもたらされる一方で、それにかかわりをもたない個人が、それぞれの興味や関心、あるいは私的な世界観に基づき、「宗教的なるもの」や「聖なるもの」を見出す動きが生み出された。すなわち、不安や焦燥を抱える個人は、心のゆらぎや空白を克服する助けと成り得る、癒しや健康、自分探し、精神修養などといった言葉に魅力を感じて「内なる聖性の開発」に取り組み（前掲書）、消費を繰り返すようになったのである。それゆえ、自己アイデンティティの再構築に向けて「宗教的なるもの」や「聖なるもの」を探求しつつ消費を繰り返す個人は、宗教資源などが旅行会社によって組み合わされ、経済財として商品化された巡礼ツーリズムを、陳列棚に並べられた「内なる聖性の開発」のための多様な手段の一つとして経験消費しているものと考えられる。

## 1.3 巡礼ツーリズムをプロデュースするツーリズム産業

　旅行会社をはじめとするツーリズム産業は、社会の諸領域に浸透している様々な宗教資源の中から、「神聖なものや美しいものにふれることで獲得される癒しや精神的充足感」などといった、ツーリズムと親和性のある資源パーツを切り取り、経済財としてのツーリズム商品に組み替えている。彼らは、伝統的な巡礼において宗教的行為として営まれていた「祈り」や「修行」、「救済」、「癒し」などといった宗教的習俗を制度的枠組みから解き放ち、ツーリズムと融合させて、ツーリストの誰もが信仰の有無にかかわらず巡礼を気軽に経験できるよう、商品化している。

　このようなツーリズム産業の取り組みの背景には、商品の便益的価値で

も記号的価値でもない、消費者自身が経験する内容に価値を見出す消費社会が到来していることが考えられる。経済システムが経験経済へ移行する中で、既存の旅行商品の経済価値がコモディティ化する一方で、ツーリストがツーリズムに求める価値は、従来の性能や信頼性、価格などの機能的価値から、ツーリスト自身が経験する内容が有する価値へと次第にその比重を移している。それゆえ、自己アイデンティティの再構築に向けて宗教の特定要素を切り取り、私的な信仰を形成している現代の巡礼者は、伝統的な宗教組織の束縛に捕らわれることなく、自身の関心や目的に適う「訪れるに値するもの」を巡礼ツーリズムに見出すようになったのである。

　巡礼路には、自然の景観や寺社建築、鐘の音、仏像、巡拝時の厳かな雰囲気、仲間との語らいなどといった、ツーリストの経験価値を生み出し得る様々な資源が存在している。ツーリズム産業はこのような巡礼路の多様な資源を組み合わせることにより、経済財としての巡礼ツーリズムをプロデュースしている。

## 1.4 日本の代表的な巡礼ツアーに共通してみられる特徴

　第4章では、日本を代表する巡礼ツーリズムである、西国三十三所および四国八十八ヶ所の巡礼ツアーが有する多彩な魅力について考察し、それらに共通してみられる特徴を分析した。その結果、以下の点が明らかになった。

①巡礼ツアーの参加者が自身の都合に応じてスケジュール調整を行い易いよう、複数の催行予定日が設けられている。

② 1 回のみの参加も可能で、巡礼の中断や再開ができる。

③参加者が自身の体力を気にすることなく気軽に参加できるよう、移動手段として主にバスが用いられている。

④霊場会公認の先達が同行して、勤行の身体的作法や仏教教義、各札所寺院の由緒などについて解説を行うなど、参加者が巡礼について学ぶ機会が提供されている。

⑤添乗員が御朱印の代行取得を行うことで、参加者が参拝に専念できるよう便宜が図られている。

⑥添乗員が旅程管理や参加者の健康管理を行うことで、巡礼の旅の安心や安全を提供している。

⑦霊場近辺の景勝地などに立ち寄り、観光を楽しむ機会が設けられている。

⑧食事や休憩を兼ねてレストランに立ち寄り、土産物の買い物を楽しめる旅程が組まれている。

⑨宿泊を伴うツアーでは、温泉大浴場や巡礼先の郷土料理などを楽しめる宿泊施設やレストランを利用するメニューを提供している。

⑩結願するまでに月１回のペースで全12回程度のツアーへの参加が必要となる日帰り巡礼ツアーにおいては、１回当たりの価格をリーズナブルに設定している。

（またその一方で、）

⑪西国巡礼および四国巡礼ともに、全12回程度で結願するツアーとは別に、１回ないし数回の巡礼ツアーですべての札所を巡拝し終える旅程の、グレードの高い宿泊施設を利用した商品を提供している。


　星野（2001）は、交通が発達し、政治経済が長期的に安定していた江戸時代において、四国八十八ヶ所の巡礼者が増加したことを論じている。これに対して、現代の巡礼ツアーは、信仰や修行を基本とした宗教色の強い巡礼に対するツーリストの心理的抵抗感や、経済的および肉体的負担の軽減を通じて、宗教資源や巡礼資源に対する潜在的需要を有するツーリストを新たに巡礼マーケットに呼び込むことに成功しているものと考えられる。

## 1.5 消費者の経験が生み出す経験価値の重要性の高まり

　消費が自己アイデンティティの確立手段の一つとして用いられるようになったことから、消費者が消費行動の過程で何を見聞きし感じたかといった経験の内容そのものが重要な価値を有するようになった。主体の経験を動機とする経済が拡大することにより、商品の便益的価値でも記号的価値でもない、消費者自身が経験する内容に価値を見出す新たな消費社会が到来したのである。

　新たな経済価値として認められるようになった経験は、サービスを舞台

として、企業が製品を小道具に使って顧客を魅了するときに生じるものである。それゆえ、コモディティが代替可能、製品が有形、サービスが無形である一方、経験は思い出に残るという特性を有している（Pine & Gilmore, 1999）。そのすべてが買い手の外部に存在していた従来の経済価値とは異なり、経験は感情的、身体的、知的、さらに精神的なレベルで働きかけて顧客を魅了することでサービスを思い出に残る出来事に変える。したがって、経験を買う人は、ある瞬間やある時間に企業が提供してくれる"コト"に価値を見出すこととなる。

　信仰を中心とする伝統的な宗教の枠組みを超えて経験消費されるようになった現代の巡礼は、互いに内面志向の側面を有する巡礼とツーリズムが融合したものである。それゆえ、感情的、知的、精神的なレベルで働きかけて顧客を魅了し、サービスを思い出に残る出来事に変える経験価値を多分に内包しているものと考えられる。旅行会社をはじめとする様々な経験ステージャーは、巡礼路を取り巻く自然の景観や寺院の鐘の音、礼拝での厳かな雰囲気などといった経験価値を生み出し得る様々な資源を巡礼ツーリズムに組み込むことによって、ツアー商品としてプロデュースしている。このように、経済財として商品化された巡礼ツアーを経験消費することによって、現代の巡礼者はそれぞれにとっての「訪れるに値するもの」を見出しているのである。

# 2 ＿＿ 理論的含意

## 2.1 巡礼ツーリズムが有する経験価値の分析視座と手法の提示

　本書では、消費者が経験した内容そのものが価値を生み出すようになった今日の経験経済システム下で、経験価値が重要性を増していることを踏まえ、そのような経験価値の観点から巡礼ツーリズムが有する多彩な魅力や特徴を捉え直し、経済財としての巡礼ツーリズムが内包している経験価値の構成概念を提示した。

　具体的には、最初に、消費者行動の研究分野で発展してきた「経験価値モデル」の理論的枠組みを用いて巡礼ツーリズムを捉え直すとともに、先

行研究の考察を踏まえながら「真正性」および「神聖性」の価値次元を加えることによって、それが有する多様な経験価値の構成概念、すなわち価値次元を仮説的に提示した。

　次に、日本を代表する霊場である西国三十三所および四国八十八ヶ所を巡拝するバスツアーの各参加者への質問紙調査を行い、現代の巡礼者が実際に巡礼ツアーに経験価値を見出しているか否かについて検証した。具体的には、質問紙調査の結果得られたデータを基に、巡礼ツアーが有する経験価値を定量的に捕捉するための測定尺度モデルを構築し、当該モデルの有用性を提示することにより、現代の巡礼者が巡礼ツーリズムに見出している経験価値の実態を浮き彫りにした。

　モデル実証の結果、西国巡礼および四国巡礼のいずれかのバスツアーにおいて、仮説的に提示した「審美的価値」および「娯楽的価値」、「脱日常的価値」、「教育的価値」、「社会的価値」、「利他的価値」、「真正性の価値」、「神聖性の価値」、「優れたサービス」、「コストパフォーマンス」の10個の価値次元の内、「利他的価値」を除く他のすべての価値次元をツアー参加者が見出していることが明らかになった（**表11-1**）。

**表11-1　巡礼ツーリズムの経験価値モデル**

| 経験価値モデル | | | | 本研究の考察に基づく仮説的提示 | 宗教学および社会学を中心とした巡礼とツーリズムに関する先行研究 | | 確認的因子モデル | |
|---|---|---|---|---|---|---|---|---|
| Holbrook, 1994,2006 | Pine & Gilmore, 1999 | Mathwick et al., 2001, 2002 | | | | | 西国巡礼ツーリズムモデル | 四国巡礼ツーリズムモデル |
| | 価値次元 | | | | | | | |
| 意味的価値 / 快楽的価値 | 審美的価値 | 審美的価値 | | | Duchet, 1949 Urry,1990 Fuller, 1992 Tomasi, 2002 Nash, 1989 | 巡礼者の関心事に応じた祝祭や楽しみ、学び、芸術、健康などの「多様な目的」 | 第3因子 | ― |
| | 娯楽的価値 | 娯楽的価値 | | | Duchet, 1949 Urry,1990 Fuller, 1992 Tomasi, 2002 Nash, 1989 | 巡礼者の関心事に応じた祝祭や楽しみ、学び、芸術、健康などの「多様な目的」 | | ― |
| | | | | | Cohen, 1979 | 観光経験の「レクリエーション・モード」 | | |
| | 脱日常的価値 | | | | Graburn, 1989 Nash, 1989 | 「場所の移動」 | | |
| | | | | | Eliade, 1957 Turner, 1969 MacCannell, 1973 Graburn, 1989 | 「中心への接近」 「聖なる時空への移行」 「真正性の探求」 | 第1因子 | 第5因子 |
| | | | | | Cohen, 1979 | 観光経験の「気晴らし、経験、体験、実存モード」 | | |
| | 教育的価値 | | | | Duchet, 1949 Urry,1990 Fuller, 1992 Tomasi, 2002 | 巡礼者の関心事に応じた祝祭や楽しみ、学び、芸術、健康などの「多様な目的」 | 第4因子 | 第6因子 |
| 社会的価値 | | | | | Turner, 1969 | 道中で出会う他の巡礼者との「人間的交流や繋がり」 | 第6因子 | 第2因子 |
| 利他的価値 | | | | | | | ― | ― |
| | | | | | 宗教学および社会学を中心とした真正性と神聖性に関する先行研究 | | | |
| | | | 真正性の価値 | | MacCannell, 1973 Gilmore & Pine, 2007 Beverland, 2005 | オリジナル性 リアル性 誠実さ | 第2因子 | 第4因子 |
| | | | 神聖性の価値 | | Wunenburger, 2015 Keane, 2008 Arweck & Keenan, eds., 2006 Miller, 2003 Roof, 1999 | 納経帳や御軸等の物質的コンテンツ、霊場空間や勤行時の雰囲気、先達や巡礼仲間との一体感などの事物や空間とそれらが醸し出す雰囲気および感情や情緒 | ― | 第1因子 |
| 機能的価値 | 経済的価値 | | 優れたサービス | | | | 第5因子 | 第3因子 |
| | | | コストパフォーマンス | | | | | |

出典　Holbrook, 1994, 2006；Pine & Gilmore, 1999；Mathwick et al., 2001, 2002ならびに上記各先行研究に基づき筆者作成

以上の一連の手続きは、目には見えず、外部から物理的に観測すること
が困難な巡礼ツーリズムが有する経験価値を定量的に捕捉し、可視化する
ための新たな分析の視座と手法を提示するといった理論的含意を有するも
のと考えられる。

## 2.2 巡礼ツーリズムが有する経験価値の基本構造の解明

　本書では、巡礼ツーリズムが有する経験価値を定量的に捕捉するための
測定尺度モデルの開発を通じて、経験価値の価値次元に関する基本構造を
解明した。ツーリズム分野の先行研究においては、クルーズ船旅行や
B&Bなどの特定分野における経験価値の実証分析を目的として測定尺度
の開発が行われてきた。しかしながら、それらの経験価値モデルや測定尺
度の内容について合意が得られているとは言い難く、とりわけ本研究のテ
ーマである巡礼ツーリズムの経験価値を測定するための、研究者の間で幅
広く用いられるような尺度はこれまで開発されることはなかった。

　これに対して、本書の研究では、日本を代表する巡礼ツーリズムである
西国三十三所および四国八十八ヶ所の各巡礼バスツアーの参加者に対して
質問紙調査を行い、様々な観測変数の背後に共通して存在する、観測変数
に影響を与えている構成概念を探索的因子分析の実施によって特定し、モ
デル実証による有用性の検証を経て、測定尺度モデルを開発した。

　その結果、西国巡礼ツーリズムが有する経験価値として、「脱日常的価
値」および「真正性の価値」、「審美的および娯楽的価値」、「教育的価
値」、「経済的価値」、「社会的価値」が、また四国巡礼ツーリズムが有する
経験価値として、「神聖性の価値」および「社会的価値」、「経済的価値」、
「真正性の価値」、「脱日常的価値」、「教育的価値」の価値次元が抽出され
た（**表11-1**）。これにより、先行研究の考察に基づき仮説的に提示した経
験価値の価値次元の内、「利他的価値」を除く他のすべての価値次元が、
西国巡礼ツーリズムあるいは四国巡礼ツーリズムのいずれかを対象とする
実証研究において確認された。

　とりわけ、「経験価値モデル」が提示した経験価値の価値次元の内、
Holbrook（1994, 2006）が「経済的価値」として提示する一方で、

Mathwick et al.（2001, 2002）が「優れたサービス」および「コストパフォーマンス」として提示した機能的価値の価値次元が実証的に抽出された（**表11-1**）。

ツーリズムを提供する主体としての旅行会社が、いかにツーリスト本位の取り組みを行い、好感を得ているかといった視点や、ツーリストの時間や金銭的投資などに見合った果実を提供することができているかといった視点は、経済財としての巡礼ツーリズムが有する経験価値の重要な価値次元であると考えられる。したがって、宗教的経験の側面もが経験消費されるツーリズム商品としての特性を兼ね備えるようになった巡礼ツーリズムの経験価値について、機能的価値の観点から捉え直すことは、既存の他の商品やサービスが有する機能的価値との比較検討が可能となるなど、新たな分析の視座を与えてくれるものである。

日本を代表する二大巡礼ツーリズムが有する経験価値を定量的に捕捉するための測定尺度モデルを構築し、巡礼ツーリズムが有する経験価値の基本構造を明らかにしたことは、本書の研究の貢献である。

## 2.3 巡礼ツーリズムが有する経験価値の多様性の確認

第8章および第10章では、巡礼ツーリズムが内包する特性の異なる各資源の構成比率の違いによって（p.49, **図3-1**）、西国三十三所および四国八十八ヶ所の巡礼ツーリズムの経験価値が有するそれぞれの経験価値の間に多様性が生み出されていることを実証的に明らかにした。

本書の西国巡礼バスツアーのモデル実証研究においては「神聖性の価値」が抽出されなかった一方、四国巡礼バスツアーのモデル実証研究においては「神聖性の価値」が抽出された。これにより、四国巡礼バスツアーの参加者は、先達から勤行の身体的作法の指導などを受けながら巡拝の実践を積み重ね、御朱印を集印することによって、読経時の神聖な雰囲気や霊場の厳かな佇まいをはじめ、納経帳や御朱印、金剛杖などの物質的コンテンツや、巡拝用の白衣などを身に着ける行為にも「神聖性の価値」を見出していることが浮き彫りになった。

このような分析結果は、四国巡礼バスツアーが西国巡礼バスツアーより

も伝統的な巡礼の枠組みを色濃く反映した宗教色の強い巡礼ツーリズムであることを示唆するものである。

また、モーガン（Morgan, D.）などの先行研究が指摘した「宗教の観念的および精神的世界は、物質や客体といった二次的なものの日常的な実践を通じて具体化される」といった内容（Morgan, 2009, p.73；Wunenburger, 2015；デュルケーム, 2014；Kean, 2008；Arweck & Keenan, 2006；森, 2015）や、巡礼ツーリズムを扱った門田（2013）が定性的に論じた「現代の巡礼者は、数珠や御朱印などの物質的なアイテムおよび霊場空間が醸し出す雰囲気、巡拝用の白衣などを身に着ける行為を経験消費している」といった内容についても定量的に確認することができた（表11-1）。

一方、西国巡礼バスツアーでは「神聖性の価値」が抽出されなかった代わりに「審美的および娯楽的価値」が抽出されたことから、西国巡礼バスツアーは四国巡礼バスツアーよりもツーリズム色の強い巡礼ツーリズム商品であることが浮き彫りになった。

前田（1971）は、西国巡礼においては、観光を主な目的とする巡礼者が多いのに対して、四国巡礼においては、四国の僻遠性と大師信仰を背景として修業的要素が入り、観光的要素が薄らぐことを指摘しているが、本書の研究の結果は、今日の巡礼バスツアーにおいて、観光的色彩の強い西国巡礼と、宗教的色彩の強い四国巡礼といった特性の違いが残っていることを示唆しているといえよう。

## ２.４ ツーリストの属性や信仰態様が経験価値の獲得に与える影響の捕捉
### （１）巡礼ツアー参加者の属性が経験価値の獲得に与える影響

本書では、性別や年齢、年収などといったツアー参加者の属性が、巡礼ツーリズムに彼らが見出す経験価値の獲得に対して影響を与えていることを浮き彫りにした。

参加者のデモグラフィック情報に基づき分散分析を行った結果、西国巡礼バスツアーでは、女性の参加者は男性の参加者よりも「審美的および娯楽的価値」を見出していること、また70代の参加者はその他の世代と比べて「審美的および娯楽的価値」および「教育的価値」の獲得が希薄である

こと、そして高所得者ほど「脱日常的価値」や「審美的および娯楽的価値」、「教育的価値」の獲得が希薄であること、さらに巡礼者が満願回数を重ねて 3 〜 5 回になった時点で、一旦「脱日常的価値」および「経済的価値」の獲得が希薄になっていることが明らかになった。

　一方、四国巡礼バスツアーでは、男性の参加者は女性よりも「社会的価値」を見出していることが確認された。加えて、多重比較を行った結果、80歳以上の参加者は60代および70代の参加者よりも「真正性の価値」を見出しており、参加者中で最も若い40代の参加者は、それ以上の各年代の参加者よりも「脱日常的価値」の獲得が希薄であること、また満願回数が 5 〜 10回にのぼる参加者は、初めての巡礼者よりも「脱日常的価値」を見出しているとともに、満願回数が 1 回の参加者よりも「教育的価値」を見出していることが明らかになった。

## （2）信仰実践やあの世等の存在の信心が経験価値の獲得に与える影響

　本書の研究を通じて、巡礼ツアー参加者の日頃の信仰実践の有無が、彼らが見出す経験価値に対して影響を与えていることが明らかになった。日頃の信仰の態様を測定する項目を設定して分散分析を行った結果、西国巡礼バスツアーを対象としたモデル実証では、特定の宗教組織への所属にかかわらず日頃から信仰を実践している参加者は、実践していない参加者よりも「教育的価値」および「社会的価値」を見出していることが明らかになった。

　また、四国巡礼バスツアーを対象としたモデル実証では、日頃から信仰を実践している参加者は信仰していない参加者よりも「神聖性の価値」および「真正性の価値」、「脱日常的価値」、「教育的価値」を見出していることが浮き彫りになった。また、「あの世」および「神や仏」の存在を信じている参加者は、信じていない参加者よりも強い信仰指向性を有することから、非日常の聖なる空間で巡礼仲間と一体となって先達からの教えを学びながら勤行するといった本物の巡礼経験に、「神聖性の価値」および「真正性の価値」、「教育的価値」を見出していることが明らかになった。

　このようなツアー参加者の「日頃の信仰実践の有無」および「あの世」や「神や仏」の信心が経験価値の獲得状況に影響を与えるといった分析結

果は、宗教的動機を基本とする巡礼ツーリズムに特徴的なものであると考えられる。

## 2.5 四国巡礼ツーリズムの地域性が経験価値の獲得に与える影響の捕捉

本書では、四国在住の参加者が近畿在住の参加者よりも「神聖性の価値」および「社会的価値」、「脱日常的価値」、「教育的価値」を見出していることが確認された（pp.184-185, **表10-6**）。

四国巡礼においては、霊場を取り巻く地域の住民が「お接待」を通じて遍路者を支えており、弘法大師に対する「信仰」および修行や精神修養を実践する「場」、そしてそれらを支える「地域住民」の三者が一体となっている。このように、遍路者の祈りを中心として、巡礼の土俵、それらすべてを包み込み支える地元の人々が三位一体となって四国巡礼の霊場文化を構成している点は、今日の日本の他の巡礼にはみられない四国巡礼固有の特徴である。

本書の研究の分析の結果明らかになった、四国在住の巡礼バスツアー参加者と近畿在住の参加者との間で経験価値の獲得状況が異なる点に、四国の地域住民でもある巡礼バスツアーの参加者は、デスティネーションとしての四国霊場の単なる訪問者ではなく、四国巡礼固有の文化やアイデンティティを構成する重要な存在にもなっていることが窺われる。このような日本の他の巡礼においてはみられない四国巡礼の特徴が、地域性に基づく経験価値の多様性として確認された点は、本研究の貢献である。

# 3 ── 実践的含意

## 3.1 巡礼ツーリズムが有する経験価値の測定尺度モデルの開発

本書の研究を通じて得られた実践的含意は以下の通りである。第一に、今日、宗教的経験の側面もが経験消費されるツーリズムとしての特性を兼ね備えるようになった巡礼ツーリズムの経験価値を定量的に測定し、それらの価値を生み出す源泉、すなわち価値次元を定量的に捕捉し、可視化するための測定尺度モデルを開発したことである。

従来のツーリズム研究においては、クルーズ船旅行やB&Bの利用など
といった限られた分野の経験が有する価値を捕捉するための測定尺度の開
発が行われてきた。しかしながら、それらの測定尺度モデルの内容につい
ての合意は得られておらず、とりわけ本書のテーマである巡礼ツーリズム
が有する多彩な経験価値を定量的に捕捉するための、研究者の間で幅広く
用いられるような測定尺度モデルはこれまで開発されることはなかった。

　これに対して、本書における経験価値を定量的に捕捉するための測定尺
度モデルの開発により、現代の巡礼者が巡礼ツーリズムに見出す経験価値
を生み出している、宗教資源や巡礼資源、ツーリズム資源などの、目には
見えない価値の源泉を可視化することが可能となった。これまで、ともす
れば定性的な分析に偏りがちであった、巡礼ツーリズムが有する経験価値
の多様な価値次元を定量的に測定し、捕捉することにより、私的かつ内面
的なツーリストの経験が生み出す多彩な価値を可視化しつつ捉えることが
可能になった。

## 3.2 測定尺度モデルの商品企画・開発への応用

　第二の実践的含意は、本書の研究を通じて開発した巡礼ツーリズムの経
験価値を定量的に捕捉するための測定尺度モデルを、巡礼ツアー商品の企
画・開発やマーケティング活動に活かすことにより、顧客満足度の高い商
品・サービスの企画・開発が可能になることである。

　当該モデルを、現代の巡礼者が巡礼ツーリズムに見出す多様な「訪れる
に値するもの」を捕捉するための道標として活用し、巡礼ツアー商品の企
画・開発やマーケティング活動に活用することによって、多様化するツー
リストのニーズにより一層適合した顧客満足度の高い商品の企画・開発
や、それによる新たな顧客の開拓が可能になるものと期待される。

　とりわけ、本研究の考察により得られた意味的価値の価値次元の観点か
ら巡礼ツーリズム商品の内容を検討し、商品企画や開発に活かすことで、
既存のツアー商品とは異なる、巡礼ツアーならではのオリジナリティや魅
力を生み出すことが可能になるものと考えられる。

　また、日本を代表する巡礼ツーリズムである西国巡礼および四国巡礼の

各バスツアーを対象として実施した実証研究（第8章および第10章）においては、ツアー参加者の日頃の信仰実践の有無および「あの世」や「神や仏」の存在の信心が、意味的価値の獲得に対して影響を与えていることが確認された。したがって、神仏への祈りを基本的動機とする巡礼ツアー商品の企画・開発の際に、意味的価値の観点に加えて、ツアー参加者の信仰実践の有無および「あの世」や「神や仏」の存在の信心などの信仰指向性の視点を考慮することで、現代の巡礼者の多様なニーズにより一層適合した顧客満足度の高い商品のプロデュースが可能になるものと期待される。

　さらに、顧客本位の取り組みを通じてツーリストの好感を獲得するといった「優れたサービス」の視点や、ツーリストが投資した時間や金銭などに見合う果実を得られているかといった「コストパフォーマンス」の視点は、宗教学や社会学を中心とした巡礼およびツーリズムに関する先行研究ではふれられることのなかった、巡礼ツーリズムが有する経験価値の重要な価値次元である。したがって、宗教的経験の側面もが経験消費されるツーリズムの特性をも兼ね備えるようになった巡礼ツーリズムを、以上の機能的価値の価値次元の観点から捉え直すことで、既存の他のツアー商品が有する機能的価値との比較検討が可能になるなど、より顧客満足度の高い魅力的なツアー商品の開発に資するものと期待される。

## 3.3 ツアー参加者属性の視点の商品企画・開発への応用

　本書の研究においては、ツアー参加者の属性が経験価値の獲得に影響を与えていることが浮き彫りになった。西国巡礼バスツアーにおいては、女性の参加者は男性の参加者よりも「審美的および娯楽的価値」を見出していることや、70代の参加者はその他の世代と比べて「審美的および娯楽的価値」および「教育的価値」の獲得が希薄であることなどが確認された（pp.151-152、表8-5）。

　一方、四国巡礼バスツアーにおいては、男性の参加者は女性よりも「社会的価値」をより強く見出していることや、80歳以上の参加者は60代および70代の参加者よりも「真正性の価値」を見出していること、参加者中で最も若い40代の参加者は、それ以上の各年代の参加者よりも「脱日常的価

値」の獲得が希薄であることなどが明らかになった（pp.184-185, **表10-6**）。

　したがって、巡礼ツアー参加者の性別や年齢などといった様々な属性の観点から商品の企画・開発を行うことにより、ツアー参加者の多様なニーズにより一層適合した魅力ある商品をプロデュースしつつ、品揃えを強化することが可能になるものと期待される。

### 3.4 巡礼ツーリズムの経験価値を活かした地域振興

　本書では、人々の価値観が多様化し、帰属意識が希薄化する成熟社会の新たな観光形態の一つである巡礼ツーリズムを「経験価値」の観点から捉え直すことにより、それが有する多様な経験価値の価値次元を浮き彫りにした。現代の巡礼者は、巡礼路を取り巻く自然の景観や寺院の鐘の音を見聞きし、巡拝時の厳かな雰囲気に身をゆだね、仲間と語らい、交流することを通じて、楽しみ、学び、感動しつつ自分探しをしており、そのような過程は経験消費の典型であると考えられる。巡礼ツーリズムはツーリストという名の現代の巡礼者を霊場というデスティネーションに誘う多様な経験価値を内包しているのである。

　また、四国巡礼の事例においては、「お接待」文化を中心とする固有の巡礼文化が根付いており、「信仰」とそれを実践する「場」、「地域住民」の三位一体のあり様が、霊場というデスティネーションがツーリストにとって新鮮でユニーク、かつ本物のツーリズム商品を維持し続けるために必要となる地元のアイデンティティを生み出している。

　このような固有の巡礼文化を有する地域社会においては、長年にわたる地域住民の主体的な関与によって巡礼文化に基づく規範が培われ、それらが地域住民の間で共有化されることにより、住民相互の間に信頼感や安心感、共同性が醸成されてきたものと考えられる。以上のような固有の巡礼文化や、それを基底として醸成されてきた経験価値の体系は、地域社会の活性化に資する重要な無形資産である。

　例えば、四国遍路については、札所の各寺院や遍路道などの有形資産が、個人を救済する信仰のあり方を伝える証拠としての世界文化遺産に相

応しい普遍的価値を有しているとの認識が醸成されてきた[1]。このような認識の下、魅力的なまちづくりや地域の活性化を目指して四国4県を中心とする地域の関係団体が協力しながら資産の保護措置の検討や受入態勢の整備、普及啓発活動などに取り組んでいる（「四国八十八箇所霊場と遍路道」世界遺産登録推進協議会〔2021〕）。

　一方、1000年以上前から続く熊野古道[2]では、「紀伊山地の霊場と参詣道」としてユネスコの世界文化遺産に登録された[3]ことが契機となって、外国人観光客を呼び込む着地型観光による地域づくりが行われている。その推進の中心的存在である観光地域づくり法人（DMO）の一般社団法人田辺市熊野ツーリズムビューローは、「世界遺産熊野古道を核とした観光振興を通じて、地域の人々がこの地域に誇りと愛着を持つことができ、この地を訪れる旅行者にも満足していただけるような『住んで良し、訪れて良し』の地域づくり」を基本理念として事業活動を行っている[4]。また、地方公共団体においても、田辺市とサンティアゴ・デ・コンポステラ市は、持続可能な観光地を目指して巡礼文化を発信することを目的として、2014（平

---

1：四国遍路世界遺産登録推進協議会では、世界遺産登録に必要な四国遍路の「顕著な普遍的価値」（Outstanding Universal Value）の証明を行うため、「普遍的価値の証明」部会を設置して2010（平成22）年度から専門家を招き、会議を開催して検討を続けている（「普遍的価値の証明」研究会等 中間報告〔令和2年度・令和3年度〕〔2022〕）。なお、不動産のみにとどまらず無形的な価値や地域とのつながりなどといった四国遍路が有する多様で広がりのある文化の重要性を示すため、資産の名称を「四国八十八箇所霊場と遍路道」から「四国遍路」に改め、2021（令和3）年4月1日から協議会名を「四国遍路世界遺産登録推進協議会」に改称した（旧名称：「四国八十八箇所霊場と遍路道」世界遺産登録推進協議会）（四国遍路世界遺産登録推進協議会 https://88sekaiisan.org〔最終アクセス：2023.8.7 & 2023.11.22〕）。

2：各々が個別の自然崇拝に起源をもつ、熊野本宮大社および熊野速玉大社、熊野那智大社の三社を総称して、熊野三山あるいは熊野三所権現と呼び、神仏習合の進展や浄土思想の広まりに伴い、上皇や女院、庶民にいたるまで、多くの人々が熊野三山に参詣した。参詣道である「熊野古道」には、京都から大阪・和歌山を経て田辺に至る「紀伊路」、田辺から山中に分け入り、熊野本宮大社を経て那智や新宮に向かう「中辺路（なかへち）」、田辺から海岸沿いに那智・新宮へ向かう「大辺路（おおへち）」、高野山から熊野に至る「小辺路（こへち）」、伊勢から熊野へ向かう「伊勢路」、吉野・大峯と熊野本宮を結ぶ修験者の道「大峯奥駈道（おおみねおくがけみち）」などの複数のルートがある（一般社団法人田辺市熊野ツーリズムビューロー，2023）。

3：2004（平成16）年7月に、熊野三山および高野山、吉野・大峯とそれらにつながる巡礼道が登録された。

4：一般社団法人田辺市熊野ツーリズムビューローは、基本理念の実現に向けて、①受け入れ体制の整備、②情報発信プロモーション、③着地型観光業を事業の3本柱として、持続可能な質の高い観光地の確立を目指して取り組んでいる（一般社団法人田辺市熊野ツーリズムビューロー https://www.tb-kumano.jp〔最終アクセス：2023.8.7 & 2023.11.22〕）。

【写真11-1】「二つの道の巡礼者」証明証

成26年）年5月13日に「観光交流協定」を締結した[5]。

　さらに、西国三十三所については、札所の各寺院と自治体などから構成される「日本遺産『日本の終活の旅』推進協議会」が、2023（令和5）年4月18日に、スペインの世界遺産「サンティアゴ巡礼路」と、巡礼文化の友好提携を締結した。これは、ともに1000年以上の歴史ある巡礼文化が未来に向けて一層の発展を遂げることができるよう、国や宗教の垣根を越えて文化交流に協力して取り組むことで、国際的な知名度の向上および地域の歴史や文化の理解促進、地域の活性化を図ることをねらいとした事例である[6]。

　今後、地域社会が、直面する様々な構造的課題を乗り越えて、賑わいを取り戻しながら持続的に発展していくためには、このような地域社会が有する固有の資産を有効に活用しつつ、内発的な観光創造に持続可能な形で

5：当該協定に基づく両市による初の共同事業として、「熊野古道」と「サンティアゴ巡礼の道」の二つの道を訪れる巡礼者に対する「共通巡礼手帳」の発行を、2015（平成27年）2月1日より開始した。二つの道のそれぞれの巡礼達成基準をどちらもクリアすると、「二つの道の巡礼者」として「巡礼（達成）証明書」および二つの巡礼道のシンボルであるホタテ貝と八咫烏（やたがらす）、太陽のイメージであるオレンジ色があしらわれた「二つの道の巡礼者限定のピンバッジ」が贈呈される（一般社団法人田辺市熊野ツーリズムビューロー https://www.tb-kumano.jp〔最終アクセス：2023.11.22〕）。
6：提携は、西国三十三所の協議会と、サンティアゴ・デ・コンポステラ巡礼路の最終地点であるスペイン・ガリシア州との間で結ばれた（1300年つづく日本の終活の旅 西国三十三所観音巡礼 https://jh-saikoku33.jp〔最終アクセス：2023.8.7〕）。また、サンティアゴ巡礼が有する多彩な魅力やブランド力を参考にしながら、近年ヨーロッパでは、例えばアイルランドの「聖パトリックの道」などをはじめとする新たな「スピリチュアル・ツーリズム」が創設されている（山中、2022）。

取り組んでいくことが必要である。この点で、本書が明らかにした巡礼ツーリズムの経験価値の体系は、それぞれの地域社会が観光創造を通じて地域振興に取り組んでいくうえで、その成否の重要な鍵を握っているものと考えられる。

# 4 __ さらなる巡礼ツーリズム研究に向けて

　伝統的に神仏への祈りを基本とする巡礼は、消費社会の拡大や個人のスピリチュアル化等を背景として、経済財としてのツーリズムと融合してきた。また、現代社会では消費が自己アイデンティティの確立手段の一つとして用いられるようになったため、消費者が経験する内容そのものが重要な価値を生み出すようになった。現代の巡礼者が自然の景観等を楽しみ、神聖な雰囲気に身を委ね、心癒される経験は、思い出として記憶に残る経験価値を内包しているものと考えられる。しかしながら、宗教とツーリズムの関連を扱った従来の議論においては、巡礼が商品化され、それをツーリストが消費するという前提を有するにもかかわらず、巡礼ツーリズムが有する経験価値の構成要素が具体的に分析されることは稀であった。それゆえ、現代の巡礼者が巡礼ツーリズムに見出す多様な経験価値の実相については未だ十分にわかっていない。

　そこで本書では、経験価値の測定尺度モデルの開発を通じて、現代の巡礼者が巡礼ツーリズムに見出す経験価値の構成概念と、その多様性を生み出すメカニズムの解明を試みた。従来の宗教とツーリズムに関する研究が主に人文学的展開をみせてきたのに対して、本書では「経験価値」という社会科学の分析手法と視座を導入し、これまで定性的に分析される傾向の強かった巡礼経験の内実を定量的に分析し、解明した点に大きな特徴がある。

　とりわけ、①巡礼ツーリズムが経済財として商品化される背景と、そのプロセスを具体的に示したこと、②巡礼ツーリズムが有する経験価値の多様な価値次元の構造を提示したこと、③巡礼ツーリズムが内包する意味的価値を実証的に確認したこと、④巡礼ツーリズムの経験価値について、機

能的価値の諸次元の側面から捉え直すことによって、既存の他の商品やサービスが有する機能的価値との比較検討の可能性を開拓したことは、本書の学術的意義であると考えられる。

　他方、物理的に直接観測することが困難な内面的かつ私的な経験価値を、定量的に捕捉し可視化するといった研究テーマの先駆性ゆえに、本書の研究が提示した経験価値の構成概念および経験価値の測定尺度の妥当性の点で、改善の余地が残されている。

　例えば、西国三十三所および四国八十八ヶ所のそれぞれの巡礼バスツアーを対象とした実証研究においては、先行研究のレビューに基づきあらかじめ想定した「利他的価値」の価値次元が確認されなかった。この点については、四国遍路者の内面に焦点を当てた先行研究において、歩き遍路者が地域住民から「お接待」を受けることで他者に対する感謝の気持ちや、お返しをしたいといった気持ちが芽生えていることが明らかにされている。したがって、筆者の既存研究において「利他的価値」が確認されなかった理由の一つとして、本書の研究が取り上げた巡礼ツアーが、日帰りか1泊2日程度のバスツアーに限られていたため、参加者が巡礼の過程で他の巡礼者や地域住民とふれ合い、時にはアクシデントに見舞われ、助けられるといった経験を通じて「利他的価値」を見出す機会を欠いていたことが考えられる。

　今後、未確認の「利他的価値」をはじめとする多様な経験価値の構成概念について考察を深めるとともに、さらなる実証研究の積み上げを通じてそれらの概念の妥当性の検証や、測定尺度モデルの高度化・洗練化を図っていくことが必要である[7]。

　また、本書の研究では民間旅行会社が提供する巡礼バスツアーのみを分析の対象としたため、多くの参加者が巡礼の初心者であった。今後、日帰りではなく数日間をかけて巡礼するタイプの巡礼ツアーや、経済財として

---

7：本研究では、地域住民による遍路者の「お接待」や、先達による巡礼者の先導、先祖供養、添乗員によるツアー参加者の健康管理などを「利他的価値」を表す項目として設けて質問紙調査を行った。しかしながら、このような行為が果たしてどれだけ「利他的価値」の概念を適切に説明し得ているのか否かについては、今後のさらなる検討が必要である。当該概念のみならず「真正性の価値」などの他の経験価値の価値次元についての概念やワーディングの妥当性についてもより一層考察を深めてゆきたい。

の巡礼ツアーではないものの、私事化した現代の巡礼ツーリズムの一形態であると考えられる歩き遍路やマイカー遍路、さらには海外の巡礼ツーリズムなどにも研究対象を広げることによって、巡礼ツーリズムに現代の巡礼者が見出す経験価値の実相をより一層解明することが可能となろう。これによって、巡礼ツーリズムの移動手段の違いや、社会的・文化的および宗教的背景の相違が現代の巡礼者の経験価値の獲得に及ぼす影響について比較・検討することが可能になるものと考えられる。

　加えて、現代社会の原動力となる経済価値体系の構造や情報通信技術の進展、新たな宗教性の台頭の今後の行方とともに、それらが消費主体として巡礼の旅に出かけるツーリストに与える影響についても考察を深めることが必要である。

　以上の考察を踏まえつつ、様々なタイプの巡礼ツーリズムに関するフィールドサーベイを実施することにより、経験価値の実相をより一層明らかにすること、そして、そのような経験価値を活かした地域振興のあり方を探求することが今後の研究課題である。

## おわりに

　いつ頃から聖地巡礼の旅に赴くようになったのか。どうして聖地に魅了されるようになったのか。今日、熱心な信仰者も、またそうでない人々も、聖地へと旅に出かけているという。われわれは、いったい何を求めて日常の世界から離れて遙か彼方へと旅をするのだろうか？　なぜ、私たちの心は、聖なる旅に魅了されるのだろうか？

　その理由はただ一つ、聖地へと向かう長い旅の道中で経験する様々な出来事が、それぞれの巡礼者にとっての重要な意味や価値をもっているからではないだろうか。小鳥のさえずりをはじめ木々や花々の香りなどを味わい、大自然のパノラマや歴史的建築物を鑑賞し、巡礼路で初めて巡り会う仲間と語り合い、時には励まし合いながら聖地への歩みを進める。そして、聖なる時空に身を委ね、祈り、神仏と交流する。そのような非日常の中で、私たちの心は歓喜し、ときめき、感嘆し、時にはふるえ、静寂や安らぎに包まれて"存在の"神聖性に浸る。

　東大寺の修二会が終わる頃、私は四国の霊場を巡っていた。とある遍路宿で夕食をいただいているとき、英国から遠路遙々やってきた"お遍路さん"から声をかけられた。簡単な自己紹介を済ませると、巡礼の目的を尋ねてみた。弁護士として世界銀行に勤めているという彼は、「体を鍛えるために40日間かけて通しで歩き遍路をするのだ」という。そして、唐突にある聖賢の名を口にして、「ご存じですか？」と尋ねてきた。いったい彼は、なぜ初対面の私に対して、心の統御と意識の科学に関する文献を編集したとされる思想家であり実践者でもある聖賢についての話題を唐突に切り出したのであろうか？　私がかろうじて知っていたわずかな知識を紡ぎ出すや否や、彼は蕩々とその聖賢について語り始め、解説し、意見を求め、多少なりともコミュニケーションが成立すると、最後に「私たちは彼の下で一緒に学んでいた仲だったのでしょう」と締めくくった。

　また、別の遍路宿では、ともに"お遍路さん"であるというたった一つ

の共通項をよすがとして同宿となったインターナショナルな数人の巡礼仲間と夕食のテーブルを囲ませていただいた。日常の生活空間から遠く離れた場所で初めて出会った巡礼者は、何一つとして固有名詞を飾るもののない中、一人の人として、楽しく歓談し、情報交換し、次第に打ち解けていった。すると、その中の一人の方のお父様が私の亡き父と同じ鉄道会社に同じ時期に勤務していたこと、さらには奥様が筆者の出身高校の同窓生であることが判明した。

　また、雲海を臨みながらのサンティアゴ巡礼の道中においては、偶然にもタイミング良く通りかかった、地元の守護聖人の祝祭日でにぎわいをみせる小さな村の教会で、"ラ・サレットの聖母"との出会いがあった。

　このようなひとかたならぬご縁を感じさせる度重なる出会いは、普段は意識もせず、また気づいてもいない事実、すなわち、われわれが目には見えない無数の色とりどりの糸で織り込まれ、繋がっていることを思い起こさせる。

　2023（令和5）年は、お大師さまが774（宝亀5）年にお生まれになってから1250年、そして真言宗が立教開宗されてから1200年の記念の年であった。西国や四国霊場などのゆかりのある各寺院では、今年（2023年）を中心として2021（令和3）年から2024（令和6）年末頃までの予定で、全国各地において様々な記念行事が執り行われている。一方、サンティアゴ・デ・コンポステラ大聖堂においても、ようやくコロナ禍を乗り越えて、聖なる門（Apertura Porta Santa）が再び開門されることとなり、世界中から多くの老若男女が訪れている。

　一見偶然の出来事と思われるような巡礼路での数々の不可思議な出会いや交流などをはじめ、人生の歩みにおける多彩な経験は、観音様やその化身とされるお大師さまをはじめとする、聖なる"存在"によるお導きなのではあるまいか。

　これまで執筆してきた著書や論文がそうであったように、本書の執筆および刊行に至る過程においても、多くの方々から大変貴重なご指導や励ましを賜るといった恩恵にあずかった。本書の礎となったのは、2022（令和4）年9月に北海道大学大学院国際広報メディア・観光学院に提出した博

士学位論文「巡礼ツーリズムの経験価値－西国三十三所および四国八十八ヶ所巡礼を事例として－」である。

　元々、筆者は金融業務に従事する実務家であった。様々な経営課題に直面する中で芽生えた問題意識を契機として、それらの実務上の課題の克服に資する理論的支柱の構築を目指して、業務の傍ら社会科学、とりわけ金融経済や金融機関の経営に関する研究に身を投じてきた。それゆえ、本書のテーマである「巡礼ツーリズム」の研究に必要となる宗教学や観光学その他の関連分野に関する知見は皆無であった。

　それにもかかわらず、指導教官として研究室に温かく受け入れて下さり、ささやかな筆者のパッションが持続可能な形で研究活動に最大限活かされるよう、全くの基礎の段階から博士論文の提出に至るまで、常に道に迷わぬよう "Mojón：道標" をお示し下さった岡本亮輔先生には感謝の言葉の申し上げようもない。

　さらに、論文の刊行をご推奨いただき、出版社とのご縁を繋いで下さるのみならず、少しでも多くの人に手に取っていただけるようにと、構成などについてのアドバイスを頂戴するなど、多大なる貴重なお力添えを賜った。今も変わらぬご厚情に深く感謝の意を表したい。

　また、北海道大学大学院国際広報メディア・観光学院の先生方には、研究発表などの機会を通じて多数の貴重なご指導、ご支援をいただいた。とりわけ、博士論文審査の労をお引き受け下さった西川克之先生や石黒侑介先生、そして宗教社会学ならびに宗教ツーリズム研究の大家であられる山中弘先生（筑波大学）から直接ご指導を仰ぐ機会に恵まれたことは、身に余る光栄としか言い様がない。これまで頂戴した計り知れない恩恵に対して衷心より感謝申し上げたい。

　本書では、主要テーマである「巡礼ツーリズムの経験価値の実相」を明らかにするために、経験価値モデルといった社会科学の分析視座と手法を導入することによって、日本を代表する巡礼ツーリズムが有する経験価値を定量的に捕捉するための測定尺度モデルの開発を試みた。このような学際的な研究に取り組むことができたのは、ひとえにこれまで長年にわたる研究の過程で巡り会い、ご指導をいただいた、諸先生方の学恩のおかげで

ある。ここにあらためて心より感謝いたしたい。

　そして、筆者の巡礼ツーリズムに関するフィールドワーク研究は、ご協力を賜った多くの"現代の巡礼者"の方々や霊場札所各寺院、旅行会社各社のご厚情が無ければ一歩たりとも前進することはできなかった。研究に対する理解者・支援者として数々の貴重な情報をご提供いただくのみならず、巡礼仲間として"研究を応援している"といった大変有り難いお言葉も頂戴した。巡礼者の方々から寄せられた珠玉の激励と温かい御心によって、フィールドワーク研究への取り組みを勇気づけられていることは望外の喜びである。『性霊集』十 −綜藝種智院の式− のお大師さまの御言葉を心に留めながら今後の研究に取り組んでまいりたい。

　最後に、編集をご担当いただいた株式会社弘文堂の加藤聖子氏には、専門性ゆえに市場性の乏しい本書の刊行を快くお引き受け下さり、本書の企画段階から刊行に至るまでの間、学術的意義を残しつつ博士論文を全面的に改稿するといった筆者の作業に伴走いただいた。度重なる加筆修正や写真選定などにも懇切丁寧なご支援を頂戴した。あらためて深く感謝申し上げたい。

御前の浜から六甲山系を仰ぎつつ本著を捧げる
令和5年師走吉日
南地伸昭

## 参考文献

◆邦文文献（五十音順）

**阿部周造**（1987）「構成概念妥当性と LISREL」奥田和彦・阿部周造編『マーケティング理論と測定—— LISREL の適用』中央経済社, pp.27-46.

**石井研士**（2010）「変化する日本人の宗教意識と神観」『國學院大學紀要』第四十八巻, pp.106-119.

**石黒侑介**（2021）「山岳デスティネーションのマネジメント——戦略の射程と構成」『ニセコ町観光の諸相と観光振興ビジョン策定に向けた展望』北海道大学観光学高等研究センター, CATS 叢書, 第15号, pp.25-41.

**石森秀三**「観光革命と二〇世紀」同編（1996）『観光の二〇世紀』二〇世紀における諸民族文化の伝統と変容3, ドメス出版, pp.11-26.

**一般社団法人四国八十八ヶ所霊場会**
https://88shikokuhenro.jp（最終アクセス：2023.11.12）

**一般社団法人田辺市熊野ツーリズムビューロー**（2023）「熊野古道めぐり地図帳」

**一般社団法人田辺市熊野ツーリズムビューロー**
https://www.tb-kumano.jp（最終アクセス：2023.8.7 & 2023.11.22）

**上田隆穂・斎藤嘉一**（1999）「価格関与尺度開発の試み」『学習院大学経済論集』36 (1), pp.43-68.

**愛媛県生涯学習センター編**（2001）『四国遍路のあゆみ』愛媛県生涯学習センター

**愛媛県生涯学習センター編**（2003）『遍路のこころ』愛媛県生涯学習センター

**胡光**（2020）「江戸時代の遍路日記に見る四国」愛媛大学四国遍路・世界の巡礼研究センター編『四国遍路の世界』ちくま新書, pp.52-54.

**岡本亮輔**（2012）『聖地と祈りの宗教社会学——巡礼ツーリズムが生み出す共同性』春風社

**岡本亮輔**（2015）『聖地巡礼——世界遺産からアニメの舞台まで』中公新書, pp. 15-19.

**門田岳久**（2010）「「宗教」の資源化・商品化・再日常化——巡礼ツーリズム、及びその地域的展開からみた「生活」論としての宗教研究試論」『国立歴史民俗博物館研究報告』第156集, pp.201-243.

**門田岳久**（2013）『巡礼ツーリズムの民族誌——消費される宗教経験』森話社

**金岡秀郎**（2021）「観音菩薩の宗教 ㊳」大本山高尾山薬王院編『髙尾山報』（令和 3 年 2 月号）

**金岡秀郎**（2022a）「観音菩薩の宗教 ㊿」大本山高尾山薬王院編『髙尾山報』（令和 4 年 2 月号）

**金岡秀郎**（2022b）「観音菩薩の宗教 ㊺」大本山高尾山薬王院編『髙尾山報』（令和 4 年 7 月号）

**株式会社伊予鉄トラベル**「おすすめ四国へんろ」

http://travel.iyotetsu.co.jp/tour/tourList.php?s_list_4（最終アクセス：2021.4.1 &
2023.3.24）

**株式会社阪急交通社**「巡礼の旅」
https://www.hankyu-travel.com/kokunai/junrei（最終アクセス：2021.4.1 &
2023.12.29）

**上村勝彦**（2003）『インド神話――マハーバーラタの神々』筑摩書房

**観光庁**「テーマ別観光による地方誘客事業」
https://www.mlit.go.jp/kankocho/shisaku/kankochi/theme_betsu.html#saigoku
（最終アクセス：2021.10.1）

**北川央**（2020）『近世の巡礼と大阪の庶民信仰』岩田書院, pp.12-15.

**空海**（1882）『三教指帰』森江佐七

**楠本和彦・境徳子**（2018）「歩き遍路の遍路者にとっての意味と日常や生き方に及ぼ
す影響についての考察（1）―― Ｂさんの語りを通して」『南山大学紀要「アカデ
ミア」人文・自然科学編』第15号, pp.41-61.

**クラブツーリズム**「お参り・巡礼の旅」
https://www.club-t.com/sp/theme/culture/kokoro（最終アクセス：2021.4.1 &
2023.12.29）

**黒板勝美編**（1939）『国史大系第21巻上 新訂増補』国史大系刊行会, pp93-96.

**国土交通省**「交通関連統計資料集」
https://www.mlit.go.jp/k-toukei/kotsukanrensiryo.html（最終アクセス：2023.6.3）

**琴平バス株式会社**「遍路の旅」
https://www.kotobus-tour.jp/tour/henro（最終アクセス：2021.4.1 & 2023.3.24）

**小西甚一**（1941）『梁塵秘抄考』三省堂, pp.401-402.

**西国三十三所札所会**「西国三十三所草創1300年」
https://www.saikoku33-1300years.jp（最終アクセス：2023.5.21）

**西国三十三所札所会**「西国三十三所巡礼の旅」
https://saikoku33.gr.jp（最終アクセス：2023.11.12）

**斎藤昭俊**（1986）『インドの神々』吉川弘文館, pp.152-153.

**境徳子**（2016）「四国遍路という非日常体験の効果と影響について」『南山大学人文学
部心理人間学科研究プロジェクト論文』pp.1-57.

**境徳子・楠本和彦**（2018）「歩き遍路の遍路者にとっての意味と日常や生き方に及ぼ
す影響についての考察（2）―― Ｃさんの語りを通して」『南山大学人間関係研究
センター紀要「人間関係研究」』第17号, pp.75-96.

**佐藤久光**（2004）『遍路と巡礼の社会学』人文書院

**佐藤久光**（2006）『遍路と巡礼の民俗』人文書院, pp.189-192.

**四国運輸局**「四国の主要観光地入れ込み状況」
https://wwwtb.mlit.go.jp/shikoku/00001_01645.html（最終アクセス：2023.6.12）

**四国経済連合会 四国アライアンス地域経済研究分科会**（2019）「新時代における遍路
受入態勢のあり方――遍路宿泊施設の現状・課題等調査」

**「四国八十八箇所霊場と遍路道」世界遺産登録推進協議会**（2021）「要望書 四国遍路の
世界遺産登録について」

**四国遍路世界遺産登録推進協議会**
　https://88sekaiisan.org（最終アクセス：2023.8.7）
**四国遍路世界遺産登録推進協議会**「普遍的価値の証明」部会（2022）「『普遍的価値の
　証明』研究会等 中間報告（令和2年度・令和3年度）」
**四国遍路日本遺産協議会**「『四国遍路』～回遊型巡礼路と独自の巡礼文化～」
　https://www.seichijunrei-shikokuhenro.jp（最終アクセス：2021.10.1 & 2023.6.11）
**四国六番安楽寺弘法大師講本部**（2023）『安楽道』（令和5年夏秋号）
**信多純一**（1993）「近世芸能に見る順礼」懐徳堂友の会編『道と巡礼――心を旅する
　ひとびと』和泉書院, pp.157-158.
**柴谷宗叔**（2007）『公認先達が綴った遍路と巡礼の実践学』高野山出版社, pp.20-58.
**島薗進**（1996）『精神世界のゆくえ――現代世界と新霊性運動』東京堂出版, pp. 46-
　71.
**島薗進**（2000）「現代宗教と公共空間――日本の状況を中心に」『社会学評論』50巻, 4
　号, pp.541-555
**島薗進**（2004）「社会の個人化と個人の宗教化――ポストモダン（第2の近代）におけ
　る再聖化」『社会学評論』54巻, 4号, pp.431-448
**島薗進**（2007）『スピリチュアリティの興隆――新霊性文化とその周辺』岩波書店,
　pp.305-306.
**島薗進**（2012）『現代宗教とスピリチュアリティ』弘文堂, pp.20-26.
**神姫観光株式会社**「巡礼の旅」
　https://www.shinkibus.com/jyunrei（最終アクセス：2021.4.1 & 2023.12.29）
**新城常三**（1964）『社寺参詣の社会経済史的研究』塙書房, p.1093.
**総務省**「日本の長期統計系列 家計収支『1世帯あたり1か月間の実収入及び実支出
　（勤労者世帯）』」
　https://www.stat.go.jp/data/kakei/longtime/zuhyou/20-06.xls（最終アクセス：
　2023.6.2）
**高橋朋也**（2020）「『四国八十八箇所霊場と遍路道』を事例とした持続可能な文化財の
　保護に関する考察――文化と観光の好循環を実現する整備の方向性」GRIPS
　Discussion Paper, pp.19-37.
**竹川郁雄**（2012）「お遍路さんはどのような人たちか――2011年聞き取り調査より」
　愛媛大学「四国遍路と世界の巡礼」研究会編『2011年度 四国遍路と世界の巡礼 公
　開講演会・研究集会プロシーディングス』愛媛大学四国遍路・世界巡礼研究センター,
　pp.37-47.
**田邉信太郎・島薗進編**（2002）『つながりの中の癒し――セラピー文化の展開』専修大
　学出版局
**デュルケーム, É.・山崎亮訳**（2014）『宗教生活の基本形態』（下）, ちくま学芸文庫,
　pp.501-502.
**寺戸淳子**（2006）『ルルド傷病者巡礼の世界』知泉書館
**寺本義也・山本尚利**（2004）『MOTアドバンスト――新事業戦略』日本能率協会マネジ
　メントセンター
**統計数理研究所**（1959）『国民性の研究　第Ⅱ次調査――その1』数研研究リポート

5

統計数理研究所（1969）『宗教調査——1968年, 国際比較』数研研究リポート21

統計数理研究所（1993）『意識の国際比較方法論の研究——5ヵ国調査性別, 年齢別集計』統計数理研究所研究リポート73

統計数理研究所（2009）『国民性の研究　第12次全国調査——2008年全国調査』統計数理研究所研究リポート99

統計数理研究所（2015）『国民性の研究　第13次全国調査——2013年全国調査』統計数理研究所研究リポート116

内閣府「暦年統計GDP統計」
https://www5.cao.go.jp/j-j/wp/wp-je08/08b09010.html（最終アクセス：2023.6.2）

中川善教（1934）「弘法大師の本地と前身及びその後身」『密教研究』1933第51号, pp.329-357.

南地伸昭（2020）「聖地巡礼ツーリズムの経験価値に関する一考察」『観光研究』32 (1), pp.19-32.

南地伸昭（2021）「巡礼ツーリズムにおける経験価値のモデル実証——西国三十三所巡礼バスツアー参加者への質問紙調査を基に」『観光研究』33 (1), pp.89-105.

南地伸昭（2022a）「巡礼ツーリズムの経験価値——西国三十三所および四国八十八ヶ所巡礼を事例として」北海道大学博士論文

南地伸昭（2022b）「四国巡礼ツーリズムの経験価値——質問紙調査によるモデル実証」『観光研究』34 (1), pp.31-50.

西川克之（2019）「観光と近代——まなざし・真正性・パフォーマンス」西川克之・岡本亮輔・奈良雅史編『フィールドから読み解く観光文化学——「体験」を「研究」にする16章』ミネルヴァ書房, p.1.

日本遺産「日本の終活の旅」推進協議会「西国三十三所観音巡礼−日本遺産認定−」
https://jh-saikoku33.jp（最終アクセス：2021.10.1 & 2023.6.11）

日本遺産「日本の終活の旅」推進協議会「1300年つづく日本の終活の旅 西国三十三所観音巡礼」
https://jh-saikoku33.jp（最終アクセス：2023.8.7）

南風原朝和・市川伸一・下山晴彦（2001）『心理学研究法入門——調査・実態から実践まで』東京大学出版会

橋本和也（1999）『観光人類学の戦略——文化の売り方・売られ方』世界思想社

長谷川大彦「徳島201年目の『有田接待講』1番札所・霊山寺」朝日新聞DIGITAL
https://www.asahi.com/articles/ASL414WJ9L41PUTB008.html（最終アクセス：2018.4.4）

畠田秀峰（2003）『四国遍路の春秋 II』四国八十八ヶ所霊場第六番安楽寺

速水侑（1970）『観音信仰』塙書房

福島明子（2004）『大師の懐を歩く——それぞれの遍路物語』風間書房

福島明子（2006）「遍路の意味空間と体験過程」『お茶の水女子大学「人間文化論叢」』第9巻, pp.399-409.

藤原武弘（2000）「自己過程としての巡礼行動の社会心理学的研究 (2) ——四国遍路体験者のケース・スタディ」『関西学院大学「社会学部紀要」』第85号, pp.109-

115.

**藤原武弘**（2001）「自己過程としての巡礼行動の社会心理学的研究（4）——四国八十八ヶ所遍路の調査的研究」『関西学院大学「社会学部紀要」』第90号, pp.55-69.

**藤原武弘**（2003）「自己過程としての巡礼行動の社会心理学的研究（6）——四国遍路手記の内容分析」『関西学院大学「社会学部紀要」』第93号, pp.73-91.

**文化庁**「日本遺産ポータルサイト——1300年つづく日本の終活の旅『青岸渡寺 如意輪観世音菩薩（御前立）』」
https://japan-heritage.bunka.go.jp/ja/culturalproperties/result/4297/（最終アクセス：2023.12.29）

**星野崇宏・岡田謙介・前田忠彦**（2005）「構造方程式モデリングにおける適合度指標とモデル改善について——展望とシミュレーション研究による新たな知見」『行動計量学』32（2）, pp.209-235.

**星野英紀**（1974）「四国遍路における接待の意味——有田接待講の場合」『宗教研究』217号, 47巻2輯, pp.75-96.

**星野英紀**（2001）『四国遍路の宗教学的研究——その構造と近現代の展開』法蔵館

**星野英紀・浅川泰宏**（2011）『四国遍路 —— さまざまな祈りの世界』吉川弘文館, pp.100-101.

**前田卓**（1971）『巡礼の社会学』ミネルヴァ書房, pp.272-274.

**前田卓**（1966）「四国遍路の社会学的研究」『密教文化』1966巻, 77-78号, pp.96-137.

**松長有慶**（1991）「インド密教における旃陀羅観」『高野山大学 密教文化研究所紀要』第四号, p.9.

**村山修一**（1984）「わが国如意宝珠信仰の歴史的展開」『密教文化』1984第148号, pp.81-96.

**森正人**（2015）「祈りの意味・物質・身体——四国遍路の政治学」『史林』98（1）, p.145.

**山下正樹**（公認先達・歩き遍路の会）（2019）「令和の時代のNPO法人徳島共生塾一歩会に期待——200年以上も続く紀州有田接待講のお接待の意義」NPO法人徳島共生塾一歩会編『一歩会だより』第21号, pp.6-7.

**山中弘**（2009）「「宗教とツーリズム」事始め」『場所をめぐる宗教的集合記憶と観光的文化資源に関する宗教学的研究』（平成18年度～平成20年度科学研究費補助金〔基礎研究 B〕研究成果報告書）

**山中弘**（2016）「宗教ツーリズムと現代宗教」『観光学評論』Vol.4-2, pp.149-159.

**山中弘**（2017）「消費社会における現代宗教の変容」『宗教研究』92（2）, pp.255-280.

**山中弘**（2020）「序論——現代宗教とスピリチュアル・マーケット」山中弘編『現代宗教とスピリチュアル・マーケット』弘文堂, p14.

**山中弘**（2022）「宗教とツーリズムはなぜ結びつくのか——スピリチュアル・ツーリズム」櫻井義秀・平藤喜久子編『現代宗教を宗教文化で読み解く——比較と歴史からの接近』ミネルヴァ書房, pp.147-176.

**山本尚利**（2000）『米国ベンチャー成功事例集』アーバンプロデュース社

**山本尚利**（2012）「感性産業論」『早稲田大学 WBS 研究センター「早稲田国際経営研究」』No.43, pp.55-65.

リーダー, I. (2005)「現代世界における巡礼の興隆──その意味するもの」国際宗教研究所編『現代宗教2005』東京堂出版, pp.279-305.

## ◆欧文文献 (アルファベット順)

Abbott, Lawrence (1955) *Quality and Competition*. New York: Columbia University Press.

Anderson, James C. and Gerbing, David W. (1982) "Some Methods for Respecifying Measurement Models to Obtain Unidimensional Construct Measurement." *Journal of Marketing Research*, 19 (November), pp.453-460.

Anderson, James C., Gerbing, David W. and Hunter, John E. (1987) "On the Assessment of Unidimensional Measurement: Internal and External Consistency, and Overall Consistency Criteria." *Journal of Marketing Research*, 24 (November), pp.432-437.

Arweck, Elisabeth and Keenan, William eds. (2006) *Materializing Religion: Expression, Performance, and Ritual*. Ashgate, pp.2-3.

Bagozzi, R. P. and Yi, Youjae (1988) "On the evaluation of structural equation model." *Journal of the Academy of Marketing Science*, 16 (1), pp.74-94.

Baudrillard, Jean (1970) *La Société de Consommation: Ses Mythes, Ses Structures*. Gallimard (今村仁司・塚原史訳〔1979〕『消費社会の神話と構造』紀伊国屋書店, pp.67-68).

Beckford, James A. (2001) "Social Movements as Free-floating Religious Phenomena." In R. K. Fenn (ed.), *The Blackwell of Companion to Sociology of Religion*, Oxford: Blackwell publisher, pp.229-248.

Bentler, P. M. and Bonett, Douglas G. (1980) "Significance tests and goodness of fit in the analysis of covariance structures." *Psychological Bulletin*, 88, pp.588-606.

Beverland, Michael B. (2005) "Crafting Brand Authenticity: The Case of Luxury Wines." *Journal of Management Studies*, 42, pp.1003-1029.

Bitner, Maty Jo (1992) "Servicescapes: The Impact of Physical Surroundings on Customers and Employees." *Journal of Marketing*, 56, pp.57-71.

Boksberger, Philipp E. and Melsen, Lisa (2011) "Perceived value: a critical examination of definitions, concepts and measures for the service industry." *Journal of Service Marketing*, 25 (3), pp.229-240.

Bonn, Mark A., Joseph-Mathews, Sacha M., Dai, Mo, Hayes, Steve and Cave, Jenny (2007) "Heritage/Cultural Attraction Atmospherics: Creating the Right Environment for the Heritage/Cultural Visitor." *Journal of Travel Research*, 45 (3), pp.345-354.

Boorstin, Daniel J. (1962) *The Image: or, What Happened to the American Dream*. Weidenfeld and Nicolson (星野郁美・後藤和彦訳〔1964〕『幻影の時代──マスコ

ミが製造する事実』東京創元社).

Brendon, Piers（1991）*Thomas Cook: 150 Years of Popular Tourism*（石井昭夫訳〔1995〕『トマス・クック物語──近代ツーリズムの創始者』中央公論社).

Bronner, Fred and de Hoog, Robert（2018）"Conspicuous Consumption and the Rising Importance of Experiential Purchases." *International Journal of Market Research*, Vol. 60, Issue 1, pp.88-103.

Burns, Peter M.（1999）*An Introduction to Tourism and Anthropology*. London: Routledge, p.97.

Chidester, David and Linenthal, Edward T., eds.（1995）*American Sacred Space*. Bloomington and Indianapolis: Indiana University Press.

Christakis, Nicholas A. and Fowler, James H.（2009）*Connected: The Surprising Power of Our Social Networks and How They Shape Our Lives*. Back Bay Books: Little, Brown and Company（鬼澤忍訳〔2010〕『つながり──社会ネットワークの驚くべき力』講談社).

Cohen, Erik（1972）"Towards a Sociology of International Tourism." *Social Research*, 39（1）, pp.164-182.

Cohen, Erik（1979）"A Phenomenology of Tourist Experiences." *Sociology*, Vol.13, No.2, pp.179-201（遠藤英樹訳〔1998〕「観光経験の現象学」『奈良県立商科大学「研究季報」』第9巻, 第1号, pp.39-58).

Collins-Kreiner, Noga（2020）"A Review of research into religion and tourism Launching the Annals of Tourism Research Curated Collection on religion and tourism." *Annals of Tourism Research*, 82（May）, pp.1-22.

Comrey, Andrew Laurence（1973）*A First Course in Factor Analysis. Academic Press*（芝祐順訳〔1979〕『因子分析入門』サイエンス社).

Dossey, Larry（2018）"The Helper's High." *Explore*, 14（6）, November/December, pp.393-399.

Duchet, René（1949）*Le tourisme: à travers les âages*. Paris: Vigot Frères.

Dunn, Elizabeth W., Aknin, Lara B. and Norton, Michael I.（2014）"Prosocial Spending and Happiness." *Current Directions in Psychological Science*, 23（1）, pp.41-47.

Eade, John and Sallnow, Michael J. eds.（1991）*Contesting the Sacred: The Anthropology of Christian Pilgrimage*. Routledge.

Eliade, Mircea（1957）*Das Heilige und das Profane: Vom Wesen des Religiösen*. Rowohlt, Hamburg（風間敏夫訳〔2014〕『聖と俗──宗教的なるものの本質について』法政大学出版局).

Feifer, Maxine（1985）*Going Places*, London: Macmillan.

Fornell, Claes and Larcker, David F.（1981）"Evaluation structural equation models with unobservable variable and management error." *Journal of Marketing Research*, 18（2）, pp.39-50.

Fuller, C. J.（1992）*The Camphor Flame: Popular Hinduism and Society in India*. Princeton: Princeton University Press, p.205.

Gerbing, David W. and Anderson, James C. (1988) "An Updated Paradigm for Scale Development Incorporating Unidimensionality and Its Assessment." *Journal of Marketing Research*, 25 (May), pp.186-192.

Giddens, Anthony (1991) *Modernity and Self-Identity: Self and Society in the Late Modern Age.* Stanford University Press, pp.81-82.

Gilmore, James H. and Pine, B. Joseph (2007) *Authenticity: What Consumers Really Want.* Harvard Business School Press (林正訳〔2009〕『ほんもの』東洋経済新報社).

Gilovich, Thomas, Kumar, Amit and Jampol, Lily (2015) "A Wonderful Life: Experiential Consumption and the Pursuit of Happiness." *Journal of Consumer Psychology*, Vol. 25, Issue 1, pp.152-165.

Goffman, Erving (1959) *The Presentation of Self in Everyday Life.* NY: Doubleday.

Graburn, Nelson H. H. (1989) "Tourism: The Sacred Journey." in V. L. Smith (ed.), *Hosts and Guests: The Anthropology of Tourism.* second edition, University of Pennsylvania Press.

Hattie, John (1985) "Methodology Review: Asseing Unidimensionality of Tests and Items." *Applied Psychological Measurement*, 9, pp.139-164.

Heelas, Paul (1996) *The New Age Movement.* Oxford: Blackwell.

Hilliard, Albert Leroy (1950) *The Forms of Value: The Extension of Hedonistic Axiology.* New York: Columbia University Press.

Holbrook, Morris B. and Hirschman, Elizabeth C. (1982) "The Experiential Aspects of Consumption: Consumer Fantasies, Feelings, and Fun." *Journal of Consumer Research*, 9 (2), pp.132-140.

Holbrook, Morris B. and Corfman, K. P. (1985) "Quality and Value in the Consumption Experience: Phaedrus Rides Again." In J. Jacoby and J. Olson(eds.), *Perceived Quality: How Consumers View Stores and Merchandise*, Lexington Books: Massachusetts, pp.31-57.

Holbrook, Morris B. (1994) "The Nature of Customer Value: An Axiology of Services in the Consumption Experience." in R. T. Rust and R. L. Oliver (eds.), *Service Quality: New Directions in Theory and Practice.* London: Sage Publications, pp.21-71.

Holbrook, Morris B. (1999) *Consumer Value: A Framework for Analysis and Research.* London: Routledge.

Holbrook, Morris B. (2006) "Consumption Experience, Customer Value, and Subjective Personal Introspection: An Illustrative Photographic Essay." *Journal of Business Research*, 59 (6), pp.714-725.

Holzer, Birgit (2011) *Brand Authenticity: The Meaning and Importance of Authenticity for Sustainable Branding.* Saar bracken: VDM.

Hosany, Sameer and Witham, Mark (2010) "Dimensions of Cruisers' Experiences, Satisfaction, and Intention to Recommend." *Journal of Travel Research*, 49 (3), pp.351-364.

Keane, Webb (2008) "The evidence of the senses and the materiality of religion." *Journal of the Royal Anthropological Institute*, 14, p.124.

Kinsley, David (1997) *Tantric Visions of the Divine Feminine: The Ten Mahāvidyās*. University of California Press.

Lewis, Clarence Irving (1946) *An Analysis of Knowledge and Valuation*. La Salle, IL: Open Court.

Likert, Rensis (1932) "A technique for the measurement of attitudes." *Archives of Psychology*, 140, pp.44-53.

Lovelock, Christopher and Wirtz, Jochen (2004) *Service Marketing: People, Technology, Strategy*. 5th ed, Upper Saddle River, NJ: Prentice Hall.

Luckmann, Thomas (1967) *The Invisible Religion: The Problem of Religion in Modern Society*. New York: Macmillan(赤池憲昭・ヤン・スィンゲドー訳〔1976〕『見えない宗教──現代宗教社会学入門』ヨルダン社).

Luckmann, Thomas (1983) *Life-World and Social Realities*. London: Heinemann Educational Books(星川啓慈・山中弘他訳〔1989〕『現象学と宗教社会学──続・見えない宗教』ヨルダン社).

MacCannell, Dean (1973) "Staged Authenticity: Arrangements of Social Space in Tourist Settings." *American Journal of Sociology*, 79 (3), pp.589-603(遠藤英樹訳〔2001〕「演出されたオーセンティシティ──観光状況における社会空間の編成」奈良県立商科大学『研究季報』第11巻、第3号、pp.93-107).

MacCannell, Dean (1976) *The Tourist: A New Theory of the Leisure Class*. New York: Schocken Books.

Malhotra, Naresh K. (2004) *Marketing Research, An Applied Orientation*. Prentice-Hall(日本マーケティング・リサーチ協会監修／小林和夫監訳〔2006〕『マーケティング・リサーチの理論と実践──理論編』同友館).

Mariño Ferro, Xosé Ramón (2011) *Leyendas y Milagros del Camino de Santiago*. Ellago Ediciones, Pontevedra(川成洋監訳・下山静香訳〔2012〕『サンティアゴ巡礼の歴史──伝説と奇蹟』原書房).

Mathwick, Charla, Malhotra, Naresh and Rigdon, Edward (2001) "Experiential Value: Conceptualization, Measurement and Application in the Catalog and Internet Shopping Environment." *Journal of Retailing*, 77 (1), pp.39-56.

Mathwick, Charla, Malhotra, Naresh and Rigdon, Edward (2002) "The Effect of Dynamic Retail Experiences on Experiential Perceptions of Value: An Internet and Catalog Comparison." *Journal of Retailing*, 78 (1), pp.51-60.

Medsker, Gina J., Williams, Larry J. and Holahan, Patricia J. (1994) "A review of current practices for evaluating causal models in organizational behavior and human resources management research." *Journal of management*, 20 (2), pp.439-464.

Melton, J. Gordon (1990) *New Age Encyclopedia*. Detroit: Gale Research.

Merriam, Sharan B. and Simpson, Edwin L. (2000) *A Guide to Research for Educators and Trainers of Adults* (2nd ed.), Malabar, FL: Krieger Publishing(堀

薫夫監訳〔2010〕『調査研究法ガイドブック──教育における調査のデザインと実施・報告』ミネルヴァ書房).

Miller, Vincent J. (2003) *Consuming Religion: Christian Faith and Practice in a Consumer Culture.* New York & London: Bloomsbury.

Morgan, David ed. (2009) *Religion and Material Culture: The Matter of Belief.* Routledge.

Mukerjee, Radhakamal (1964) *The Dimensions of Values.* London: George Allen & Unwin.

Nash, Dennison (1989) "Tourism as a Form of Imperialism." in V. L. Smith (ed.), *Hosts and Guests: The Anthropology of Tourism.* second edition, University of Pennsylvania Press, p.39.

Nunnally, Jum C. (1978) *Psychometric theory* (2nd ed.). New York: McGraw-Hill.

Ogilvy, J. A. (1985) *"The Experience Industry."* SRI International Business Intelligence Program, Report, No.724.

Oh, Haemoon, Fiore, Ann Marie and Jeoung, Miyoung (2007) "Measuring Experience Economy Concepts: Tourism Applications." *Journal of Travel Research,* 46 (2), pp.119-132.

Oliver, Richard L. (1999) "Value as Excellence in the Consumption Experience." In M. Holbrook (ed.), *Consumer Value: A Framework for Analysis and Research,* London: Routledge, pp.43-62.

Otto, Rudolf (1936) *Das Heilige: Über das Irrationale in der Idee des Göttlichen und sein Verhältnis zum Rationalen.* 23. Bis 25. Auflage, C. H. Beck'sche Verlagsbuchhandlung, München (久松英二訳〔2010〕『聖なるもの』岩波文庫).

Oxford Learner's Dictionaries
https://www.oxfordlearnersdictionaries.com/definition/english/tour_1?q=tour
(最終アクセス：2022.8.9)

Oxford Learner's Dictionaries
https://www.oxfordlearnersdictionaries.com/definition/english/tourism?q=tourism (最終アクセス：2022.8.9)

Peter, J. Paul (1981) "Construct Validity: A Review of Basic Issues and Marketing Practices." *Journal of Marketing Research,* 18 (May), pp.133-145.

Pine, B. Joseph and Gilmore, James H. (1999) *The Experience Economy.* Harvard Business School Press (岡本慶一・小高尚子訳〔2005〕『新訳 経験経済』ダイヤモンド社).

Prentice, Richard C., Witt, Stephen F. and Hamer, Claire (1998) "Tourism as Experience: The Case of Heritage Parks." *Annals of Tourism Research,* 25 (1), pp.1-24.

Prentice, Richard C. (2004) "Tourist Motivation and Typologies." in A. A. Lew et al. (ed.), *A Companion to Tourism,* Oxford, UK: Blackwell, pp.261-279.

Radder, Laetitia and Han, Xiliang (2015) "An Examination of The Museum Experience Based on Pine and Gilmore's Experience Economy Realms." *The*

*Journal of Applied Business Research*, 31 (2), pp.455-470.

Reader, Ian (2012) "Secularisation, R.I.P.? Nonsense! The 'Rush Hour Away from the God's and the Decline of Religion in Contemporary Japan." *Journal of Religion in Japan*, 1 (1), pp.7-36.

Reader, Ian (2015) *Pilgrimage in the Marketplace*. NewYork and London: Routledge, p.195.

Roof, Wade Clark (1999) *Spiritual Market place: Baby Boomers and the Remaking of American Religion*. Princeton & Oxford: Princeton University Press, p.78.

Sánchez-Fernández, Raquel, Iniesta-Bonillo, M. Ángeles and Holbrook, Morris B. (2009) "The Conceptualization and Measurement of Consumer Value in Services." *International Journal of Market Research*, 51 (1), pp.93-113.

Sheldon, Pauline J. and Abenoja, Teresa (2001) "Resident Attitudes in a Mature Destination: The Case of Waikiki." *Tourism Management*, 22 (5), pp.435-443.

Sheth, Jagdish N., Newman, Bruce I., and Gross, Barbara L. (1991) "Why we buy what we buy: A theory of consumption values." *Journal of Business Research*, 22 (2), pp.159-170.

Shimazono, Susumu (1999) "'New Age Movement' or 'New Spiritual Movements and Culture'?" *Social Compass*, 46 (2), pp.121-133.

Smith, Adam (1789) *An Inquiry into the Nature and Causes of the Wealth of Nations*. 5th ed, London: Printed for W. Strahan, and T. Cadell (水田洋監訳・杉山忠平訳 [2001]『国富論 (四)』岩波書店).

Steenkamp, Jan-Benedict E. M. and van Trijp, Hans C.M. (1991) "The use of LISREL in validating marketing constructs." *International Journal of Marketing Research*, 8, pp.283-299.

Sternberg, Ernest (1997) "The Iconography of the Tourism Experience." *Annals of Tourism Research*, 24 (4), pp.951-969.

Tomasi, Luigi (2002) "Homo Viator: From Pilgrimage to Religious Tourism via the Journey." *In: From Medieval Pilgrimage to Religious Tourism*, pp.1-24.

Turley, L. W., and Milliman, Ronald E. (2000) "Atmospheric Effects on Shopping Behavior: A Review of the Experiential Evidence." *Journal of Business Research*, 49 (2), pp.193-211.

Turner, Victor (1969) *The Ritual Process: Structure and Anti-Structure*. Routledge, pp.94-97.

Turner, Victor (1973) "The center out there: pilgrim's goal." *History of Religions*, 12, pp.191-230.

Urry, John (1990) *The Tourist Gaze: Leisure and Travel in Contemporary Societies*. London: Sage Publications (加太宏邦訳 [1995]『観光のまなざし——現代社会におけるレジャーと旅行』法政大学出版局).

van Boven, Leaf and Gilovich, Thomas (2003) "To Do or to Have? That is the Question." *Journal of Personality and Social Psychology*, Vol. 85, Issue 6, pp.1193-1202.

van Gennep, Arnold (1909) *Les Rites de Passage: Étude systématique des ceremonies.* Paris: Librairie Critique（綾部恒雄・綾部裕子訳〔1977〕『通過儀礼』弘文堂).

Wang, Ning (1999) "Rethinking Authenticity in Tourism Experience." *Annals of Tourism Research,* 26 (2), pp.349-370.

Wunenburger, Jean-Jacques (2015) *Le Sacré* (Collecyion QUE SAIS-JE? No 1912). Paris: Presses Universitaires de France/Humensis（川那部和恵訳〔2018〕『聖なるもの』白水社, pp.32-36).

York, Michael (1995) *The Emerging Network: A Sociology of the New Age and Neo-Pagan Movements.* Lanham, Maryland: Rowman & Littlefield.

Zeithaml, Valarie A. (1988) "Consumer Perceptions of Price, Quality, and Value: A Means-end Model and Synthesis of Evidence." *Journal of Marketing,* 52 (July), pp.2-22.

■■■ 資料および図表 ■■■

## 第Ⅳ部 ◉ 総括と展望

第11章 ● 日本の代表的巡礼ツーリズムの経験価値の実相

※「巡礼」および「聖地」は、本書の研
　究上の概念定義についての記載箇所の
　み、頁を掲示。

# Science of Pilgrimage
– A Study on the experience value of modern Japanese pilgrimage tourism –

NANCHI Nobuaki

Since ancient times, Japanese pilgrims have embarked on pilgrimage journeys with the purpose of worshipping the gods and Buddha, enjoying local cuisine and entertainment such as plays (called "Shibai" in Japanese) and admiring the beauty of Buddhist statues and temple architecture.

However, in the case of the Santiago de Compostela pilgrimage, which attracts many tourists from across the world, more than half of the tourists who visit the sanctuary are non-Christians who have no faith and never belonged to Christian congregations.

Modern pilgrims are more interested in personal issues than in institutional beliefs. Additionally, they form their personal identities and beliefs by selectively choosing and customizing (in a personally meaningful manner) specific religious elements based on their interests and worldviews, regardless of the doctrine of their religious organization.

As an economic system evolves from being an agricultural economy to an industrial, service, or experience economy, the economic value of things on offer for consumption also evolves from commodities to goods, services, and experiences. That is, an experience economy develops and increases the value of consumer experience.

In this new economic era, pilgrimages as a traditionally religious act, have been fused with tourism and commercialized as a consumable entertainment product by the tourism industry. Pilgrimage tourists, while searching for extraordinary and memorable experiences, can purchase the access to these experiences of pilgrimage tourism as a part of the experience economy.

Previously, there have been no academic investigations into the measurement of Japanese pilgrimage tourism experiences. Therefore, this study considers the attractiveness of modern Japanese pilgrimage tourism and examines its experiential value from the experience economy perspective.

First, I summarized the charm and characteristics of Japan's oldest pilgrimage circuit, the Saikoku Sanjusansho Pilgrimage and Shikoku 88 Temple Pilgrimage. Second, a model of experience economy concepts is developed using data collected via a questionnaire survey from tourists who participated in the Saikoku Sanjusansho Pilgrimage and Shikoku 88 Temple Pilgrimage bus tours. Finally, the results from the analysis is used to clarify the source of the charm and characteristics of modern Japanese pilgrimage tourism, considering the different dimensions of experience value.

The results are as follows: it was found that the measurement model includes six realms, and the data supported the dimensional structure of the six realms of experience; and Saikoku Sanjusansho pilgrims acquired "aesthetic and recreational value" rather than "sacred value," whereas Shikoku 88 Temple pilgrims acquired "sacred value" rather than "aesthetic and recreational value."Therefore, the experiential value of Japanese pilgrimage tourism is diverse.

This study could serve as a starting point for measuring emerging experience economy concepts and practices in Japanese pilgrimage tourism.

【著者】
**南地伸昭**（なんち のぶあき）

1960年兵庫県西宮市生まれ。株式会社池田銀行（現 池田泉州銀行）に入行後、銀行および銀行持株会社双方の取締役等を歴任し、現在、甲南大学経営学部特任教授。神戸大学大学院経済学研究科博士後期課程および北海道大学大学院国際広報メディア・観光学院博士後期課程修了。博士（経済学）（神戸大学）。博士（観光学）（北海道大学）。

研究分野

聖地巡礼ツーリズムおよび観光創造による地域振興、地域金融および金融機関経営

主な著書・論文

『地域金融機関の社会貢献』（八千代出版，2012）、『地域金融論——近代的地域銀行誕生の背景とその存在意義』（八千代出版，2023）、「ドイツの貯蓄銀行のコミュニケーション・チャネル戦略」『季刊個人金融』2007年 夏号、2007年6月、「わが国地方銀行の組織デザイン化戦略にみる環境適応行動——情報通信技術確信と業際規制緩和の観点から」『経営行動科学』第30巻 第2号 2017年8月（第16回経営行動科学学会 JSSA アワード優秀事例賞）、「聖地巡礼ツーリズムの経験価値に関する一考察」『観光研究』第32巻 第1号 2020年9月（2020年度日本観光研究学会 優秀論文賞）、「巡礼ツーリズムにおける経験価値のモデル実証——西国三十三所巡礼バスツアー参加者への質問紙調査を基に」『観光研究』第33巻 第1号 2021年9月（2021年度日本観光研究学会 優秀論文賞）、「四国巡礼ツーリズムの経験価値——質問紙調査によるモデル実証」第34巻 第1号 2022年9月など。

## 巡礼の科学
### ——聖なる旅が綾なす経験価値

2024（令和6）年2月28日　初版1刷発行

著　者　南　地　伸　昭

発行者　鯉　渕　友　南

発行所　株式会社　弘文堂　　101-0062　東京都千代田区神田駿河台1の7
　　　　　　　　　　　　　TEL03（3294）4801　　　　振替00120-6-53909
　　　　　　　　　　　　　https://www.koubundou.co.jp

ブックデザイン　青山修作

印　刷　大盛印刷

製　本　牧製本印刷

© 2024 Nobuaki Nanchi, Printed in Japan.

JCOPY ＜（社）出版者著作権管理機構　委託出版物＞
本書の無断複写は著作権法上での例外を除き禁じられています。複写される場合は、
そのつど事前に、出版者著作権管理機構（電話 03-5244-5088、FAX 03-5244-5089、
e-mail : info@jcopy.or.jp）の許諾を得てください。
また本書を代行業者等の第三者に依頼してスキャンやデジタル化することは、たとえ
個人や家庭内での利用であっても一切認められておりません。

ISBN978-4-335-16108-7